现代职业教育汽车类专业精品教材

汽车材料

主　编　符　旭　张志强
副主编　李思静　王远明　方习贵
参　编　陈志刚　唐斌武　达贵纯　郑　杰
　　　　蔡立新　翟先花　宋金妮　陈卫青
　　　　赵哲峰　王　兰　达　涛　高　娟
　　　　刘　娜　郭　凯
主　审　谢云峰　李亚平

机械工业出版社

本书采用最新国家标准，对金属材料、非金属材料、汽车零件的选材、汽车运行材料等各知识点按学习单元、课题的层次进行编写。本书编写模式新颖、结构独特、层次分明、条理清晰、语言简练、图文并茂、目标明确，有利于教师组织教学和学生自学。

本书可作为职业院校汽车类专业的教材，也可作为中高级工的培训教材以及汽车行业专业技术人员的参考工具书。

为方便教学，本书配有电子课件，凡选用本书作为授课教材的教师均可登录www.cmpedu.com以教师身份注册后免费下载。编辑咨询电话：010-88379201。

图书在版编目（CIP）数据

汽车材料/符旭，张志强主编. —北京：机械工业出版社，2016.9
（2025.1重印）
现代职业教育汽车类专业精品教材
ISBN 978-7-111-54216-2

Ⅰ.①汽… Ⅱ.①符… ②张… Ⅲ.①汽车-工程材料-职业教育-教材 Ⅳ.①U465

中国版本图书馆CIP数据核字（2016）第161461号

机械工业出版社（北京市百万庄大街22号 邮政编码100037）
策划编辑：于志伟 责任编辑：于志伟 责任校对：赵 蕊 佟瑞鑫
封面设计：路恩中 责任印制：常天培
固安县铭成印刷有限公司印刷
2025年1月第1版第10次印刷
184mm×260mm·12.25印张·289千字
标准书号：ISBN 978-7-111-54216-2
定价：48.00元

电话服务	网络服务
客服电话：010-88361066	机 工 官 网：www.cmpbook.com
010-88379833	机 工 官 博：weibo.com/cmp1952
010-68326294	金 书 网：www.golden-book.com
封底无防伪标均为盗版	机工教育服务网：www.cmpedu.com

现代职业教育汽车类专业精品教材

编写委员会

主 任 委 员　向金林　李亚平　张志强

副主任委员　韦　森　谢云峰　董长兴　缑庆伟

委　　　员（排名不分先后，按姓氏拼音顺序）

陈　霞　戴宽强　董丽丽　符　旭　侯吉光
江　帆　罗　予　罗　华　李海青　李云杰
李井清　李　卓　刘晓敏　赖育章　邱艳芬
马雪峰　宋　捷　谭新曲　王丽霞　谢超丽
杨金玉　杨　乐　殷振波　叶子波

前　言

汽车是现代交通的主要工具之一，其发展总是和汽车材料的发展同步，材料对汽车整体性能的提高有着重要的影响，同时也跟汽车的制造成本密切相关。汽车材料技术的进步和革新，是推动汽车工业发展和汽车换代升级的重要因素。

目前，我国汽车工业已经成为国民经济增长的重要产业，汽车工业的繁荣，使汽车制造及其相关产业的人才需求量大幅度增长。为了满足培养汽车类技能型人才的需要，按照汽车专业对课程知识点的要求，根据职业院校汽车类专业教学大纲编写了本书。本书在内容上努力把握知识的准确性和实用性，并及时反映汽车的新材料、新技术和新成果，着重培养学生的基本能力。

本书在编写顺序上，采用由浅入深、循序渐进、便于教学的思路。通过对金属材料和非金属材料的学习，使学生对汽车工程材料有一个较为全面的认识；通过对汽车零件选材的介绍，使学生了解零件的失效形式和选材原则，逐步培养他们分析问题和解决问题的能力；通过对汽车用燃料、润滑油料、汽车工作液等内容的介绍，使学生懂得汽车运行材料的主要性能、品种、规格和牌号，具备正确选用和使用汽车运行材料的能力，提高学生的专业素养，并为后续专业课程的学习打下基础。书中还穿插了对新材料的介绍，目的是使学生了解当前国内外新材料的发展动向，拓宽学生的知识视野。

本书采用最新国家标准，对金属材料、非金属材料、汽车零件的选材、汽车运行材料等各知识点按学习单元、课题层次进行编写，层次分明、条理清晰、语言简练、图文并茂、目标明确，有利于教师组织教学和学生自学。

本书由符旭、张志强担任主编，李思静、王远明、方习贵担任副主编，参与编写的还有陈志刚、唐斌武、达贵纯、郑杰、蔡立新、翟先花、宋金妮、陈卫青、赵哲峰、王兰、达涛、高娟、刘娜、郭凯，全书由谢云峰、李亚平主审。在编写过程中，参阅了许多文献资料，在此向相关作者表示衷心的感谢。由于编者水平有限，书中疏漏和不足之处在所难免，恳请广大读者批评指正，以利改进。

编　者

目 录

前 言

第一篇　汽车工程材料

学习单元一　**金属材料的基础知识** ··· 2
　　课题一　金属材料的性能 ··· 2
　　课题二　铁碳合金相图 ··· 13
　　课题三　钢的热处理 ··· 23

学习单元二　**汽车用钢铁材料** ··· 35
　　课题一　汽车用碳素钢 ··· 35
　　课题二　汽车用合金钢 ··· 39
　　课题三　汽车用铸铁 ··· 48

学习单元三　**汽车用非铁金属及其合金** ··· 54
　　课题一　铝及铝合金 ··· 54
　　课题二　铜及铜合金 ··· 59
　　课题三　其他非铁金属及其合金 ··· 63

学习单元四　**汽车用非金属材料** ··· 69
　　课题一　陶瓷材料 ··· 69
　　课题二　玻璃 ··· 72
　　课题三　塑料 ··· 76
　　课题四　粘接剂 ··· 79
　　课题五　橡胶 ··· 81
　　课题六　复合材料 ··· 85

学习单元五　**汽车零件的选材** ··· 90
　　课题一　零件选材的基础知识 ··· 91
　　课题二　发动机部件中主要零件的选材 ··· 93
　　课题三　底盘部件中主要零件的选材 ··· 98
　　课题四　汽车车身材料的选材 ··· 102

第二篇　汽车运行材料

学习单元六 | **汽车用燃料** ··· 108
　　课题一　车用汽油 ··· 108
　　课题二　车用柴油 ··· 112
　　课题三　汽车环保燃料 ··· 118

学习单元七 | **润滑油料** ··· 122
　　课题一　发动机润滑油 ··· 122
　　课题二　汽车齿轮油 ·· 127
　　课题三　润滑脂 ··· 130
　　课题四　液力传动油 ·· 134

学习单元八 | **车用工作液** ··· 136
　　课题一　汽车制动液 ·· 136
　　课题二　汽车防冻液 ·· 139
　　课题三　汽车其他工作液 ·· 141

参考文献 ··· 145

第一篇　汽车工程材料

　　工程材料是指用于机械、车辆、轮船、建筑、化工、能源、仪器仪表、航空航天等工程领域中的材料。制造汽车的工程材料包括金属材料、非金属材料两大类。其中常用的金属材料有钢、铸铁、铜及其合金、铝及其合金等。非金属材料主要有塑料、橡胶、粘接剂、陶瓷、玻璃、复合材料及摩擦材料等。这些材料通过不同的加工方法制造出汽车零件,相关的零件再进行组装,可成为汽车部件,部件与总成进行装配便制造出汽车。

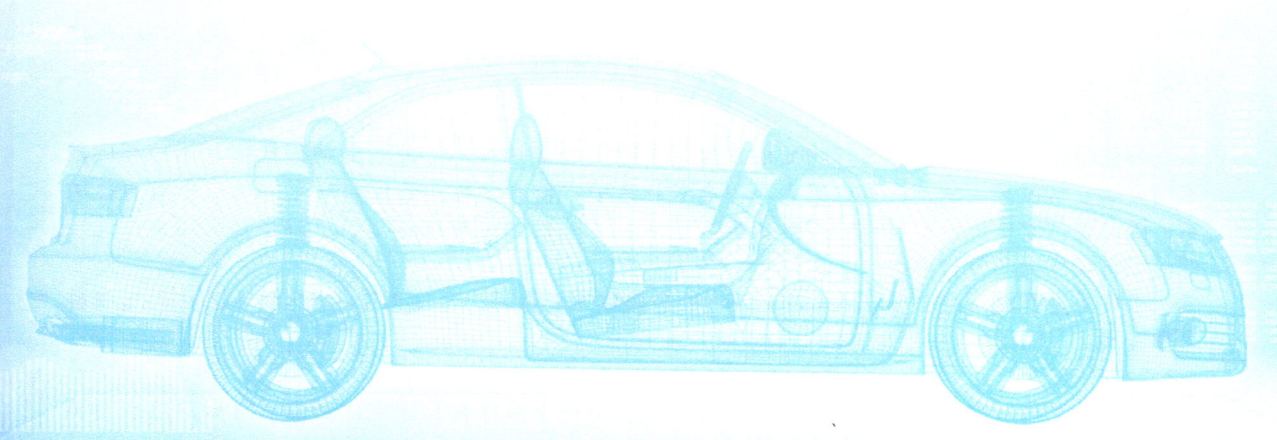

学习单元一

金属材料的基础知识

金属材料是目前汽车工业上应用最为广泛的工程材料,也是汽车用材的主体。金属材料之所以在汽车上得到广泛的应用,是由于它不仅来源丰富,而且价格低廉,还具有许多优良的性能;另外,金属材料的品种多样,性能各异,并可以通过热处理使其某些性能得到进一步的改善,可以满足各种汽车零件的加工和使用要求。本单元主要介绍金属材料的性能及热处理的有关知识。

学习目标
1. 认识金属材料的物理性能、化学性能和工艺性能。
2. 掌握金属材料主要力学性能的常用指标及符号的含义。
3. 了解金属的晶体结构及铁碳合金的组织结构与性能特点。
4. 了解常用热处理的方法、目的及其应用场合。

课题一　金属材料的性能

金属材料的性能直接关系到汽车产品的制造装配、运行维护、使用寿命和加工成本,也是合理选用汽车零部件材料的重要依据。金属材料的性能包括使用性能和工艺性能:使用性能是指金属材料在使用过程中所表现出来的性能,包括物理性能、化学性能和力学性能;工艺性能是指金属材料在制造过程中适用各种加工方法的能力,包括铸造性能、压力加工性能、焊接性能、热处理性能、切削加工性能。

一、金属的物理性能

金属材料在各种物理条件作用下所表现出的性能称为物理性能,它包括密度、熔点、导热性、导电性、热膨胀性和磁性等。

1. 密度

物质单位体积的质量称为该物质的密度,密度是金属材料一个重要的物理性能,体积相同的不同金属,密度越大,其质量也越大。在汽车制造中,金属材料的密度与汽车零件自重有直接关系,因此密度常作为汽车零件选材的依据之一。为了减轻汽车的自身重量,轿车常采用密度比较低的铝合金作为车身材料。

工程上通常将密度小于 $3.5 \times 10^3 \text{kg/m}^3$ 的金属称为轻金属,密度大于 $3.5 \times 10^3 \text{kg/m}^3$ 的金属称为重金属。

2. 熔点

金属从固态转变为液态的最低温度称为熔点,每种金属都有其固定的熔点。金属的熔点对铸造和焊接工艺十分重要，一般来说，金属的熔点低，铸造和焊接都易于进行。熔点低的金属称为易熔金属，如锡、铅等，可制造熔丝和防火安全阀等零件。

3. 导热性

金属材料传导热量的性能称为导热性，常用热导率来表示。金属材料的热导率越大，说明导热性越好。常用金属中银的导热性最好，铜、铝次之。

金属的导热性对焊接、锻造和热处理等工艺有很大的影响。导热性好的金属，在加热和冷却过程中不会产生过大的内应力，可防止工件变形和开裂。此外，导热性好的金属散热性也好。汽车散热器、热交换器、活塞等零件，常选用导热性好的铜、铝等金属材料来制造。

4. 导电性

金属材料传导电流的性能称为导电性，常用电阻率 ρ 表示。金属材料的电阻率越小，导电性越好。常用金属中银的导电性最好，铜和铝次之。汽车工业上常用铜、铝及其合金等做导电材料；用导电性差的康铜、钨等做电热元件。

5. 热膨胀性

金属材料在受热时体积增大、冷却时体积缩小的性能称为热膨胀性，热膨胀性常用线胀系数 α_1 来表示。

热膨胀性是金属材料的又一重要性能，在选材、加工、装配等方面被广泛应用。例如，汽车曲轴与轴瓦之间要根据零件材料的线胀系数来确定其配合间隙；精密量具及汽车上一些尺寸精度要求高的精密零件应采用线胀系数较小的材料制造；工件尺寸的测量要考虑热膨胀因素的影响，以减小测量误差等。

6. 磁性

金属材料能导磁的性能称为磁性，不同的金属材料，其导磁性能不同。常用金属材料中，铁、镍、钴等具有较高的磁性，称为磁性金属；铜、铝、锌等没有磁性，称为抗磁金属。但金属的磁性不是永远不变的，当温度升高到一定程度时，金属的磁性会减弱或消失。磁性是汽车电器、电机、仪表等零件不可缺少的性能。

二、金属的化学性能

金属的化学性能是指金属抵抗化学介质侵蚀的能力，包括耐蚀性和抗氧化性等。

1. 耐蚀性

金属材料在常温下抵抗大气、水蒸气、酸及碱等介质腐蚀的能力称为耐蚀性。碳钢、铸铁的耐蚀性较差，钛及其合金、不锈钢的耐蚀性好，铝合金和铜合金有较好的耐蚀性。

在实际工作中，金属材料总是与各种有腐蚀性的介质接触，各种介质的腐蚀作用对金属材料的危害很大，它不仅使金属材料本身受到损伤，严重时还会使金属构件遭到破坏，引起重大的事故。汽车上的底盘、覆盖件及发动机上的一些零件在选用材料时，要考虑材料的耐蚀性，并采取必要的防腐蚀措施。

2. 抗氧化性

金属材料在高温下容易被周围环境中的氧气氧化而遭破坏。金属材料在高温下抵抗氧化作用的能力称为抗氧化性。在钢中加入硅、铬等元素，可提高钢的抗氧化性。

在高温环境中工作的设备（如汽车发动机、锅炉、汽轮机等）上的一些零件极易因氧化而失去使用性能，所以对长期在高温下工作的这些零件，应采用抗氧化性好的材料来制造。

三、金属材料的力学性能

金属材料在加工和使用过程中，会受到各种外力的作用。金属材料在外力的作用下所表现出来的性能称为力学性能。工程上将金属材料所承受的外力称为载荷，按载荷的作用性质不同，可分为静载荷、冲击载荷和交变载荷三种。

静载荷——大小不变或变化缓慢的载荷。

冲击载荷——在短时间内以较高速度作用于零件上的载荷。

交变载荷——大小和方向随时间做周期性变化的载荷。

按载荷的作用方式不同，载荷又可分为如图 1-1 所示的拉伸载荷、压缩载荷、弯曲载荷、剪切载荷和扭转载荷等。

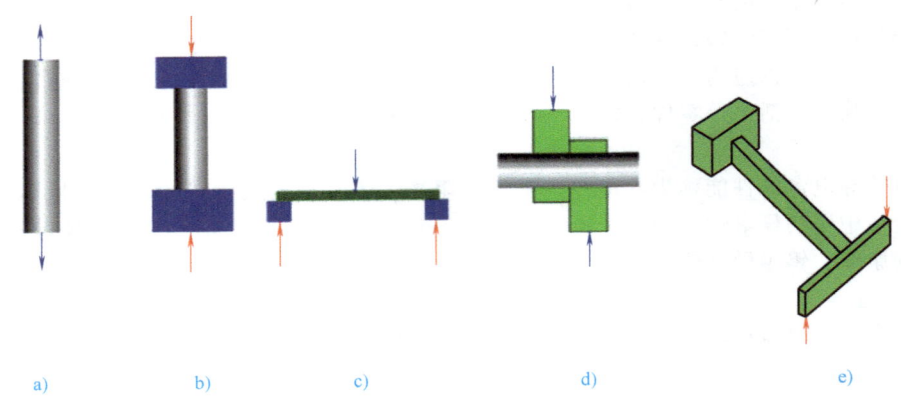

图 1-1 载荷的作用方式

a）拉伸载荷 b）压缩载荷 c）弯曲载荷 d）剪切载荷 e）扭转载荷

金属材料受载荷作用而产生形状和尺寸的变化称为变形，按变形性质的不同分为弹性变形和塑性变形两种。弹性变形是随载荷的作用而产生，随载荷的去除而消失的变形；塑性变形是不能随载荷的去除而消失的变形。

金属的力学性能是设计和制造汽车零件的重要依据，也是控制汽车零件质量的重要参数。金属材料的选择离不开对金属力学性能的分析。例如，汽车轮胎紧固螺栓材料及规格的选择，就必须能够保证螺栓在使用过程中，不会由于承受不住剪切而扭断，从而保证驾乘人员的安全。

金属材料的力学性能是通过专门的试验测定的，主要的力学性能有强度、塑性、硬度、韧性和疲劳强度等。

1. 强度

金属材料在载荷作用下抵抗塑性变形和断裂的能力称为强度，强度大小通常用应力来表示。应力是指材料单位横截面积上所产生的抵抗力，用符号 R 表示。

金属材料的强度按载荷作用方式不同，有抗拉强度、抗压强度、抗弯强度、抗剪强度和抗扭强度等，通常用抗拉强度作为最基本的强度指标。抗拉强度是通过拉伸试验测定的。

（1）拉伸试验 拉伸试验是在图 1-2 所示的拉伸试验机上用静拉力对标准试样进行轴向拉伸，使试样不断产生变形，直至拉断。连续测量拉伸力和试样相应的伸长量，根据测得的数据便可求出有关的力学性能。

1）拉伸试样。国家标准 GB/T 228.1—2010《金属材料拉伸试验》中规定，拉伸试样有圆形、矩形、多边形、环形和其他形状，常用的圆形拉伸试样如图 1-3 所示，其具体尺寸如图 1-4 所示，图中 d_o 为试样直径，L_o 为标距长度。标准拉伸比例试样的比例系数 $k=5.65$（$L_o=k\sqrt{S_o}$），即 $L_o=5d_o$；当以此比例系数获得的原始标距长度 L_o 小于 15mm 时，应优先选用 $k=11.3$ 的比例试样（$L_o=10d_o$）。

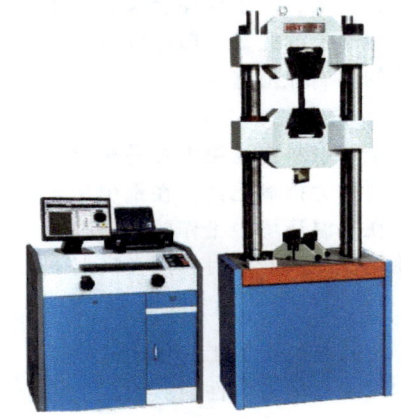

图 1-2 拉伸试验机

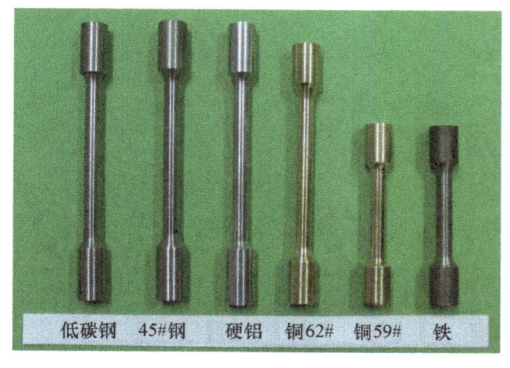
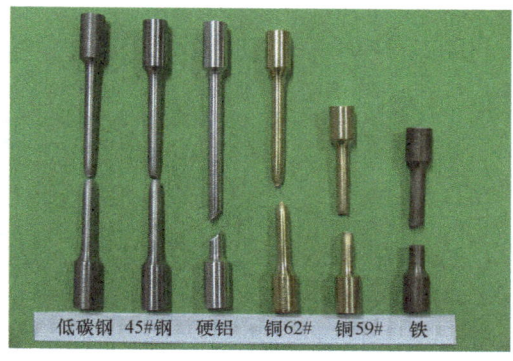

图 1-3 圆形拉伸试样
a) 拉伸前 b) 拉伸后

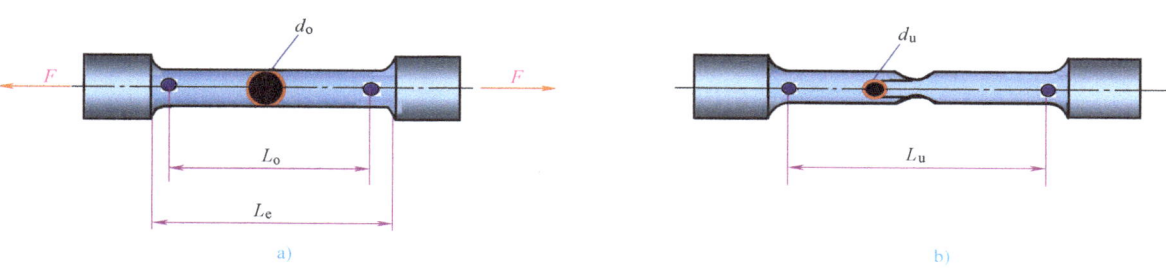

图 1-4 圆形拉伸试样尺寸
a) 拉伸前 b) 拉伸后

2) 拉伸图。记录拉伸过程中拉伸力 F 和对应伸长量 ΔL 之间关系的图称为拉伸图,也称拉伸曲线。低碳钢的拉伸图如图 1-5 所示。图中纵坐标为拉力 F,横坐标为试样伸长量 ΔL。

从拉伸图中可以明显地看出低碳钢在拉伸过程中出现的几个变形阶段:oe 段为弹性变形阶段,es 段为屈服阶段,sb 段为强化阶段,bz 段为缩颈阶段。

(2) 强度指标 根据拉伸试验,金属材料常用的强度指标为屈服强度和抗拉强度。

1) 屈服强度。屈服强度是指当金属材料产生屈服现象时,在试验期间发生塑性变形而力不增加的应力点。屈服强度分为上屈服强度 R_{eH} 和下屈服强度 R_{eL}。在金属材料中,一般用下屈服强度 R_{eL} 代表其屈服强度,它的计算公式为

$$R_{eL} = \frac{F_{eL}}{S_o}$$

式中 R_{eL}——屈服强度(MPa);
F_{eL}——试样屈服时的最小载荷(N);
S_o——试样原始横截面面积(mm^2)。

屈服强度代表金属材料抵抗微量塑性变形的能力,它是汽车零件设计和选用材料的重要依据之一。例如,为了保证汽车缸盖和缸体的密封性,缸盖螺栓是不允许产生塑性变形的,所以在设计缸盖螺栓时就以屈服强度为计算依据。

除低碳钢、中碳钢及少数合金钢有屈服现象以外,汽车上使用的高碳钢、铸铁等材料制成的零件均无明显的屈服现象。因此,对这些材料规定产生 0.2% 残余伸长时的应力作为屈服强度,可以代替该材料的屈服强度 R_{eL},称为条件(名义)屈服强度,即 $R_{P0.2}$。

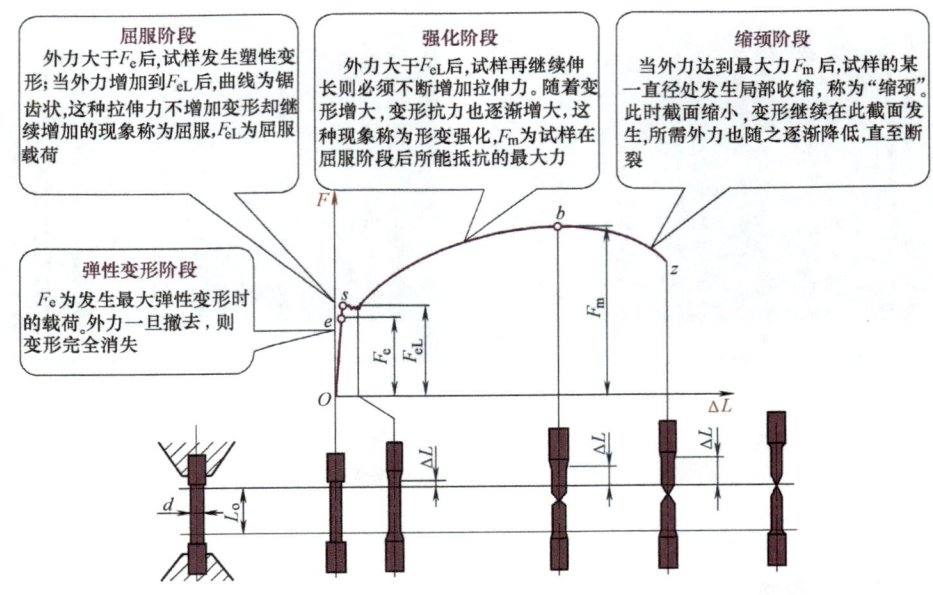

图 1-5 低碳钢的拉伸图

2）抗拉强度。金属材料在被拉断前所能承受的最大应力称为抗拉强度，用符号 R_m 表示，其计算公式为

$$R_m = \frac{F_m}{S_o}$$

式中　R_m——抗拉强度（MPa）；
　　　F_m——试样承受的最大载荷（N）；
　　　S_o——试样原始横截面面积（mm²）。

抗拉强度表示金属材料在拉伸载荷作用下的最大均匀变形抗力。零件在工作中所承受的应力若大于抗拉强度则会发生断裂，造成事故。因此，抗拉强度也是其汽车零件设计和选材的主要依据之一。例如，在考虑汽车轻量化的问题时，就要用到抗拉强度这一指标。

2. 塑性

金属材料在载荷作用下发生塑性变形而不断裂的能力称为塑性。金属材料的塑性也是由拉伸试验测定的，常用断后伸长率和断面收缩率来表示。

（1）**断后伸长率**　试样拉断后，标距长度的伸长量与原始标距长度之比的百分数称为断后伸长率，用符号 A 表示。改用 $k=11.3$ 的比例试样测试时，用符号"$A_{11.3}$"表示断后伸长率。其计算公式为

$$A = \frac{L_u - L_o}{L_o} \times 100\%$$

式中　A——断后伸长率（%）；
　　　L_u——试样拉断后的标距长度（mm）；
　　　L_o——试样的原始标距长度（mm）。

（2）**断面收缩率**　试样拉断后，缩颈处截面积的最大缩减量与原横截面面积的百分比称为断面收缩率，用符号 Z 表示。其数值可由下式求出

$$Z = \frac{S_o - S_u}{S_o} \times 100\%$$

式中　Z——断面收缩率（%）；

　　　S_o——试样的原始横截面面积（mm^2）；

　　　S_u——试样拉断后的截面面积（mm^2）。

金属材料的断后伸长率 A 和断面收缩率 Z 越大，表示材料的塑性越好，在一定的强度要求前提下，零件的安全可靠性越高。塑性好的材料，可进行大变形量的加工而不会被破坏，冷冲压成形的汽车覆盖件及油箱材料等应具有足够的塑性变形能力，大多数汽车零件也要求具有一定的塑性，以承受偶然的过载。

3. 硬度

材料抵抗局部变形，特别是塑性变形、压痕或划痕的能力称为硬度。硬度是金属材料的一个重要力学性能指标，不仅可以间接地反映材料的强度，还可以反映耐磨性的高低。一般来说，材料的硬度越高，耐磨性也越好。在汽车制造和维修中使用的模具、刀具、工具、量具等，都要求具有足够的硬度，否则将无法正常工作。

测量硬度时通常采用静载压入法试验。与拉伸试验相比，这种硬度试验不需要专门制作试样，而且不破坏零件。因此，在实际生产中，一般零件大多采用硬度试验来检测其力学性能。

常用的硬度测试方法有布氏硬度、洛氏硬度和维氏硬度试验法。

（1）**布氏硬度**　布氏硬度是通过布氏硬度试验机进行测试的，布氏硬度试验机的外观如图1-6所示。

1）布氏硬度测试原理（GB/T 231.1—2009）。如图1-7所示，将直径为 D 的硬质合金球体，在规定试验力 F 的作用下压入试样表面，保持一定时间后卸除试验力，测量其压痕直径，用单位压痕球冠面积上所承受的平均压力来表示布氏硬度值的大小，并用符号 HBW 表示布氏硬度。即

$$\mathrm{HBW} = \frac{F}{S} = 0.102 \times \frac{2F}{\pi D(D - \sqrt{D^2 - d^2})}$$

式中　F——试验力（N）；

　　　S——被测金属表面球面压痕面积；

　　　D——压头的直径（mm）；

　　　d——压痕平均直径（mm）。

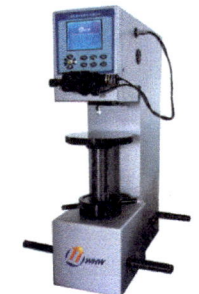

图1-6　布氏硬度试验机

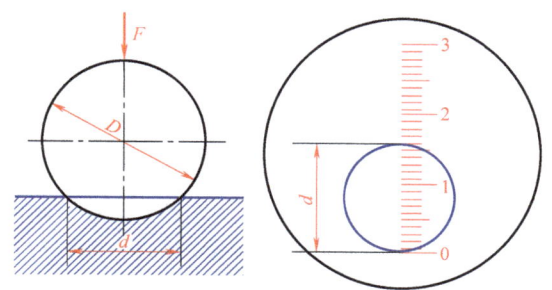

图1-7　布氏硬度测试原理示意图及读数显微镜测量压痕直径

材料软，则 d 值大，压坑面积大，HBW 值低。在实际应用中，布氏硬度不需要计算，而是用专门的刻度放大镜测量出压痕平均直径 d，再从压痕与硬度对照表中查出相应的布氏硬度值。

2）布氏硬度的表示方法。符号 HBW 之前的数字表示硬度值，符号后面的数字按顺序分别表示球体直径、载荷及载荷保持时间（当保持时间为10~15s时可以不标注）。例如，120HBW10/1000/30，表示用直径为10mm的压头，在1000kg（9.807kN）试验力的作用下保持30s测得的布氏硬度值为120。

3) 布氏硬度的特点及应用。布氏硬度的测量误差小、数据稳定；布氏硬度和抗拉强度有较好的对应关系。材料的抗拉强度 R_m 和布氏硬度 HBW 之间的近似经验关系为低碳钢：R_m（MPa）≈ 3.53HBW；高碳钢：R_m（MPa）≈ 3.33HBW；合金钢：R_m（MPa）≈ 3.19HBW；灰铸铁：R_m（MPa）≈ 0.98HBW。

布氏硬度只适用于低硬度材料，如铸铁、非铁金属、低合金结构钢和结构调质钢等材料硬度的测量。由于其压痕大，故不能用于薄壁件或成品件，常用于原材料、毛坯、半成品的硬度测量。

（2）洛氏硬度 洛氏硬度是目前应用范围最为广泛的硬度试验方法。洛氏硬度测试机的外观如图1-8所示。

1) 洛氏硬度测试原理（GB/T 230.1—2009）。洛氏硬度测试也是一种压入硬度试验，压头分别是顶角为120°的金刚石锥体和直径为1.588mm的淬火钢球，但它不是测定压痕的面积，而是测定压痕的深度，以深度的大小表示材料的硬度值。

洛氏硬度测试方法及原理示意图如图1-9所示。试验时先加初载荷 F_0，使压头与试样表面紧密接触，以保证测量结果准确，压痕深度为 h_1；再加主载荷 F_1，使压头在总载荷 F（初载荷 F_0 和主载荷 F_1 之和）的作用下，压入金属表面的深度为 h_2；保持一定时间后卸去主载荷 F_1，保留初载荷 F_0，由于试样的弹性变形恢复，而压头在主载荷的作用下，压入金属表面的深度为 h_3。当压头为120°金刚石锥体时，洛氏硬度可用下列公式计算

$$HR = 100 - \frac{h_3}{0.002}$$

洛氏硬度无单位。实际测量时，其硬度值可直接从硬度试验机的表盘上读出。

图1-8 洛氏硬度测试机

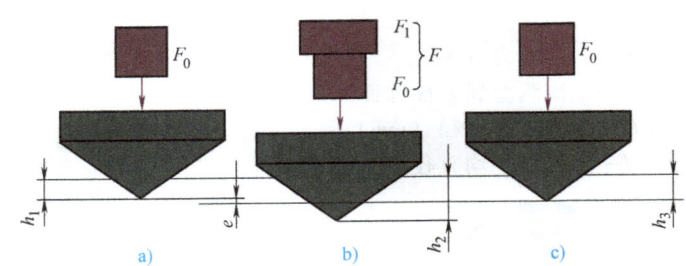

图1-9 洛氏硬度测试方法及原理示意图

2) 洛氏硬度的表示方法。符号 HR 前面的数字表示硬度值，后面的字母表示不同的洛氏硬度标尺。例如，60HRC 表示用 C 标尺测定的洛氏硬度值为60。

3) 常用洛氏硬度标尺及其适用范围。同一台硬度计，当采用不同压头和不同的总试验力时，可组成几种不同的洛氏硬度标尺，常用的洛氏硬度标尺有 A、B、C 三种，其中 C 标尺应用最广。

4) 洛氏硬度的特点及应用。洛氏硬度试验操作简单、迅速，可直接从表盘上读出硬度值；压痕直径很小，可以测量成品及较薄工件；测试的硬度值范围较大，可测从很软到很硬的金属材料，在生产中被广泛应用，其中 HRC 的应用尤其广泛。但由于压痕小，因此当材料组织不均匀时，测量值的代表性差。一般需在不同的部位测试几次，取读数的平均值代表材料的硬度。

（3）维氏硬度（HV） 维氏硬度试验机的外观如图1-10所示。

1) 维氏硬度测试原理（GB/T 4340.4—2009）。维氏硬度测试原理如图1-11所示。压头为136°金刚石四棱锥体，在规定载荷 F 的作用下，将压头压入被测试的金属表面，保持一定时间以后卸除载荷；再测量出压痕对角线的平均长度 d，用此值查 GB/T 4340.4—2009 中的维氏硬度数值表即可确定硬度值，也可用公式计算出硬度值。

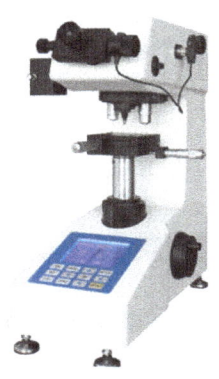

图1-10 维氏硬度试验机

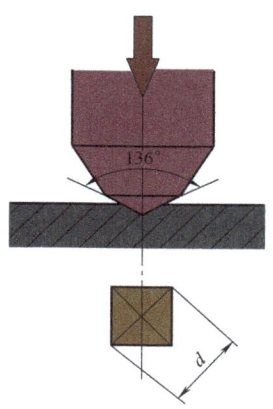

图1-11 维氏硬度测试原理

2）维氏硬度的表示方法。符号HV前面的数字表示硬度值，后面的数值表示试验力。例如，640HV30表示用30kg（294.2N）的试验力，保持10~15s（不标注），测定的维氏硬度值为640。

3）维氏硬度的特点及应用。维氏硬度保留了布氏硬度和洛氏硬度的优点，既可以测极软到极硬材料的硬度，又不存在布氏硬度F/D关系的约束，不同的HV可相互比较。维氏硬度适用于各种金属材料，尤其是表面层（如化学热处理层、电镀层）的硬度测量，精度较高。但试验测定较为繁琐，要求被测面的表面粗糙度值小，因此不适用于批量产品的常规检验。

4. 冲击韧性

许多汽车零件在实际工作中，往往要受到冲击载荷的作用，如发动机活塞、连杆、曲轴等零件在做功行程中受到很大的冲击载荷；汽车起步、换档、制动时钢板弹簧、齿轮、传动轴、半轴等零件会受到很大的冲击载荷。制造此类零件所用的材料必须考虑其抗冲击载荷的能力。通常用冲击韧度来评定材料抵抗冲击的能力。

金属材料抵抗冲击载荷作用而不破坏的能力称为冲击韧性。材料的冲击韧性常用一次摆锤冲击试验来测定，冲击试验机的外观如图1-12所示。

图1-12 摆锤冲击试验机

（1）冲击试验试样 国家标准GB/T 229—2007规定，做摆锤冲击试验前，先将被测材料加工成图1-13所示的冲击试样，冲击试样的类型分为V形缺口和U形缺口两种，分别称为夏比V形缺口和夏比U形缺口，其外形尺寸为10mm×10mm×55mm。

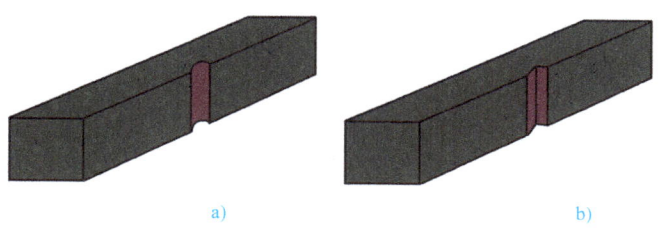

a)   b)

图1-13 冲击试样

a）U形缺口冲击试样 b）V形缺口冲击试样

（2）冲击试验方法　测定材料冲击韧性的方法如图 1-14 所示。将试样放在试验机的支座上，使试样的缺口背向冲击方向；将具有一定质量的摆锤举至一定高度 h_1，再自由落下，冲断试样。在惯性的作用下，摆锤冲断试样以后会继续上升到高度 h_2。这时可从试验机的刻度盘上读出摆锤冲断试样的冲击吸收能量。

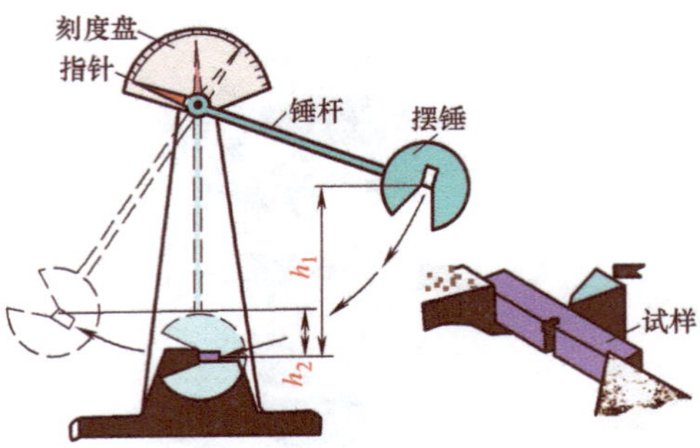

（3）冲击韧度　用缺口处单位面积上的冲击吸收能量表示该材料的冲击韧度。即

$$a_k = \frac{K}{S}$$

式中　a_k——冲击韧度（J/cm²）；
　　　K——击功吸收功（J）；
　　　S——试样缺口处的面积（cm²）。

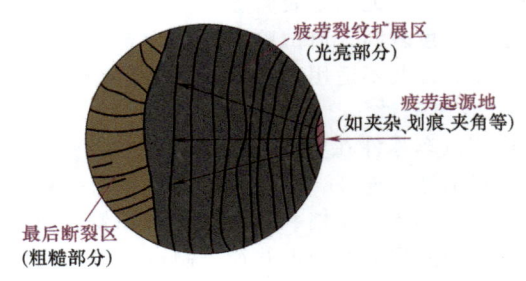

图 1-14　摆锤冲击试验示意图

a_k 对材料的内部缺陷、显微组织的变化很敏感，常用来评定材料的冶金质量及热加工产品的质量。

5. 疲劳强度

汽车的曲轴、齿轮、轴承、弹簧等零件，在工作过程中各点的应力随时间做周期性的变化，这种随时间做周期性变化的应力称为交变应力。在交变应力作用下，虽然零件所承受的应力低于材料的屈服强度，但经过较长时间的工作会产生裂纹或突然发生完全断裂，这种断裂现象称为疲劳断裂。金属材料抵抗交变载荷作用而不被破坏的能力称为疲劳强度。

汽车零件产生疲劳破坏的原因是材料表面或内部有缺陷（如夹杂、划痕、夹角等）。这些缺陷首先在零件表面产生裂纹，随应力循环次数的增加，裂纹逐渐向内部扩展，使零件的承载面积逐步减小，以致使承载面积减小到不能承受所加载荷而突然断裂。疲劳断裂的零件断口如图 1-15 所示。

图 1-15　疲劳断裂的零件断口

金属材料的疲劳强度是采用专门的试验设备，通过疲劳试验的方法测量的。测试时，首先将材料制成试样，然后对试样施加图 1-16 所示的交变应力，观察交变应力 R 与试样断裂前的应力循环次数 N 的关系。将材料承受的交变应力 R 与材料断裂前承受交变应力的循环数 N 之间的关系用图 1-17 所示的疲劳曲线（R-N 曲线）示意图表示出来。金属承受的交变应力越大，则断裂时应力循环次数 N 越小。当应力低于一定值时，试样可以经受无限周期循环而不破坏，此应力值即为材料的疲劳强度（也称疲劳极限），用 R_{-1} 表示。

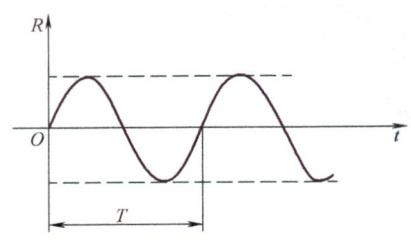

图 1-16　对称循环交变应力图

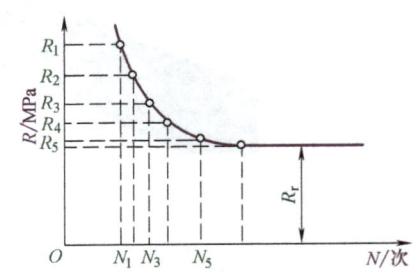

图 1-17　疲劳曲线示意图

对于钢铁材料和有机玻璃等，当应力降到某一值后，R-N 曲线趋于水平直线，此直线对应的应力即为疲劳极限。工程上常规定取碳钢的循环次数 $N = 10^7$ 时对应的应力作为条件疲劳极限。

钢材的疲劳强度与抗拉强度之间的关系为

$$R_{-1} = (0.45 \sim 0.55) R_m$$

大多数非铁金属及其合金，其疲劳曲线上没有水平直线部分，工程上常规定将 $N = 10^8$ 时对应的应力作为条件疲劳极限。

四、金属的工艺性能

金属材料的一般加工过程示意图如图 1-18 所示。

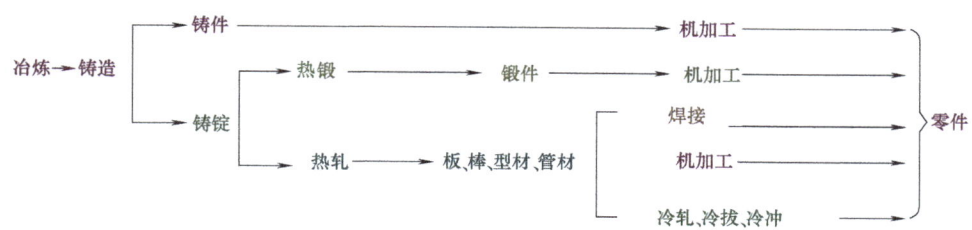

图 1-18　金属材料的一般加工过程示意图

工艺性能是指金属材料在制造过程中适用各种加工方法的能力，包括铸造性能、压力加工性能、焊接性能、热处理性能和切削加工性能等。工艺性能对于保证汽车产品质量、降低成本、提高生产效益，起着十分重要的作用，是设计、制造、维修及选择汽车零件材料时必须考虑的因素。

1. 铸造性能

铸造示意图如图 1-19 所示。金属材料能否用铸造方法获得优良铸件的能力称为铸造性能。金属材料可以通过铸造方法制成各种零件，如汽车的气缸体、气缸套、曲轴、凸轮轴、转向器壳体等都是用铸造的方法获得的。

衡量铸造性能的指标有液态流动性、收缩性和偏析倾向等。金属材料的铸造性能直接影响到铸件的完整性和力学性能，因此要求流动性好，收缩率和偏析小。

（1）流动性　液态金属的流动能力称为流动性，流动性好的金属，充型能力强，能获得轮廓清晰、尺寸精确、外形完整的铸件。影响流动性的因素主要是化学成分和浇注的工艺条件。受化学成分的影响，各元素比例能达到同时结晶的成分（共晶成分）的合金流动性最好。常用铸造合金中，灰铸铁的流动性最好，铝合金次之，铸钢最差。

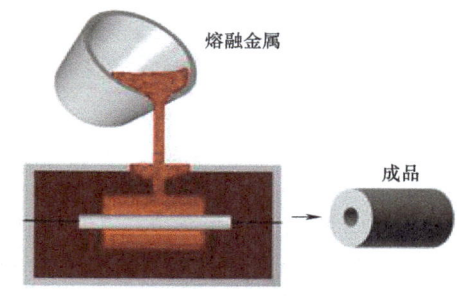

图 1-19　铸造示意图

（2）收缩性　铸造合金由液态凝固成固态后冷却至室温的过程中，体积和尺寸减小的现象称为收缩性。铸造合金收缩性过大会影响尺寸精度，还会在内部产生缩孔、疏松、内应力、变形和开裂等缺陷。铁碳合金中，灰铸铁的收缩率小，铸钢的收缩率大。

（3）偏析倾向　液态金属凝固后，内部化学成分和组织不均匀的现象称为偏析。偏析严重时，可使铸件各部分的力学性能产生很大差异，降低铸件质量，尤其是对大型铸件危害更大。

2. 压力加工性能

金属材料在冷、热状态下，利用压力加工方法成形或变形的难易程度称为压力加工性能。

汽车上约有 70% 的零件（按重量百分比计算）是通过压力加工的方法获得的。其中，钣金件基本上都是用冲压的方法获得的，图1-20所示为典型的汽车钣金冲压件。

压力加工性能常用塑性和变形抗力两个指标来综合衡量，塑性越好，变形抗力越小，则金属的压力加工性能越好。化学成分会影响金属的压力加工性能，纯金属的压力加工性能优于一般合金。铁碳合金中，碳的含量越低，压力加工性能越好；合金钢中，合金元素的种类和含量越多，压力加工性能越差，钢中的硫会降低压力加工性能，金属组织的形式也会影响其压力加工性能。

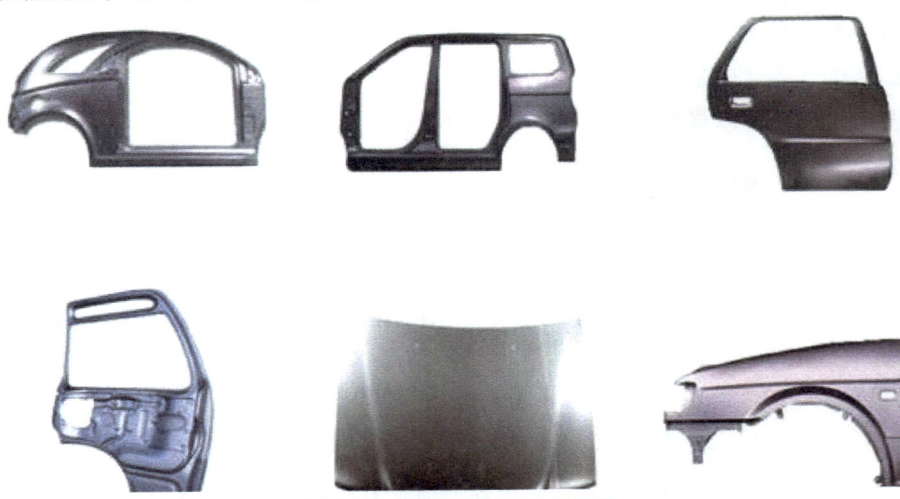

图1-20 汽车上的钣金冲压件

3. 焊接性能

焊接性能是指金属材料对焊接加工的适应性，也就是在一定的焊接工艺条件下，获得优质焊接接头的难易程度。汽车上的车架、车身等都是经过焊接以后成形的，图1-21所示为汽车焊接情况。

对碳钢和低合金钢而言，焊接性能主要与其化学成分有关（其中碳的影响最大）。如低碳钢具有良好的焊接性能，而高碳钢和铸铁的焊接性能较差。

a)

b)

图1-21 汽车焊接
a) 焊接生产线　b) 机器人焊接

4. 热处理性能

金属材料适应各种热处理方法的能力称为热处理性能。制造汽车上的齿轮、弹簧等重要零件时，都必须经过热处理来改善其使用性能。

热处理性能包括淬透性、淬硬性、变形开裂倾向、氧化脱碳倾向等。碳钢热处理变形的程度与其碳含量有关。一般情况下，碳含量越高，变形与开裂倾向越大，而碳钢又比合金钢的变形开裂倾向严重；钢的淬硬性也主要取决于碳含量，碳含量高，材料的淬硬性好。

5. 切削加工性能

金属材料是否易于被各种切削刀具切削的能力称为切削加工性能，汽车上的大多数零件都是通过切削加工的方法获得的。常用的切削加工方法有车削、钻削、铣削、磨削等，如图1-22所示。

a)

b)

c)

d)

图 1-22 常用切削加工方法
a) 车削　b) 钻削　c) 铣削　d) 磨削

切削加工性能与金属材料的化学成分、硬度、韧性、导热性和变形强化等因素有关。它通常用切削用量的大小、加工后零件的表面粗糙度和刀具的使用寿命等来衡量。一般来说，具有适当的硬度（170~230HBW）和足够脆性的金属材料，其切削加工性能较好。例如，灰铸铁比钢的切削加工性能好。

切削塑性金属材料时，工件在加工表面层的硬度明显提高而塑性下降的现象称为表面加工硬化。因为切削工件时，加工表面受刀具挤压产生了塑性变形，使得变形抗力增大而得到了强化，当以较小的切削深度再次切削时，刀具不易切入，并使刀具易磨损。而且加工表面硬化层常常伴有裂纹，使工件表面粗糙度值增大，疲劳强度下降。因此，加工时应尽量设法消除这种现象。

课题二　铁碳合金相图

铁是自然界中储藏量最多的金属元素之一，其储量仅次于铝。以铁为基的各种钢铁材料由于具有优良的性能而成为工业领域的支柱材料之一,也是汽车用材的主体。铁碳合金中根据碳的质量分数不同,分为钢和铸铁两大类。

一、金属的晶体结构

1. 晶体与非晶体

自然界中的固态物质,根据原子在内部的排列特征可分为晶体与非晶体两大类。

凡是内部原子或分子按照一定几何规律做周期性重复排列的物质均称为晶体。绝大多数金属和合金固态下都属于晶体,如纯铝、纯铁、纯铜、钢等。内部原子或分子呈无规则堆积的物质称为非晶体,如松香、玻璃、沥青等。

2. 晶体的特点

(1) **具有规则的外形** 晶体在一般情况下具有规则的外形,如天然金刚石、水晶、食盐等,如图 1-23 所示。

图 1-23 典型的晶体
a) 天然金刚石 b) 食盐 c) 雪花-冰的晶体

(2) **具有固定的熔点** 任何一种晶体物质,当其加热到一定温度时就会熔化。各种晶体物质都有各自的熔点。例如,铁的熔点为1538℃、铜的熔点为1084.5℃、铝的熔点为660.4℃等,非晶体没有固定的熔点。

(3) **具有各向异性** 同一种晶体物质在不同方向上具有不同的性能,称为各向异性。非晶体是各向同性的。

(4) **晶体与非晶体差异很大** 晶体即使是由相同元素组成的,如果排列方式不同,即晶体结构不同,它们的性能往往也有很大差异。例如,金刚石和石墨虽然都是由碳原子组成的,可是由于两者的原子排列方式不同,因此其性能相差很大,金刚石很硬,而石墨却很软。

虽然晶体和非晶体有上述的区别,但其在一定条件下可以互相转化。如非晶体玻璃经高温长时间加热能变为晶态玻璃,即钢化玻璃;而通常是晶态的金属如从液态快速冷却,也可获得非晶态金属。与晶态金属相比,非晶态金属具有很高的强度和韧性等一系列突出性能,故近年来已被人们所重视。

3. 金属的晶格类型

(1) **金属的晶格** 金属的晶格是指金属中原子排列的规律。如果把金属原子看做是一个直径一定的小球,则某金属中原子的排列示意图如图 1-24a 所示。为了更清楚地表示晶体中原子排列的规律,可将原子简化为一个质点,再用假想线段把它们连接起来,就形成了一个能反映原子排列规律的空间格架,此格架称为晶格,把晶格中能够完整地反映晶体晶格特征的最小集合单元称为晶胞,晶格与晶胞的示意图如图 1-24b 所示。

(2) **常见的晶格类型** 金属的晶格类型很多,在已知的 80 多种金属元素中,有 85% 以上的金属晶体都属于以下三种晶格,其结构特点和晶胞示意图见表 1-1。

学习单元一　金属材料的基础知识

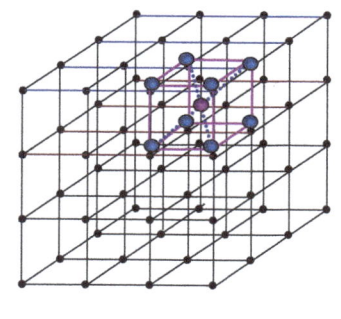
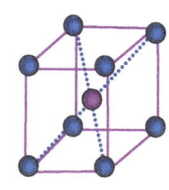

a)　　　　　　　　　　　　　　b)

图1-24　金属的晶体示意图

a）晶体中原子排列示意图　b）晶格和晶胞示意图

表1-1　常见的晶格类型

名称	结构特点	晶胞示意图		典型金属
体心立方晶格	晶胞是一个立方体。原子位于立方体的八个顶点和立方体的中心			钨（W）、钼（Mo）、钒（V）、铌（Nb）、钽（To）及α铁（α-Fe）等
面心立方晶格	晶胞是一个立方体。原子位于立方体的八个顶点和立方体六个面的中心			金（Au）、银（Ag）、铜（Cu）、铝（Al）、铅（Pb）、镍（Ni）及γ铁（γ-Fe）等
密排六方晶格	晶胞是一个正六棱柱。原子除排列于柱体的每个顶点和上、下两个底面的中心外，正六棱柱的中心还有三个原子			镁（Mg）、铍（Be）、镉（Cd）、锌（Zn）等

4. 合金

纯金属虽然具有优良的物理、化学性能，如良好的导电、导热性，有的金属熔点很高，耐蚀性好，但其强度、硬度偏低，而且种类有限，价格较高，制取困难，因此纯金属在工业上的应用受到了限制。汽车上使用的金属材料大多是合金，如钢、普通黄铜、硬铝、铸铁等。

（1）合金　由两种或两种以上的金属或金属与非金属，经熔炼、烧结或其他方法结合成具有金属特性的物质称为合金。

1）组元。组成合金最基本的独立物质称为组元，简称元。组元通常是纯元素（金属元素或非金属元素），也可以是稳定的化合物。根据组成合金组元数目的多少，合金可分为二元合金、三元合金或多元合金等。例如，应用最普遍的碳钢和铸铁就是由铁和碳所组成的二元合金。

2）合金系。由两个或两个以上组元按不同比例配制成一系列不同成分的合金，称为合金系。例如，铜和镍组成的一系列不同成分的合金称为铜-镍合金系。

3）相。合金中具有同一聚集状态、同一结构和性质的均匀组成部分称为相。例如，液态物质称为液相，固态物质称为固相。同样是固相，有时物质是单相的，而有时是多相的。

4）组织。用肉眼或借助显微镜观察到材料具有独特微观形貌特征的部分称为组织。组织反映材料的相组成、相形态、大小和分布状况，因此组织是决定材料最终性能的关键。

(2) 合金的组织　多数合金组元在液态时都能互相溶解，形成均匀液溶体。固态时由于各组分之间相互作用不同，会形成不同的组织。通常固态时合金中形成固溶体、金属化合物和机械混合物三类组织。

1）固溶体。合金由液态结晶为固态时，一组元溶解在另一组元中，形成均匀的固相称为固溶体。固溶体的晶格类型与其中某一组元的晶格类型相同，而其他组元的晶格结构将要消失。能保持晶格结构的组元称为溶剂，晶格结构消失的组元称为溶质。因此，固溶体的晶格与溶剂的晶格相同，而溶质以原子状态分布在溶剂的晶格中。根据溶质原子在溶剂中所占位置的不同，固溶体可分为置换固溶体和间隙固溶体两种类型。

① 置换固溶体。溶剂晶格中的某些结点位置的原子被溶质原子取代的固溶体称为置换固溶体，如图1-25a所示。

溶质原子溶于固溶体中的量称为固溶体的溶解度，通常用质量百分数表示。按固溶体溶解度的不同，置换固溶体可分为有限固溶体和无限固溶体两类。例如，在铜镍合金中，铜与镍组成的固溶体为无限固溶体，而铜和锌、铜和锡只能形成有限固溶体。

② 间隙固溶体。溶质原子溶入溶剂晶格之中而形成的固溶体称为间隙固溶体，如图1-25b所示。由于溶剂晶格的间隙有限，因此通常形成间隙固溶体的溶质原子都是原子半径较小的非金属元素。试验证明：当溶质元素与溶剂元素的原子直径比小于0.59时，才能形成间隙固溶体。

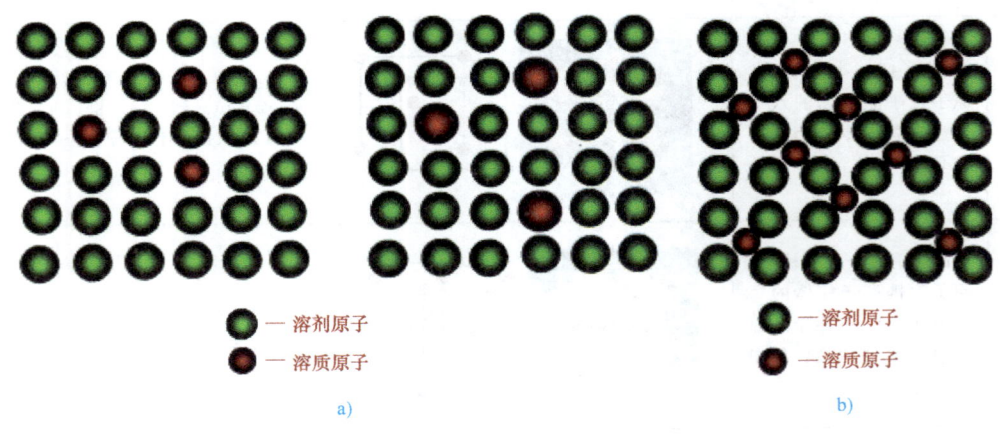

图1-25　固溶体
a) 置换固溶体　b) 间隙固溶体

无论是置换固溶体还是间隙固溶体，溶质原子的溶入，都会使晶格发生畸变，原子尺寸相差越大，畸变也越大。畸变的存在使位错运动阻力增加，从而提高了合金的强度和硬度，而塑性下降，这种现象称为固溶强化。固溶强化是提高金属材料力学性能的重要途径之一。

2）金属化合物。合金中各组元的原子按一定比例相互作用而生成的一种新的具有金属特性的物质称为金属化合物。金属化合物一般具有复杂的晶体结构，它的晶格类型和性能完全不同于任一组元，一般可用化学分子式表示，如Fe_3C、TiC、$CuZn$等。

金属化合物具有熔点高、硬度高、脆性大的特点。当合金中出现金属化合物时，可提高合金的强度、硬度和耐磨性，但会降低其塑性和韧性。金属化合物是各类合金钢、硬质合金及许多非铁金属的重要组成部分。

3）混合物。合金中由不同的相组成的物质称为混合物，其性能主要取决于各组成相的性能及成分的分布状态。

5. 金属的同素异构转变

大多数金属的晶格类型是固定不变的，但是铁、锰、锡、钛等金属的晶格类型都会随温度的升高或降低而发生变化。

在固态下，金属随温度的改变由一种晶格转变为另一种晶格的现象称为金属的同素异构转变。

图 1-26 所示为纯铁的冷却曲线。由图可知，液态纯铁在 1538℃ 时开始结晶，得到具有体心立方晶格的 δ-Fe；继续冷却到 1394℃ 时发生同素异构转变，δ-Fe 转变为面心立方晶格的 γ-Fe；再冷却到 912℃，γ-Fe 转变为体心立方晶格的 α-Fe；如再继续冷却到室温，晶格类型将不再发生变化。

金属的同素异构转变也是一种结晶过程，故又称为重结晶。铁的同素异构转变是钢铁材料能够进行热处理的重要依据。

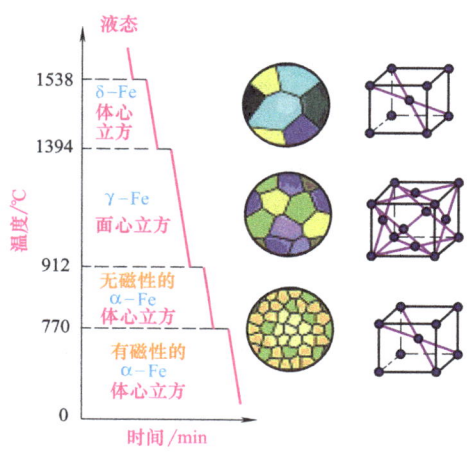

图 1-26 纯铁的冷却曲线图

二、铁碳合金的基本组织与性能

在液态铁碳合金中，铁和碳可以无限互溶。在固态铁碳合金中，碳溶于铁中形成固溶体，如铁素体和奥氏体；铁和碳也可以形成稳定的化合物，如渗碳体 Fe_3C，还可以形成由固溶体和化合物组成的混合物，如珠光体和莱氏体。铁素体、奥氏体和渗碳体均为铁碳合金的基本相。

1. 铁素体（F）

铁素体是碳溶于 α-Fe 中形成的固溶体，用符号 "F" 表示。α-Fe 中的溶碳能力很小，并随温度的不同而变化：在室温时，溶解度仅为 0.008%；在 727℃ 时，溶解度最大，可达到 0.0218%。铁素体是室温下铁碳合金的基本相。

铁素体中碳含量很少，与纯铁类似，强度、硬度不高，但具有良好的塑性和韧性。其金相组织与纯铁相同，呈均匀明亮的多边形晶粒，如图 1-27 所示。

a)

b)

图 1-27 铁素体
a) 晶胞示意图 b) 显微组织

2. 奥氏体（A）

奥氏体是碳溶于 γ-Fe 中形成的固溶体，用符号 "A" 表示。γ-Fe 中的溶碳能力较 α-Fe 强，在 1148℃ 时溶解度最大达到 2.11%。随着温度下降，溶解度降低，至 727℃ 时为 0.77%。奥氏体是铁碳合金的高温基本相，稳定地存在于 727℃ 以上。

奥氏体中碳含量虽比铁素体高，但其呈面心立方晶格，强度、硬度虽不高，却具有良好的塑性，尤其是具有良好的锻压性能，适合进行高温塑性加工。奥氏体的金相组织呈现多边形特征，晶界较铁素体平直，如图 1-28 所示。

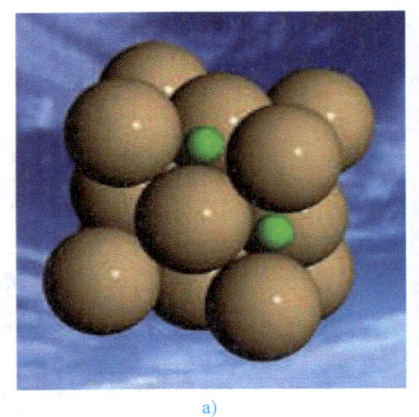

a)　　　　　　　　　　　　　　　　b)

图 1-28　奥氏体

a）晶胞示意图　b）显微组织

3. 渗碳体（Fe_3C）

渗碳体是铁和碳形成的化合物，其分子式为 Fe_3C。渗碳体具有复杂的晶体结构，如图 1-29 所示。渗碳体中碳的质量分数为 6.69%，熔点为 1227℃，属于硬脆相，具有很高的硬度（950～1050HV），而塑性极差（接近于零）。它的数量、形状、分布对钢的性能影响很大，是钢中的主要强化相。

钢中碳含量越高，渗碳体比例越高，则强度、硬度越高，塑性越低。渗碳体在适当的条件下（如高温长期停留或极缓慢冷却）还会发生分解，形成石墨状的自由碳：$Fe_3C \rightarrow 3Fe + C$（石墨）。石墨的出现，在铸铁材料中具有重要的意义。

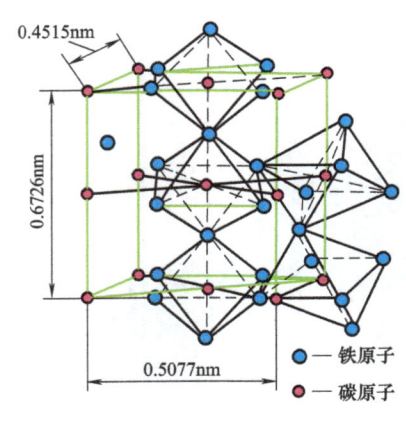
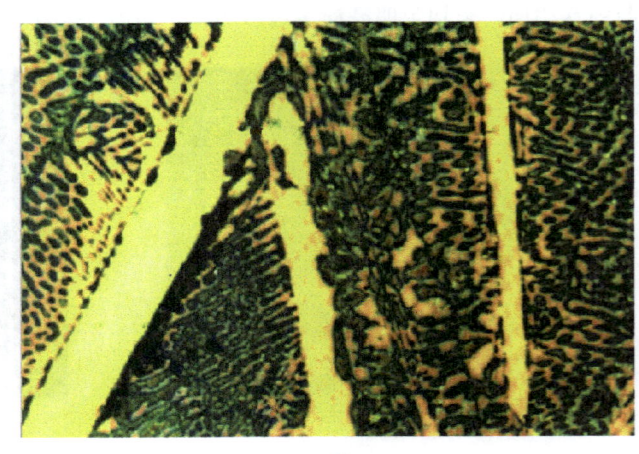

a)　　　　　　　　　　　　　　　　b)

图 1-29　渗碳体

a）晶胞示意图　b）显微组织

4. 珠光体

由铁素体和渗碳体组成的片层状的混合物称为珠光体，用符号"P"表示，其显微组织如图 1-30 所示。在缓慢冷却的条件下，珠光体中碳的质量分数为 0.77%。由于珠光体是由软的铁素体和硬的渗碳体组成的混合物，因此其力学性能介于铁素体和渗碳体之间，即强度较高，硬度适中，具有一定的塑性。

5. 莱氏体（Ld）

莱氏体是奥氏体和渗碳体的混合物，用符号"Ld"表示。它是碳的质量分数为4.3%的液态铁碳合金在1148℃时的共晶产物。当温度降到727℃时，由于莱氏体中的奥氏体将转变为珠光体，所以室温下的莱氏体由珠光体和渗碳体组成，这种混合物称为低温莱氏体，用符号Ld′表示。图1-31所示为低温莱氏体的显微组织。由于莱氏体的基体是渗碳体，所以它的性能接近于渗碳体，即硬度很高，塑性很差。

图1-30 珠光体的显微组织

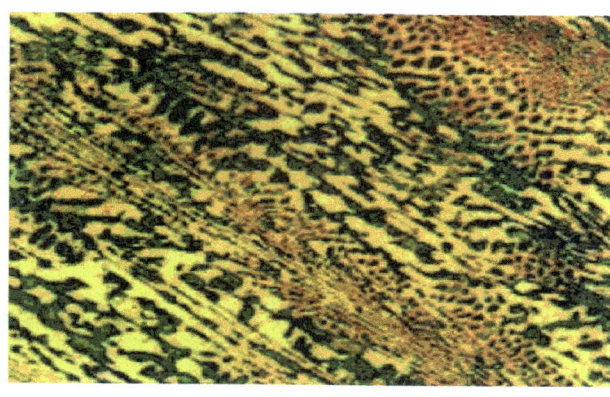

图1-31 低温莱氏体的显微组织

以上五种组织中，铁素体、奥氏体和渗碳体都是单相组织，称为铁碳合金的基本相；珠光体、莱氏体则是由基本相组成的多相组织。

三、铁碳合金相图

铁碳合金相图是研究钢和铸铁及其加工处理的主要理论基础，它反映了在缓慢冷却（或缓慢加热）条件下，铁碳合金的成分、温度和组织之间的关系，显示了铁碳合金状态或组织随温度变化的规律。

1. 铁碳合金相图的组成

在铁碳合金中，铁和碳可以形成一系列的化合物，如Fe_3C、Fe_2C、FeC等。而生产中实际使用的铁碳合金，其碳的质量分数一般不超过5%。因为碳的质量分数更高的材料脆性太大，难以加工，没有实用价值。因此，只研究相图中碳的质量分数为0%~6.69%的部分。而这部分的铁碳化合物只有Fe_3C，故铁碳合金相图也可以认为是$Fe-Fe_3C$相图。

为了便于掌握和分析$Fe-Fe_3C$相图，将相图上实用意义不大的部分省略，经简化后的$Fe-Fe_3C$相图如图1-32所示。图中纵坐标为温度，横坐标为碳的质量分数。

2. $Fe-Fe_3C$相图中特性点、线的含义及各区域内的组织

$Fe-Fe_3C$相图中有七个特性点及六条特性线，在了解了这些点、线的含义后，就可以把一个看似复杂的相图分割成不同的区域，当成分（碳的质量分数）和温度发生变化时，按一定规律可分析出各区域产生的组织。

$Fe-Fe_3C$相图中的各特性点和特性线的符号、温度、碳的质量分数和含义见表1-2。

（1）主要特性点分析

1) 共晶点（C） 高温的铁碳合金液体缓慢冷却到一定温度（1148℃）时，在保持温度不变的条件下，从一个液相中同时结晶出两种固相（奥氏体和渗碳体），这种转变称为共晶转变。共晶转变的产物称为共晶体，铁碳合金的共晶体就是莱氏体Ld（A + Fe_3C）。C点的温度1148℃称为共晶温度。

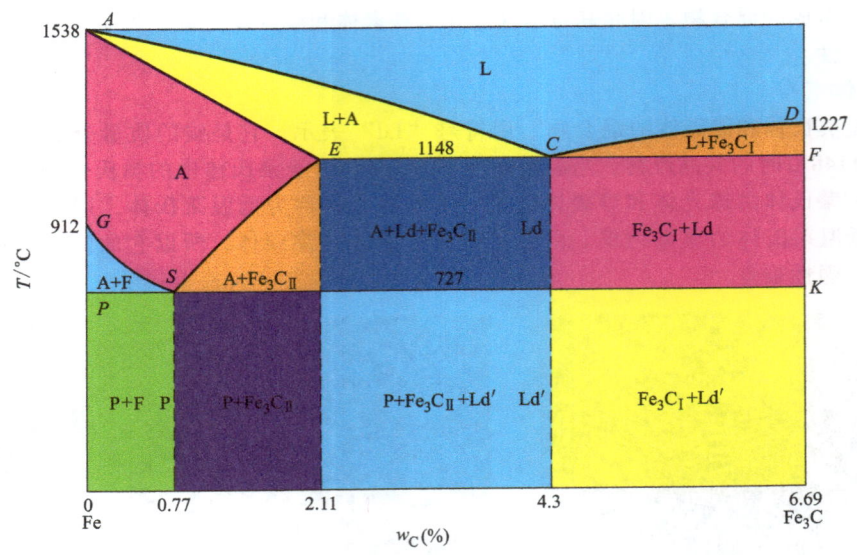

图 1-32　简化后的 Fe-Fe_3C 相图

表 1-2　Fe-Fe_3C 相图中的特性点和特性线

特性点				特性线	
符号	温度/℃	w_C(%)	说　明	符号	说　明
A	1538	0	纯铁的熔点	ACD	液相线,此线以上为液体,冷却到此线开始结晶
C	1148	4.30	共晶点,L→Ld(A+Fe_3C)		
D	1227	6.69	渗碳体的熔点	AE	固相线,即奥氏体的结晶终了线
E	1148	2.11	碳在 γ-Fe 中的最大溶解度	ECF	共晶线:L→Ld(A+Fe_3C)
G	912	0	γ-Fe→α-Fe 同素异构转变点	GS	奥氏体转变为铁素体的开始线
P	727	0.0218	碳在 α-Fe 中的最大溶解度	ES	碳在奥氏体中的溶解度线
S	727	0.77	共析点,A→P(F+Fe_3C)	PSK	共析转变线:A→P(F+Fe_3C)

注：表格中各特性点、线的含义均是指在缓慢冷却过程中的相变线，如果是加热过程，则相反。

2）共析点（S）　固相的铁碳合金缓慢冷却到一定温度（727℃）时，在保持温度不变的条件下，从一个固相（奥氏体）中同时析出两个固相（铁素体和渗碳体），这种转变称为共析转变。共析转变的产物称为共析体，铁碳合金的共析体就是珠光体 P(F+Fe_3C)。S 点的温度 727℃称为共析温度。

(2) 主要特性线的含义　Fe-Fe_3C 相图中有若干条表示合金状态的分界线，它们是不同成分的合金具有相同含义的临界点的连线。

1）ACD 线。液相线，此线以上区域全部为液相，称为液相区，用 L 表示。对应成分的液态合金冷却到此线上的对应点时开始结晶。在 AC 线以下结晶出奥氏体 A，在 CD 线以下结晶出渗碳体（将从液相中直接结晶出的渗碳体称为一次渗碳体，用符号 Fe_3C_I 表示）。

2）AECF 线。固相线，对应成分的液态合金冷却到此线上的对应点时完成结晶过程，变为固态，此线以下为固相区。

在液相线与固相线之间是液态合金从开始结晶到结晶终了的过渡区，所以此区域内液相与固相并存。AEC 区内为液相合金与固相奥氏体（L+A），CDF 区内为液相合金与固相渗碳体（L+Fe_3C_I）。

3）GS 线。奥氏体冷却时析出铁素体的开始线（或加热时铁素体转变成奥氏体的终止线），又称 A_3 线。奥氏体向铁素体的转变是铁发生同素异构转变的结果。

4）ES 线。碳在奥氏体中的溶解度曲线，又称 A_{cm} 线。随着温度的变化，奥氏体的溶碳能力沿该线上的对应点变化。在 1148℃时，碳在奥氏体中的溶解度为 2.11%（E 点碳的质量分数），在

727℃时降到0.77%（S点碳的质量分数）。在AGSE区内为单相奥氏体，在从1148℃缓冷到727℃的过程中，由于其溶碳能力降低，多余的碳会以渗碳体的形式从奥氏体氏体中析出，称为二次渗碳体（Fe_3C_{II}）。

5）ECF线。共晶线，当不同成分的液态合金冷却到此线时，在此之前已结晶出部分固相（A或Fe_3C），剩余液态合金中碳的质量分数变为4.3%，将发生共晶转变，从剩余液态合金中同时结晶出奥氏体和渗碳体的混合物，即莱氏体（Ld）。共晶转变是一种可逆的转变。

6）PSK线。共析线，又称A_1线。当合金冷却到此线（727℃）时，将发生共析转变。从合金的奥氏体中同时析出铁素体和渗碳体的混合物，即珠光体（P）。共析转变是一种可逆的转变。

(3) 相图中的相区

1）单相区。$Fe-Fe_3C$相图中有两个单相区：ACD线以上是液相区，AESG区域为单相奥氏体区（L或A）。

2）两相区。$Fe-Fe_3C$相图中有四个两相区：L+A两相区、L+Fe_3C两相区、A+Fe_3C两相区、A+F两相区。

3. 铁碳合金的分类

$Fe-Fe_3C$相图中不同成分的铁碳合金具有不同的显微组织。根据其室温组织和性能的特点，铁碳合金分为三类，即工业纯铁、钢和白口铸铁。

(1) 工业纯铁　$Fe-Fe_3C$相图中在P点左方，碳的质量分数小于或等于0.0218%的铁碳合金称为纯铁，即$w_C ≤ 0.0218\%$。其室温组织为铁素体。

(2) 钢　$Fe-Fe_3C$相图中在P点和E点之间，即碳的质量分数大于0.0218%而小于或等于2.11%的铁碳合金称为钢，即$0.0218\% < w_C ≤ 2.11\%$。钢的特点是高温固态组织为奥氏体，其室温组织因碳含量的不同而不同。根据其室温组织的不同，钢又分为三种：

1）亚共析钢。$0.0218\% < w_C < 0.77\%$，室温组织为铁素体+珠光体。

2）共析钢。$w_C = 0.77\%$，室温组织为珠光体。

3）过共析钢。$0.77\% < w_C ≤ 2.11\%$，室温组织为珠光体+二次渗碳体。

(3) 白口铸铁　$Fe-Fe_3C$相图中在E点和F点之间，即碳的质量分数大于2.11%而小于或等于6.69%的铁碳合金称为白口铸铁。白口铸铁的特点是高温发生共晶反应生成莱氏体，因而与钢相比具有较好铸造性能。根据其室温组织特点不同，白口铸铁也分为三种：

1）亚共晶白口铸铁。$2.11\% < w_C < 4.3\%$，室温组织为珠光体+二次渗碳体+低温莱氏体。

2）共晶白口铸铁。$w_C = 4.3\%$，室温组织为低温莱氏体。

3）过共晶白口铸铁。$4.3\% < w_C < 6.69\%$，室温组织为低温莱氏体+一次渗碳体。

四、铁碳合金的成分、组织与性能的关系

分析铁碳合金相图可知，不同种类的铁碳合金，其室温组织是不同的，各组织的形态、分布也有变化，力学性能也会发生相应的变化。铁碳合金缓冷后的成分、组织特征、组分及相间的定量关系和力学性能等变化规律可归纳总结于图1-33中。

1. 碳含量与平衡组织间的关系

从相组成的情况来看，铁碳合金在室温下的平衡组织均由铁素体和渗碳体组成，随着碳含量

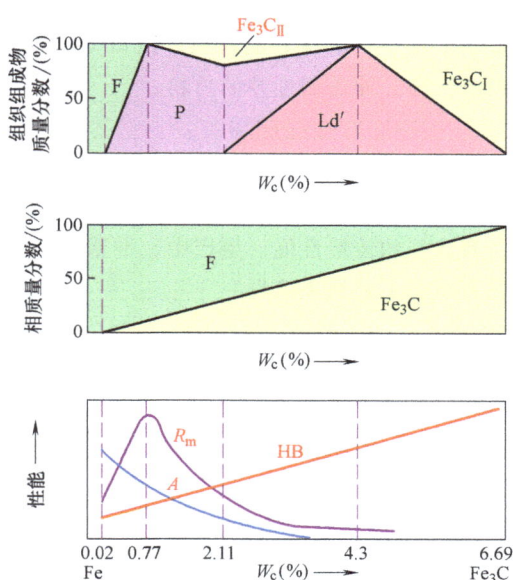

图1-33　铁碳合金的成分、组织、力学性能等的变化规律

的增加,铁碳合金的组织变化规律为:F(工业纯铁)→F + P(亚共析钢)→P(共析钢)→P + Fe₃C_Ⅱ(过共析钢)→P + Fe₃C_Ⅱ + Ld′(亚共晶白口铸铁)→Ld′(共晶白口铸铁)→Ld′ + Fe₃C_Ⅰ(过共晶白口铸铁)。

2. 碳含量对铁碳合金力学性能的影响

在铁碳合金组织中,铁素体是软韧相,渗碳体是硬脆相,因此铁碳合金的力学性能取决于铁素体与渗碳体的相对量及它们的相对分布情况。如果合金的基体是铁素体,渗碳体作为强化相,则强化相的数量越多、分布越均匀,材料的强度就越高。当渗碳体分布在晶界上,甚至作为基体时,强度和塑性、韧性则大大降低。

工业纯铁是由铁素体构成的,其塑性很好,硬度、强度很低。在亚共析钢中,随碳含量的增加,铁素体逐渐减少而珠光体逐渐增多,强度、硬度直线增大,塑性、韧性不断降低。共析钢中的强化相是珠光体组织,所以有较高的强度和硬度,但塑性较低。在过共析钢中,当碳的质量分数达到0.9%时,强度达到最高值,之后,随碳含量的继续增加,强度将显著降低。

铁碳合金的塑性变形主要由铁素体来实现的,当组织中出现以渗碳体为基体的莱氏体时,塑性接近于零。在实际生产中,为保证铁碳合金具有一定的塑性和韧性,对于碳素钢及普通低、中合金钢,碳的质量分数一般不超过1.3%。

五、铁碳合金相图的应用

铁碳合金相图从客观上反映了钢铁材料的组织随成分和温度变化的规律,因此,它在工程上为选材、用材及制订铸、锻、焊、机械加工及热处理工艺提供了重要的理论依据,如图1-34所示。

1. 在选材方面的应用

铁碳合金相图总结了铁碳合金组织性能随成分的变化规律,这样就可以根据零件的工作要求和性能要求选择适当的材料。例如:低碳钢是塑性好、韧性高的材料;中碳钢是强度、硬度、塑性都较好的材料;高碳钢是硬度高、耐磨性好的材料;白口铸铁则是耐磨性高、冲击韧性差的材料。

2. 在铸造方面的应用

由相图可确定合金的浇注温度,共晶成分的铁碳合金熔点最低,结晶温度范围最小,有良好的铸造性能。生产中,根据相图中液相线的位置,可确定各种铸钢和铸铁的浇注温度,为制订铸造工艺提供依据。

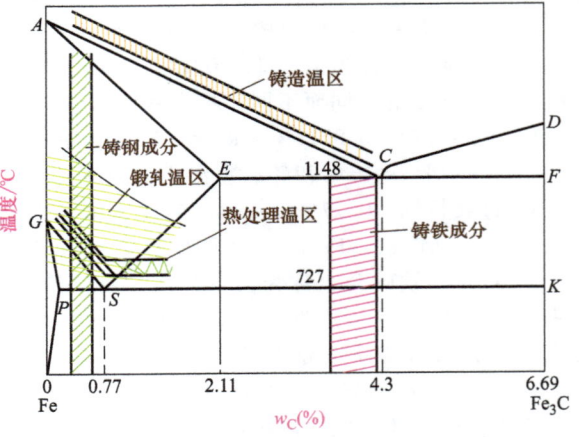

图1-34 铁碳合金相图与热加工工艺的关系

3. 在锻造方面的应用

奥氏体具有良好的塑性,钢加热到高温时可获得单相奥氏体组织,其可锻性好,因此钢的始轧温度一般选在固相线以下100~200℃的奥氏体区内。亚共析钢终锻温度控制在 GS 线以上稍高的温度,对过共析钢控制在 PSK 线以上稍高的温度,白口铸铁由于是以硬而脆的渗碳体为基体,故很难锻造。

4. 在焊接方面的应用

由于焊缝到母材各区域的温度是不同的,由铁碳合金相图可知,受不同加热温度的各区域在随后的冷却中可能会出现不同的组织与性能,所以,在焊接后需要用热处理的方法加以改善。

5. 在切削加工中的应用

钢中碳的质量分数不同，其切削加工性能也不同。当 $w_C ≤ 0.25\%$ 时，钢中有大量的铁素体，硬度低，塑性好，切削时会产生较多的切削热，容易粘刀，而且不易断屑和排屑，影响工件的表面粗糙度值，故切削加工性能较差；当 $w_C > 0.6\%$ 时，钢中渗碳体较多，当渗碳体呈层状或网状分布时，刃具易磨损，切削加工性也较差；当 $0.25\% < w_C < 0.6\%$ 时，钢中铁素体与渗碳体的比例适当，硬度和塑性比较适中，切削加工性能较好。一般认为钢的硬度在160～230HBW时切削加工性能最好。碳钢可通过热处理来改变渗碳体的形态与分布，从而改善其切削加工性能。

6. 在热处理性中的应用

由于铁碳合金在加热或冷却过程中有相的变化，故钢和铸铁可通过热处理来改善性能，根据 $Fe-Fe_3C$ 相图可确定各种热处理操作的加热温度，具体内容将在课题三中详述。

课题三　钢的热处理

热处理是强化金属材料，改善其使用性能和工艺性能的一种非常重要的工艺方法，也是提高汽车产品质量和使用寿命的主要途径之一。在汽车制造中，80%的零件都要进行热处理，而刀具、量具、模具和滚动轴承等100%都需要进行热处理。

一、热处理的基础知识

1. 热处理的概念

热处理就是对固态金属或合金采用适当的方式进行加热、保温和冷却，以获得所需要的组织结构与性能的工艺。任何一种热处理的工艺过程，都包括下列三个步骤。

（1）加热　以一定速度把零件加热到规定的温度，这个温度范围是根据不同的金属材料、不同的热处理方法来确定的。

（2）保温　在此温度下保温一定的时间，使工件全部或局部热透。

（3）冷却　以某种速度把工件冷却下来。

热处理工艺过程可用以温度-时间为坐标的曲线图表示。图1-35所示的曲线称为热处理工艺曲线。通过控制加热温度和冷却速度，可以在很大范围内改变金属材料的性能。

2. 钢在加热和冷却时的相变温度

研究钢在加热和冷却时的相变规律是以铁碳合金相图为基础的。铁碳合金相图上的 A_1、A_3、A_{cm} 转变线是碳钢在极缓慢加热或冷却的情况下测定的。但在实际生产中，加热和冷却并不是极其缓慢的，因此，钢中的各相不能完全按铁碳合金相图上的 A_1、A_3、A_{cm} 线转变，必然要产生滞后的现象，即在加热时钢的转变温度要高于平衡状态下的临界点，在冷却时钢的转变温度要低于平衡状态下的临界点。升高和降低的幅度随加热和冷却的速度增加而增大。

为了便于区分，通常把实际加热时的温度转变线用 Ac_1、Ac_3、Ac_{cm} 表示；把实际冷却时的温度转变线用 Ar_1、Ar_3、Ar_{cm} 表示，如图1-36所示。

3. 钢在加热时奥氏体的形成

钢在热处理时，加热是为了获得成分均匀、晶粒细小的奥氏体组织，为后续冷却时的组织转变做准备。

（1）奥氏体的形成过程　由 $Fe-Fe_3C$ 相图可知，将钢加热至奥氏体相区，均可获得奥氏体组织（称为奥氏体化）。现以共析钢为例，对其奥氏体形成过程简介如下。

将共析钢加热至 Ac_1 以上温度，其珠光体组织向奥氏体转变的过程为：形成奥氏体晶核，奥氏体晶核长大，Fe_3C 继续溶解和奥氏体成分均匀化，最终形成成分均匀的单相奥氏体多晶体组织，如图1-37所示。

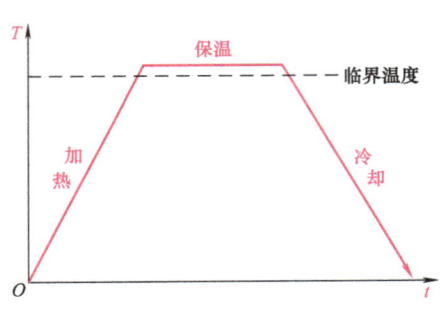

图 1-35 钢的热处理工艺曲线

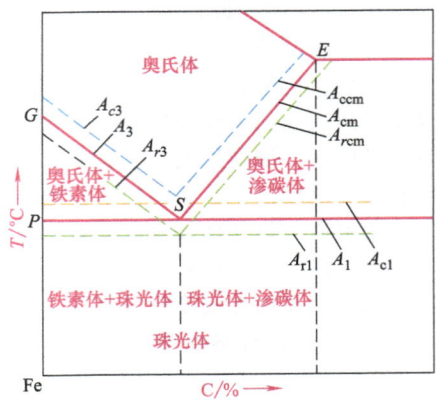

图 1-36 钢在加热和冷却时的临界温度

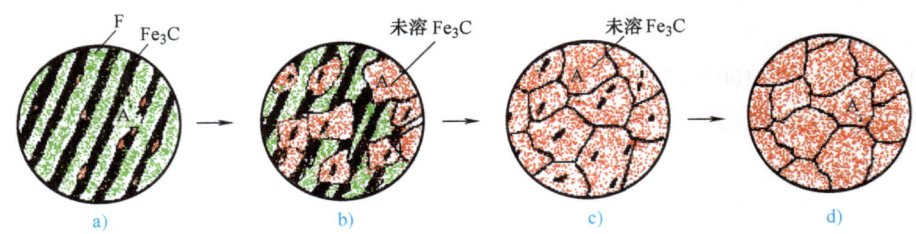

图 1-37 共析钢中奥氏体形成过程示意图
a) 形成奥氏体晶核　b) 奥氏体晶核长大　c) 残余渗碳体溶解　d) 奥氏体均匀化

亚共析钢和过共析钢的奥氏体化加热温度分别在 Ac_3 和 Ac_{cm} 以上。它们在奥氏体化时，除珠光体转变为奥氏体外，还分别伴随有铁素体向奥氏体的转变和二次渗碳体的溶解。

(2) 奥氏体晶粒的长大　当珠光体刚刚全部转变为奥氏体时，奥氏体晶粒还是很细小的，此时将奥氏体冷却后得到的组织晶粒也很细小。如果在形成奥氏体后继续升温或延长保温时间，都会使奥氏体晶粒逐渐长大。晶粒的长大是依靠较大晶粒吞并较小晶粒和晶界迁移的方式进行的，如图 1-38 所示。

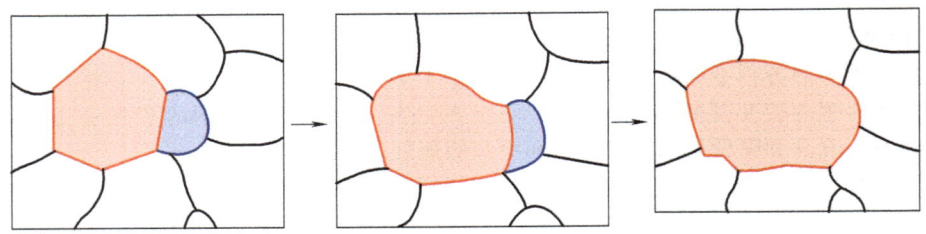

图 1-38 共析钢中奥氏体晶粒长大过程示意图

(3) 奥氏体晶粒大小的控制　钢奥氏体化的加热温度越高、保温时间越长，得到的奥氏体晶粒越粗大，冷却后钢的强度、塑性和韧性越差，且易引起淬火裂纹。因此，生产中常需合理控制钢的加热温度和保温时间，以获得细晶粒的奥氏体组织。

此外，选用含钒、钛、钨、钼等元素的合金钢，或先通过预备热处理使钢中的渗碳体球化，均有助于获得细晶粒奥氏体。

4. 奥氏体冷却时的组织转变

钢的热处理冷却过程是决定钢热处理组织和性能的关键工序，将同一成分的钢奥氏体化后以不同速度冷却时，可获得不同的力学性能。其原因在于随冷却速度增大，奥氏体在非平衡条件下不再按 Fe-Fe$_3$C 相图所示规律转变为珠光体等平衡组织，而是过冷至 A_1 以下温度转变为其他非平衡组织。

钢的热处理冷却方式可采用等温冷却，也可采用连续冷却，如图 1-39 所示。因此，奥氏体冷却时的组织转变，既可在 A_1 以下某一温度等温进行，也可在连续冷却中进行，其组织转变规律可用试验测定的过冷奥氏体等温转变图或过冷奥氏体连续冷却转变图来描述。

现以共析钢为例，对其过冷奥氏体等温转变图及转变产物介绍如下：

（1）**过冷奥氏体等温转变图**　奥氏体在 A_1 以上是稳定相。当过冷至 A_1 以下尚未转变而暂时存在的奥氏体，称为过冷奥氏体。表示过冷奥氏体等温温度与转变产物、等温时间与转变量之间关系的图形，称为过冷奥氏体等温转变图。共析钢的过冷奥氏体等温转变图如图 1-40 所示，因其形状如字母"C"，故又称为 C 曲线。图中的纵坐标和横坐标（对数坐标）分别代表等温温度和等温时间。

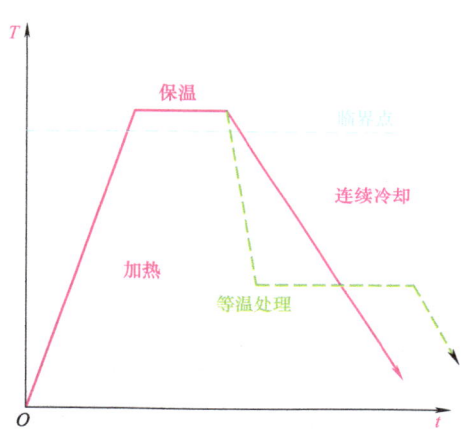

图 1-39　两种冷却方式示意图

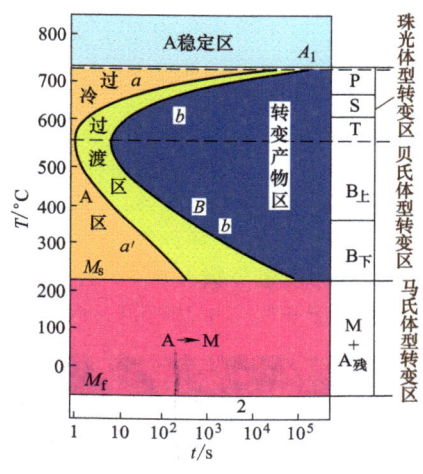

图 1-40　共析钢等温转变曲线图

A_1 线下面的两条"C"形曲线中，左边的 aa' 线是过冷奥氏体等温转变的开始线，右边的 bb' 线是过冷奥氏体等温转变的终了线；转变的开始线 aa' 以左的区域是不稳定的过冷奥氏体区，表示不同温度等温时，过冷奥氏体所需的转变准备时间（称为孕育期）不同；转变终了线 bb' 以右的区域是等温转变产物区；aa' 线与 bb' 之间的区域为过渡区。M_s 线和 M_f（-50℃）线分别代表过冷奥氏体向马氏体（符号为 M）转变的开始温度和终止温度。

（2）**奥氏体冷却转变的产物**　由"C"形曲线可知，过冷奥氏体冷却转变温度不同，得到的转变产物不同。根据产物的组织特征，可将其分为珠光体型组织、贝氏体型组织和马氏体型组织三种类型。

1）珠光体型组织。奥氏体过冷至 723～500℃ 等温时的转变产物，均为由铁素体与渗碳体相间排列而成的片层状组织，称其为珠光体型组织。等温转变温度越低，得到的珠光体类组织越细密，其强度和硬度越高。

在 723～650℃ 等温时，得到粗片状珠光体，其硬度小于 22HRC；在 650～600℃ 等温时，得到细片状珠光体，称为索氏体（符号为 S），其硬度为 25～32HRC；在 600～550℃ 等温时，得到极细的片状珠光体，称为托氏体（符号为 T），其硬度为 32～40HRC。

2）贝氏体型组织。奥氏体过冷至 550～230℃ 等温时的转变产物称为贝氏体型组织。其中，在 550～350℃ 等温时，形成的羽毛状组织称为上贝氏体（符号为 $B_上$），如图 1-41a 所示。上贝氏体的硬度约为 45HRC，因塑性、韧性差而很少应用。在 350～230℃ 等温形成的黑色针状组织称为下贝氏体（符号为 $B_下$），如图 1-41b 所示。下贝氏体的硬度约为 55HRC，且有较高韧性，故生产中应用较为广泛。

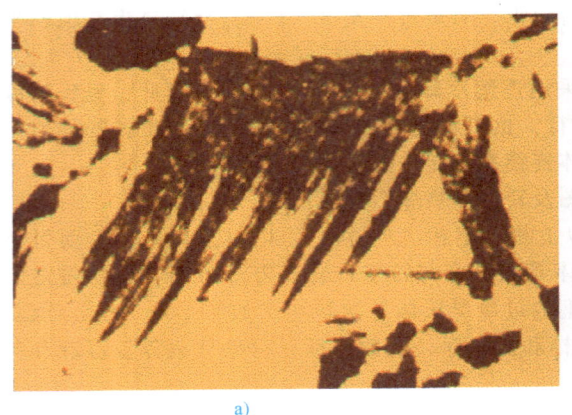
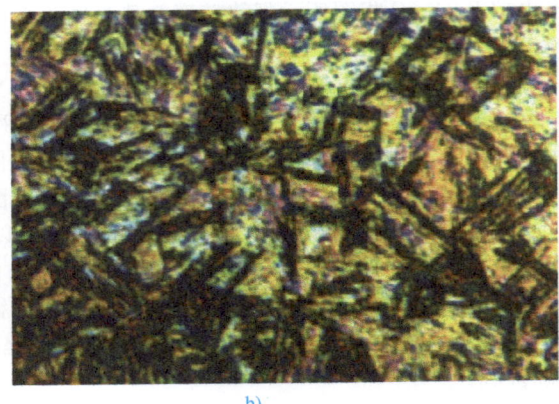

图 1-41 贝氏体的显微组织
a) 上贝氏体　b) 下贝氏体

3) 马氏体型组织。奥氏体直接快冷至 M_s 以下温度并连续冷却时发生马氏体转变，转变产物是碳在 α-Fe 中形成的过饱和固溶体，称为马氏体组织。

因过饱和碳的质量分数不同，马氏体组织主要有板条状马氏体和针（片）状马氏体两种形态，如图 1-42 所示。碳的质量分数小于 0.2% 的低碳马氏体呈板条状，其强度、硬度较高，且塑性、韧性较好。碳的质量分数大于 1% 的高碳马氏体呈针状，称为针（片）状马氏体，其硬度高而脆性大。当碳的质量分数在 0.2%～1% 时，则是上述两种马氏体的混合组织，其性能介于二者之间。

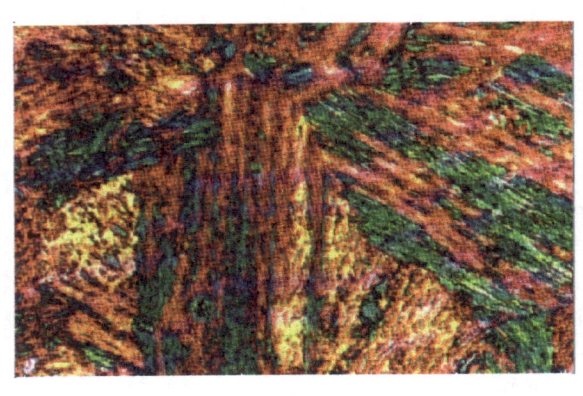
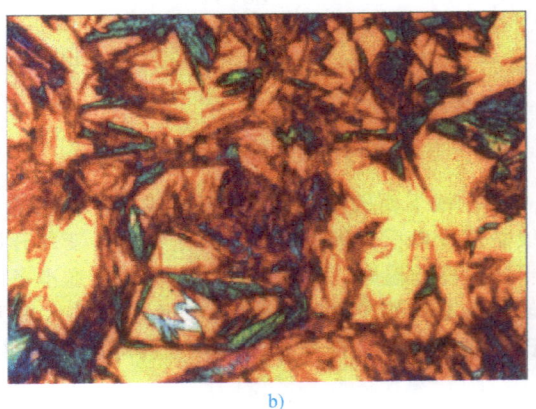

图 1-42 马氏体的显微组织
a) 板条马氏体　b) 针片状马氏体

在钢的冷却组织转变中，以马氏体的硬度为最高（如共析钢为 66HRC），其硬度与过饱和碳含量有关；即随过饱和碳含量增加，马氏体的硬度急剧升高，当 $w_C > 0.6\%$ 以后，马氏体硬度将不再显著增加。由于马氏体的比体积（体积与质量之比）最大，奥氏体的比体积最小，因此，钢由奥氏体转变为马氏体时，因其体积膨胀而产生淬火应力，易使淬火零件变形甚至开裂。

(3) 奥氏体的连续冷却转变　在实际热处理生产中，过冷奥氏体转变大多在连续冷却过程中进行。由于连续冷却转变图的测定比较困难，故常用连续冷却曲线与等温转变图叠加，近似地分析连续冷却转变的产物及其性能，如图 1-43 所示。

图 1-43 中，v_1、v_2、v_3、v_4 分别代表不同的冷却速度，根据它们与"C"形曲线相交的温度

范围，可定性地确定其连续冷却转变的产物和性能。与"C"形曲线"鼻尖"相切的冷却速度 v_k，就是冷却时获得全部马氏体的最小冷却速度，称为临界冷却速度。当奥氏体的冷却速度大于该钢的 v_k 急冷到 M_s 以下时，奥氏体便不再转变为除马氏体外的其他组织。

二、常用热处理的方法

热处理分为普通热处理和表面热处理两大类。根据加热温度和冷却速度不同，普通热处理包括退火、正火、淬火和回火；表面热处理包括表面淬火和化学热处理两类。

1. 退火

退火是把工件加热到适当的温度，保温一定时间后随炉降温而缓慢冷却

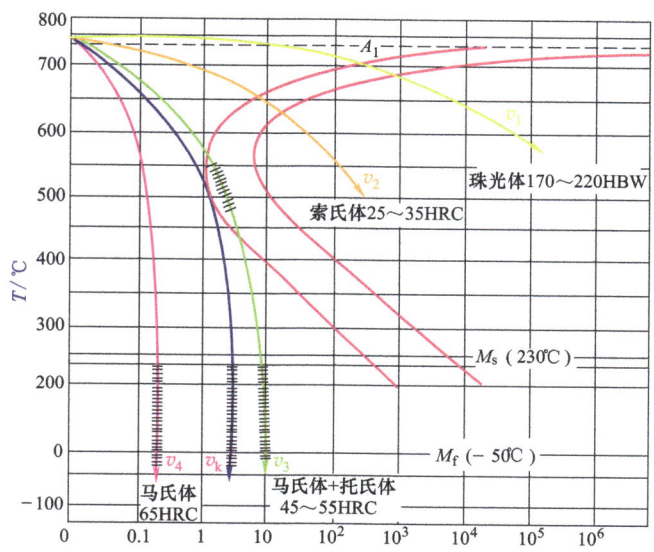

图1-43 用等温转变曲线分析奥氏体的连续冷却转变

的热处理方法。退火的目的是：消除铸、锻件等的内应力，以防止变形和开裂；均匀组织、细化晶粒，改善钢的力学性能；降低钢的硬度，提高钢的可加工性等。

（1）**退火方法**　退火的方法很多，最常用的退火方法按工艺不同分为完全退火、球化退火和去应力退火等，如图1-44a所示。

1）完全退火。完全退火一般简称退火。它是将钢件加热到完全奥氏体化，即加热到 Ac_3 以上30~50℃，根据零件的尺寸保温一段时间，随炉缓冷到500℃以下再出炉空冷。室温下，其组织为细小的铁素体和片状珠光体的混合物。

完全退火主要用于亚共析成分的碳钢和合金钢的铸件、锻件及热轧型材，也可用于焊接结构件。其目的在于细化组织、消除内应力与组织缺陷、降低硬度，为随后的切削加工和淬火做好组织准备。

2）球化退火。将钢件加热到 Ac_1 以上20~30℃，保温一定时间，以不大于50℃/h的速度随炉缓冷，使钢中未溶的碳化物自发地由片状变成球状。

球化退火的目的是降低硬度、改善可加工性能，并为以后的淬火做好组织准备，其主要用于共析或过共析钢成分的碳钢和合金钢。

3）去应力退火。又称低温退火，它是将钢件缓慢加热至低于 A_1 的温度（一般为500~650℃）并保温一定时间，然后随炉缓冷到200℃再出炉空冷的工艺方法。

去应力退火的目的是消除铸件、锻件、焊接件、冷冲压件及机械加工件等所产生的残余应力，防止工件在随后的机械加工或长期使用过程中发生变形和开裂。

（2）**退火注意事项**　退火加热时温度控制应准确。温度过低达不到退火目的，温度过高又会造成过热、过烧、氧化、脱碳等缺陷。操作时还应注意零件的放置方法，当退火的主要目的是消除内应力时更应加以注意。如对于细长工件的稳定尺寸退火，一定要在井式炉中垂直吊置工件，以防止工件由于自身重力而产生变形。

2. 正火

正火是将钢件加热到转变为完全奥氏体（亚共析钢为 Ac_3 以上30~50℃，过共析钢为 Ac_{cm} 以上30~50℃），保温一定时间后，在空气中冷却得到细片状珠光体组织的热处理工艺，如图1-44b所示。

（1）**正火的特点**　与退火相比，正火是在炉外冷却，不占用加热设备，生产周期比退火短，

生产效率高，能量消耗少，工艺简单、成本低、性能好，因此，低碳钢和中碳钢多采用正火来代替退火。

(2) **正火与退火的性能比较**　由于正火比退火的冷却速度快，所以正火工件获得的组织比较细密，比退火工件的强度和硬度稍高，韧性也较好。表1-3中列出了45钢正火与退火状态的力学性能对比。

表1-3　45钢正火与退火状态的力学性能对比

工艺方法	R_{eL}/MPa	$A_{11.3}$/%	a_K/(J/cm^2)	HBW
正火	700~800	15~20	50~80	220
退火	650~700	15~20	40~60	180

上述三种退火和正火的加热温度范围及热处理工艺曲线如图1-44所示。

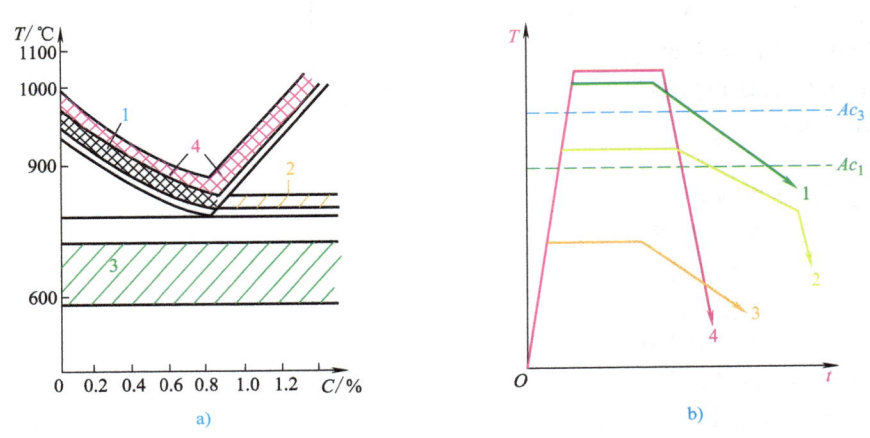

图1-44　退火和正火的加热温度范围及热处理工艺曲线
a) 加热温度范围　b) 工艺曲线
1—完全退火　2—球化退火　3—去应力退火　4—正火

3. 淬火

淬火是将工件加热到Ac_1或Ac_3以上30~50℃并保温一定的时间，然后快冷，以获得马氏体组织，其主要目的是提高钢的硬度和耐磨性，是强化钢材最重要的工艺方法。

淬火质量取决于淬火三要素，即加热温度、保温时间和冷却速度。

(1) **淬火加热温度**　钢的淬火加热温度是根据Fe-Fe$_3$C相图来选择的，如图1-45所示。对于亚共析钢，淬火加热温度一般选择在Ac_3以上30~50℃，淬火后获得的是均匀细小的马氏体组织。而共析钢和过共析钢的淬火加热温度一般选择在Ac_1以上30~50℃，淬火后获得的是均匀细小的马氏体和粒状渗碳体的混合组织。

对于合金钢，因为大多数合金元素阻碍奥氏体晶粒长大（Mn、P除外），所以淬火温度比碳钢高一些。尤其是有些高合金钢的淬火加热温度远高于Ac_1，同样能获得均匀细小的金相组织，这与合金元素在钢中的作用有关。

(2) **加热保温时间**　淬火时保温时间受钢的化学成分、工件尺寸、形状、加热炉类型等多种因素的影响。一般来讲，在保证工件淬透和内部组织充分转变的前提下，应尽量缩短加热保温时间，以提高热处理质量。

(3) **淬火冷却介质**　钢件淬火所用的冷却介质称为淬火冷却介质。淬火是为了得到马氏体，这就要求淬火的冷却速度必须大于临界冷却速度v_k。但冷却速度过大，可能会造成很大的内应力，往往会引起钢件的变形和开裂。因此，冷却介质对钢的理想淬火冷却速度应是"慢—快—慢"，如图1-46所示。

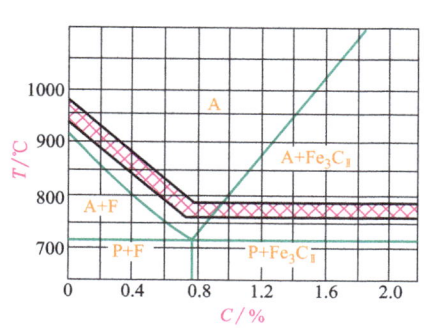

图 1-45 钢的淬火加热温度范围

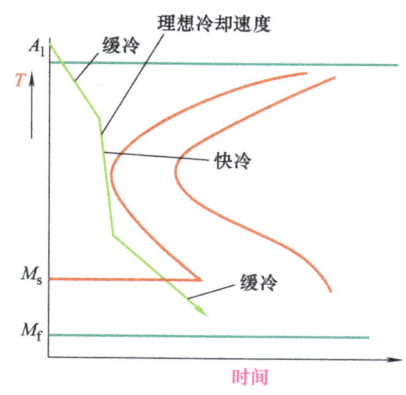

图 1-46 钢的理想淬火冷却速度

常用淬火冷却介质的特点及应用场合见表 1-4。

表 1-4 常用淬火冷却介质的特点及应用场合

介质	冷 却 特 点	应 用 场 合
水	在 550~650℃ 范围内的冷却能力较大,但在 200~300℃ 时冷却能力过强,易使工件获得马氏体组织,会产生大的淬火应力,容易引起工件变形或开裂	主要用于形状简单、截面尺寸不大的碳钢零件的淬火
油	在 200~300℃ 范围内冷却能力较弱,有利于减少工件的变形和开裂倾向。但在 550~650℃ 范围的冷却能力却不够强,不利于碳钢的淬硬	常用于临界冷却速度较低的合金钢和某些小型复杂碳素钢零件的淬火

此外,还有一些冷却效果较好的新型淬火冷却介质,如水玻璃-苛性碱、氯化锌-苛性碱、过饱和硝酸盐水溶液及聚合物淬火冷却介质等。

(4) 常用淬火方法 由于淬火冷却介质不能完全达到理想的状态,所以在热处理工艺方面还可以通过不同淬火冷却的方法来弥补。常用的淬火方法有以下几种。

1) 单液淬火。将奥氏体化的工件浸入一种淬火冷却介质中连续冷却到室温的淬火工艺,如图 1-47 中曲线 1 所示。例如,碳钢在水中淬火或合金钢在油中淬火等。这种方法操作简单,易实现机械化和自动化,应用较广。其缺点是水淬开裂倾向大,油淬冷却速度慢,容易产生硬度不足或硬度不均匀现象,所以常用于形状简单工件的淬火。

2) 双液淬火。将奥氏体化的工件先浸入冷却能力较强的冷却介质中,冷却到稍高于 M_s 的温度,再立即转入另一种冷却能力较弱的介质中,使之发生马氏体转变的淬火工艺,如图 1-47 中曲线 2 所示。如碳钢常采用先水淬后油淬,而合金则采用先油淬后空冷。双液淬火充分利用了两种冷却介质的优点,淬火应力小,减少了工件变形和开裂的可能性;但不易控制在水或油中停留的时间,对操作技术要求较高。

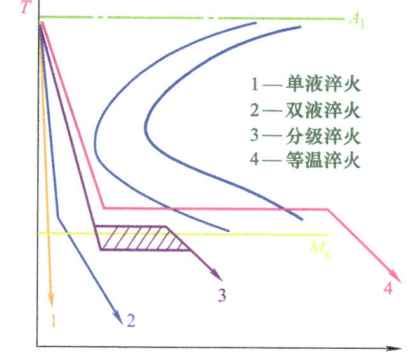

图 1-47 常用淬火方法

3) 分级淬火。将奥氏体化的工件浸入温度在 M_s 点附近的盐浴或碱浴中并保温适当时间,待工件内外层都达到介质温度后出炉空冷,以获得马氏体组织的淬火工艺,如图 1-47 中曲线 3 所示。此法可以较好地克服单液淬火的缺点,并弥补双液淬火的不足。但受盐浴或碱浴冷却能力的限制,分级淬火只适用于尺寸较小、形状复杂或截面不均匀的零件。

4）等温淬火。将奥氏体化的工件浸入温度稍高于 M_s 的盐浴或碱浴中并保持足够时间，使其发生下贝氏体转变后取出空冷的淬火工艺，如图1-47中曲线4所示。等温淬火不仅能大幅度降低工件的淬火应力，有效防止工件变形和开裂，而且能获得具有高强度和良好韧性相配合的下贝氏体组织。但由于盐浴或碱浴的冷却能力较小，因此只适用于形状复杂、尺寸精度要求高的小型工件，如弹簧、板牙、小齿轮等，也可用于较大截面的高合金钢零件的淬火。其缺点是生产周期长、效率低。

（5）钢的淬透性与淬硬性　钢的淬透性是指钢在规定的条件下淬火时获得淬硬层深度大小的能力；钢的淬硬性是指钢在理想条件下进行淬火硬化时所能达到最高硬度的能力。

（6）淬火操作注意事项　淬火操作时要注意工件浸入淬火冷却介质中的方法。如果浸入方式不正确，可能使工件各部分的冷却速度不一致而造成很大的内应力，从而使工件发生变形和裂纹，或产生局部淬不硬等缺陷。例如，钻头、轴杆类等细长工件应以吊挂的方式垂直地浸入淬火冷却介质中，薄而平的工件不能平着放入而必须立着放入淬火冷却介质中，以使工件各部分的冷却速度趋于一致等。淬火操作时还必须穿戴防护用品，如工作服、手套、防护眼镜等，以防淬火冷却介质飞溅伤人。

4. 回火

回火是将淬火后的钢加热到奥氏体转变温度以下的某一温度，保温后冷却下来的一种热处理工艺，其目的是减小或消除淬火应力，稳定组织，提高钢的塑性和韧性，从而使钢的强度、硬度、塑性、韧性得到适当配合，以满足不同工件的性能要求。按其加热温度范围不同，可将回火分为以下几种类型。

（1）低温回火（150~250℃）　低温回火主要是为了降低钢中残余应力和脆性，而保持钢在淬火后所得到的高强度、硬度和耐磨性。在生产中，低温回火被广泛应用于工具、量具、滚动轴承、渗碳工件以及表面淬火工件等。高碳钢低温回火后得到的回火马氏体组织如图1-48所示，低温回火后的活塞销如图1-49所示。

图1-48　高碳钢的回火马氏体

图1-49　活塞销

（2）中温回火（350~500℃）　经中温回火后，工件的内应力基本消除，具有极高的弹性极限和良好的韧性。中温回火主要用于各种弹簧零件及热锻模具的处理。中碳钢回火后得到的屈氏体组织如图1-50所示，典型中温回火的气门弹簧如图1-51所示。

（3）高温回火（500~650℃）　将淬火加高温回火相结合的热处理工艺称为调质处理。经调质处理后钢的强度、塑性和韧性具有良好的配合，即具有较高的综合力学性能。用于调质处理的钢多为中碳优质结构钢和中碳低合金结构钢。一般把用于调质处理的钢称为调质钢。中碳钢回火后得到的索氏体如图1-52所示，典型的回火凸轮轴如图1-53所示。

5. 表面热处理

在汽车中，有许多零件是在冲击载荷、扭转载荷及摩擦条件下工作的，如汽车变速齿轮及传

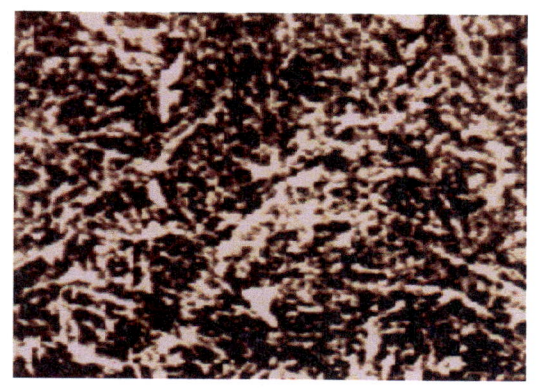

图1-50 中碳钢的回火屈氏体

图1-51 气门弹簧

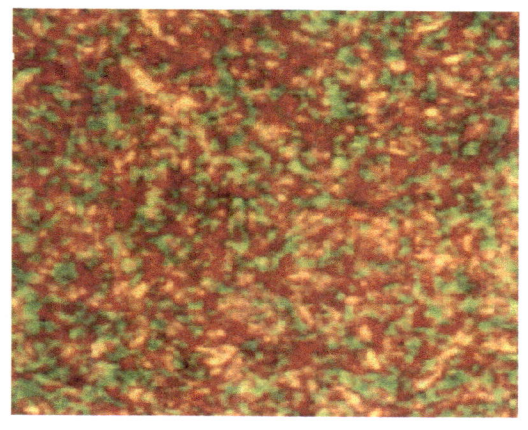

图1-52 中碳钢的回火索氏体

图1-53 凸轮轴

动齿轮轴等。这些零件要求表面具有很高的硬度和耐磨性，而心部要具有足够的塑性和韧性。这一要求如果仅从选材方面去解决是十分困难的，若用高碳钢，则硬度高，但心部韧性不足；若用低碳钢，则心部韧性好，但表面硬度低，不耐磨。为了满足上述要求，实际生产中一般先通过选材和常规热处理满足心部的力学性能，再通过表面热处理的方法强化零件表面的力学性能，以达到零件"外硬内韧"的性能要求。

表面热处理按处理工艺特点可分为表面淬火和表面化学热处理两类。

(1) **表面淬火** 表面淬火是一种仅对工件表层进行淬火的热处理工艺，其原理是通过快速加热，使钢的表层奥氏体化，在热量尚未充分传到零件中心时就立即予以冷却淬火的方法。它不改变钢的表层化学成分，但却改变了表层组织。

通常钢件在表面淬火前均进行正火或调质处理，表面淬火后应低温回火。

表面淬火的关键是加热的方法，必须要有较快的加热速度。目前，表面淬火的方法很多，如火焰淬火、感应淬火、接触电阻加热淬火、激光淬火等，生产中最常用的方法主要有火焰淬火和感应淬火两种。

1）火焰淬火。应用氧乙炔（或其他可燃气体）火焰对零件表面进行快速加热，随后立即用水喷射快速冷却的工艺称为火焰淬火，如图1-54所示。火焰淬火的淬硬层深度一般为2～6mm，可通过控制火焰喷嘴的移动速度来获得不同深度的淬硬层。这种方法的特点是加热温度及淬硬层深度不易控制，易产生过热和加热不均匀的现象，淬火质量不稳定，但这种方法不需要特殊设备，故适用于单件或小批量生产。

2）感应淬火。利用感应电流通过工件所产生的热效应，使工件表面受到局部加热，并进行快速冷却的淬火工艺称为感应淬火。

感应淬火的原理如图 1-55 所示。把工件放入由空心铜管绕成的感应器内，感应器中通入一定频率的交流电，在电磁感应作用下感应器将产生一个频率相同的交变磁场，工件内部就会产生频率相同、方向相反的感应电流，该电流在钢件内自成回路，称为"涡流"。涡流在工件截面上的分布是不均匀的，主要集中在工件表面，这种现象称为涡流的"趋肤效应"。感应器中的电流频率越高，涡流越集中于工件的表层，趋肤效应越明显。这样，生产中只要调整通入感应器的电流频率，就可以有效控制加热层的深度。

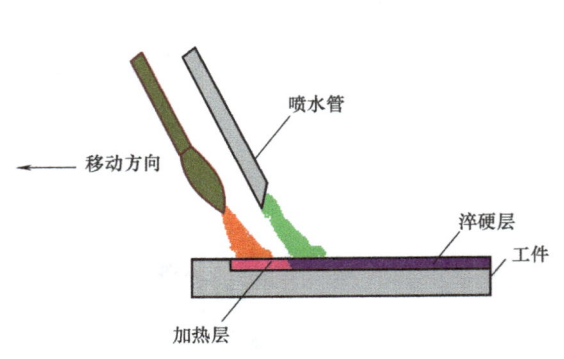

图 1-54 火焰淬火示意图

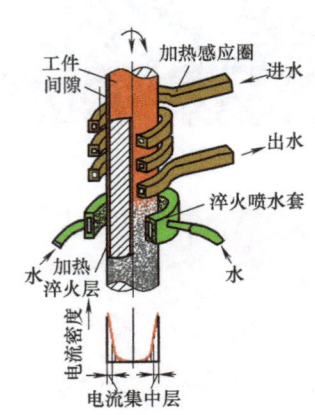

图 1-55 感应淬火示意图

涡流在趋肤效应作用下使工件表层迅速加热到淬火所需的温度（而心部温度仍接近室温），随即喷水快速冷却，从而达到表面淬火的目的。感应淬火电流频率与淬硬层的关系见表 1-5。

表 1-5 感应淬火电流频率与淬硬层的关系

分类	频率范围	淬硬层深度/mm	应用举例
高频感应加热	200～300kHz	0.5～2	在摩擦条件下工作的零件，如小齿轮、小轴等
中频感应加热	1～10kHz	2～8	承受转矩、压力载荷的零件，如曲轴、大齿轮、主轴等
工频感应加热	50Hz	10～15	承受转矩、压力载荷的大型零件，如冷轧辊等

与火焰淬火相比，感应淬火具有以下特点：

1）加热速度快，零件由室温加热到淬火温度仅需几秒到几十秒的时间。

2）淬火质量好，由于加热迅速，奥氏体晶粒不易长大，淬火后表层可获得细针状（或隐针状）马氏体，硬度比普通淬火件高 2～3HRC。

3）淬硬层深度易于控制，淬火操作易实现机械化和自动化。

但感应淬火的设备较复杂，成本高，故适用于大批量生产。

（2）表面化学热处理 将工件置于一定温度的活性介质中加热和保温，使一种或几种元素渗入它的表层，以改变其化学成分、组织和性能的热处理工艺称为化学热处理。与其他热处理相比，化学热处理不仅改变了钢的组织，而且表层的化学成分也发生了变化，因而能更有效地改变工件表层的性能。

根据渗入元素的不同，化学热处理可分为渗碳、渗氮、碳氮共渗、渗铝、渗硼、渗铬等。化学热处理的主要目的是提高工件的表面硬度、耐磨性以及疲劳强度；也可提高工件的耐蚀性、抗氧化性，以替代昂贵的合金钢。目前，在生产中最常用的化学热处理工艺是渗碳、渗氮、碳氮共渗。

1）钢的渗碳。渗碳是将工件置于渗碳介质中，加热到单相奥氏体（900～950℃）保温适当时间，使活性碳原子渗入钢的表面，以提高工件表面碳含量的热处理工艺。

渗碳的目的是提高钢件表层碳的质量分数，热处理后使工件表面具有高的硬度、耐磨性和疲劳强度,而心部仍保持低碳钢良好的塑性和韧性。图 1-56 所示是低碳钢渗碳后的组织。

图 1-56　低碳钢渗碳以后的组织

根据渗碳剂的不同,渗碳方法可分为固体渗碳、气体渗碳和液体渗碳三种。生产中常用气体渗碳法,其优点是生产效率高、劳动条件较好、渗碳气氛容易控制、渗碳层比较均匀,还可实现渗碳后直接淬火。

① 气体渗碳。气体渗碳是将工件置于井式气体渗碳炉中进行渗碳的方法。如图 1-57 所示,将工件置于密封的渗碳炉中,加热至 900～950℃,通入气体渗碳剂进行渗碳。目前,常采用的方法是将煤油、甲酮、丙酮、酒精等液体碳氢化合物放入渗碳炉内,使其受热后分解出活性碳原子,深入工件表面。也可以直接通入天然气、液化石油气等气体进行渗碳。

气体渗碳的特点是渗碳速度快、渗碳过程易于控制且渗碳层质量好,但其设备成本较高,不适宜单件、小批量生产。

② 固体渗碳。固体渗碳是将工件在固体渗碳剂中进行渗碳的方法,如图 1-58 所示。将工件埋入充填有木炭颗粒和 10% 左右催渗剂($BaCO_3$ 或 Na_2CO_3)的密封铁箱中,然后放入箱式炉内加热至 900～950℃,使渗碳剂发生化学反应释放出活性碳原子并渗入钢的表层。

固体渗碳的特点是设备简单、成本低,但渗碳速度慢、渗碳层质量不易控制,主要用于单件、小批量生产。

渗碳适用于低碳钢和低碳合金钢。渗碳后可使零件表面 1～2mm 厚度内碳的质量分数提高到 0.8%～1.2%。渗碳后的零件,其表面硬度和耐磨性并不高。为了获得高硬度和高耐磨性的表面层,同时改善心部的组织,渗碳后还要进行淬火和低温回火。

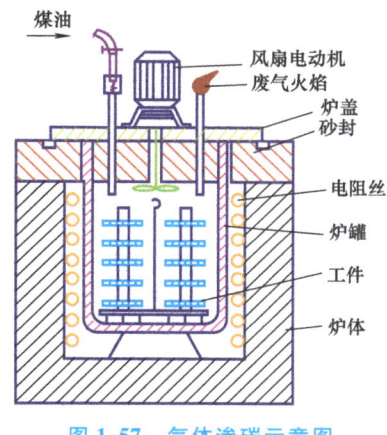

图 1-57　气体渗碳示意图

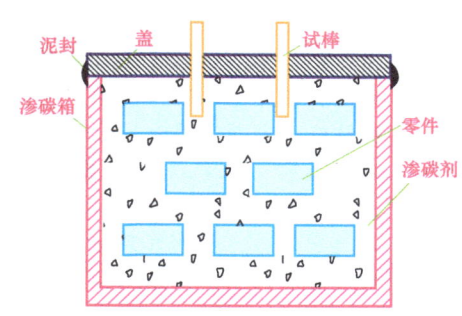

图 1-58　固体渗碳示意图

渗碳是汽车齿轮、活塞销等零件常用的表面热处理工艺，采用渗碳工艺的零件，一般工艺路线为：锻造→正火→机械加工→渗碳→淬火+低温回火→精加工→成品。

2）钢的渗氮。渗氮是在一定温度（一般在Ac_1温度）下，使活性氮原子渗入工件表面的化学热处理工艺。渗氮后的工件表层具有更高的硬度（68~72HRC）和耐磨性、高的疲劳强度和耐蚀性。

目前常用的渗氮方法有气体渗氮、离子渗氮等，其中气体渗氮应用最广。

① 气体渗氮。工件在气体介质中进行渗氮称为气体渗氮。它是将工件放入密闭的炉内，加热到500~600℃，通入氨气（NH_3），氨气分解出活性氮原子；氮原子被零件表面吸收，与钢中的合金元素Al、Cr、Mo形成氮化物，并向心部扩散，渗氮层薄而致密，一般仅为0.1~0.6mm。

② 离子渗氮。在低于一个大气压的渗氮气氛中，利用工件（阴极）和阳极之间产生的辉光放电现象进行渗氮的工艺称为离子渗氮。图1-59所示为离子渗氮装置示意图。

离子渗氮的原理是将需要渗氮的工件作为阴极，将炉壁作为阳极，在真空室中通入氨气，并在阴极和阳极之间通以高压直流电。在高压电场作用下，氨气被电离，形成辉光放电。被电离的氮离子以极高的速度轰击工件表面，使工件表面温度升高（一般为450~650℃），并使氮离子在阴极上夺取电子后还原成氮原子而渗入工件表面，然后经过扩散形成渗氮层。

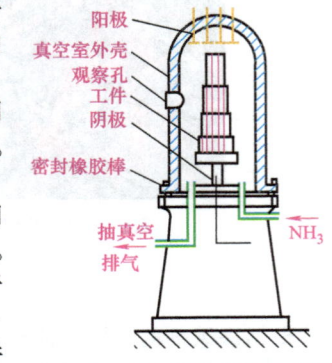

图1-59 离子渗氮装置示意图

离子渗氮具有速度快、生产周期短、渗氮质量高、工件变形小、对材料的适应性强等优点，因而迅速地发展起来，已在实际生产中得到了广泛的应用。

渗氮用钢通常是含有Al、Cr、Mo等元素的合金钢，典型的牌号是38CrMoAlA，还有35CrMo、18CrNiW等。这些合金元素极易与氮元素形成颗粒细小、分布均匀、硬度很高且非常稳定的各种氮化物，对提高工件性能有重要作用。

采用渗氮工艺制造的零件常用的工艺路线为：锻造→退火（或正火）→粗加工→调质→半精加工→去应力退火→粗磨→渗氮→精磨→成品。

3）钢的碳氮共渗。碳氮共渗是在一定温度下，同时将碳、氮原子渗入工件表面的一种化学热处理工艺，这种工艺是渗碳与渗氮的结合，兼有两者的优点。常用的碳氮共渗工艺有液体和气体碳氮共渗两种。液体碳氮共渗的介质有毒、污染环境、劳动条件差，很少应用。气体碳氮共渗有中温碳氮共渗和低温碳氮共渗，应用较为广泛。

三、汽车上典型零件热处理方法的选用

(1) 汽车轮胎固定螺栓 某汽车轮胎固定螺栓常用45钢制造，要求强度高、韧性好，具有很好的综合力学性能。最终热处理工艺为：800~840℃加热，保温后用水淬火，580~620℃回火，回火后在油中冷却。其组织为回火索氏体，抗拉强度大于600MPa，冲击吸收能量大于39J。

(2) 活塞销 某汽车的活塞销用20Cr钢制造，要求强度高、耐磨性好。机械加工以后930℃渗碳，预冷至880℃油中淬火，200℃低温回火，屈服强度大于736MPa，硬度达到60HRC。

(3) 发动机气门弹簧 某汽车发动机气门弹簧采用65钢制造，机械加工成形以后，840℃加热淬火，500℃回火，组织为回火屈氏体，屈服强度达800MPa，弹性好。

(4) 发动机凸轮轴 某汽车发动机凸轮轴采用45钢制造，热轧棒料模锻以后进行正火，粗加工以后调质处理，精加工以后，对轴颈和凸轮进行表面淬火、低温回火。凸轮轴心部为回火索氏体，强度和韧性好；表面为回火马氏体，硬度为58HRC，耐磨性好。

(5) 发动机连杆 某汽车发动机连杆用45钢制造，采用调质处理：800℃加热油中淬火，520℃回火后在油中冷却。屈服强度大于785MPa，冲击吸收能量大于47J，强度高，韧性好。

(6) 汽车连杆锻模 某汽车连杆锻模采用5CrNiMo钢制造，加工后840~860℃加热淬火，为了减少大型模具的淬火变形，预冷到780℃左右油中淬火，200℃出油，480~510℃回火2次，硬度为39~44HRC。

学习单元二

汽车用钢铁材料

工业上一般把金属材料分为两大类,即钢铁材料和非铁金属。钢铁材料是指以铁和碳为主要元素的铁碳合金;非铁金属是指除钢铁材料以外的其他所有金属材料,如铝、铜、镁及其合金等。目前,钢铁材料是汽车上应用最为广泛的工程材料。

学习目标

1. 认识常用钢铁材料的类型、牌号、成分、性能。
2. 知道各种钢铁材料在汽车上的应用。
3. 认识常用铸铁的类型、牌号、组织特征、性能,懂得它们的用途。

课题一 汽车用碳素钢

碳素钢是指在铁碳合金中碳的质量分数大于 0.0218% 而小于或等于 2.11%,且不含有特意加入合金元素的铁碳合金,简称碳钢。碳钢具有较好的力学性能和工艺性能,且冶炼方便、价格低廉,容易加工,是制造各种机器、工程结构、维修工具等最主要的材料,在汽车零件制造中也得到广泛的应用,汽车上的变速器、制动盘、制动鼓、轴、销等大部分零件一般都用碳素钢制造。碳素钢制造的典型汽车零件如图 2-1 所示。

一、碳素钢的基础知识

1. 碳素钢中常存元素对性能的影响

常用碳素钢中碳的质量分数小于 1.3%,除 Fe、C 两个主要元素外,在冶炼过程中还会带入一些杂质,如 Mn、Si、S、P 等常存元素。这些杂质对钢的质量有很大影响,尤其是 S、P,必须将其含量严格控制在要求范围内。

(1) **锰的影响** 锰是钢中的有益元素,是炼钢时用锰铁脱氧而残留在钢中的。锰具有很好的脱氧能力,能在很大程度上减少钢中的 FeO,还能与硫化合成 MnS,减轻硫的有害作用。锰能溶解于铁素体和渗碳体中,形成合金固溶体和合金渗碳体,提高了钢的强度和硬度。锰作为少量常存元素存在时,其质量分数一般不应超过 1.00%。

(2) **硅的影响** 硅也是一种有益元素,它也是作为脱氧剂而进入钢的。硅的脱氧能力比锰强,可有效清除 FeO 中的氧。硅在室温下大部分溶入铁素体,产生固溶强化,使铁素体的强度和硬度提高。硅作为常存元素,其质量分数一般不应超过 0.4%。

(3) **硫的影响** 硫是钢中的有害元素,它是在冶炼时由矿石带入的,炼钢时很难除尽。硫在

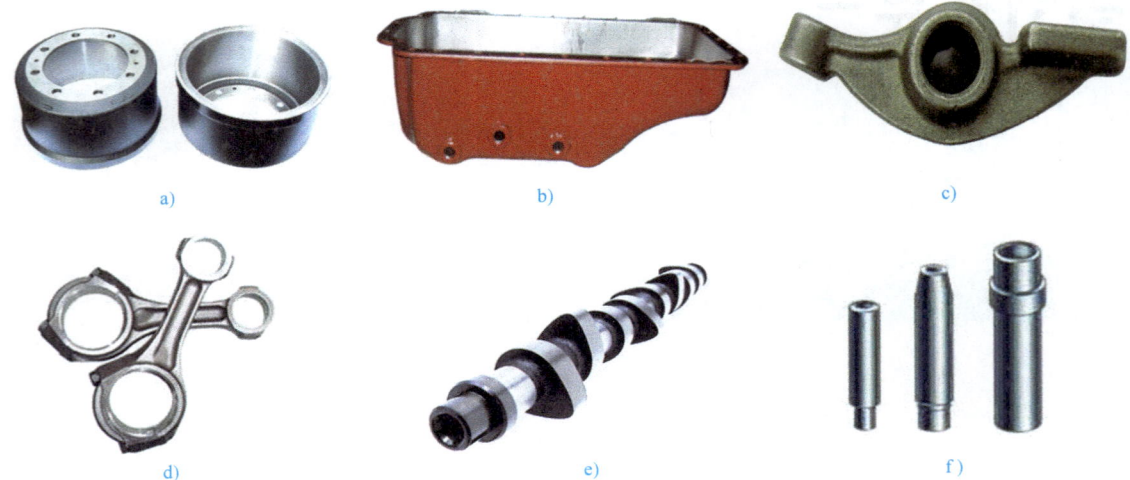

图 2-1 碳素钢制造的典型汽车零件

a）制动鼓　b）油底壳　c）摇臂　d）连杆　e）凸轮轴　f）气门导管

铁素体中几乎不能溶解，而是以 FeS 形式存在，FeS 与 Fe 形成低熔点的共晶体，熔点为 985℃，分布在晶界上，当钢材在 1000～1200℃ 进行压力加工时，共晶体熔化，使钢材变脆，这种现象称为热脆。为了避免热脆，必须严格控制钢中硫的质量分数，通常应使 $w_S < 0.05\%$。

（4）磷的影响　磷是钢中的有害元素，磷在钢中可全部溶解于铁素体中，使钢的强度、硬度有所提高，但塑性、韧性急剧降低，使钢在低温时变脆，这种现象称为冷脆。因此，也要严格控制钢中含磷量，通常应使 $w_P < 0.045\%$。

钢中除上述常存元素以外，在冶炼时还会吸收和溶解一部分气体，如氮、氢、氧等，给钢的性能带来有害的影响。尤其是氢能造成氢脆，会使钢中产生微裂纹、白点等缺陷。

2. 碳素钢的分类

（1）按碳的质量分数分类

1）低碳钢。碳的质量分数 $w_C \leqslant 0.25\%$。

2）中碳钢。碳的质量分数 $w_C = 0.25\% \sim 0.60\%$。

3）高碳钢。碳的质量分数 $w_C > 0.60\%$。

（2）按钢的质量分类　根据钢中有害杂质 S、P 的含量不同，可分为以下几种：

1）普通碳素钢。$w_S \leqslant 0.055\%$，$w_P \leqslant 0.045\%$。

2）优质碳素钢。w_S、w_P 均 $\leqslant 0.04\%$。

3）高级优质碳素钢。$w_S \leqslant 0.030\%$，$w_P \leqslant 0.035\%$。

4）特级优质碳素钢。$w_S \leqslant 0.025\%$，$w_P \leqslant 0.030\%$。

（3）按用途分类

1）碳素结构钢。用于制造工程结构（如桥梁、船舶、建筑、高压容器等）和汽车零件（如齿轮、轴、螺钉、螺母、连杆等），这类钢一般为低、中碳钢。

2）碳素工具钢。用于制造各种工具（如刃具、模具和量具等），这类钢一般为高碳钢。

（4）按脱氧程度分类

1）沸腾钢。即脱氧程度不完全的钢。炼钢时仅加入锰铁进行脱氧，脱氧不完全。这种钢液铸锭时，有大量的一氧化碳气体逸出，钢液呈沸腾状，故称为沸腾钢。

2）镇静钢。即脱氧程度完全的钢。炼钢时采用锰铁、硅铁和铝锭等作为脱氧剂，脱氧完全。这种钢液铸锭时能平静地充满锭模并冷却凝固，故称为镇静钢。镇静钢虽成本较高，但其组织致密、成分均匀、含硫量较少、性能稳定，故质量好。

3）半镇静钢。脱氧程度介于沸腾钢和镇静钢之间的钢。半镇静钢是质量较好的钢。

4）特殊镇静钢。比镇静钢脱氧程度更充分彻底的钢。特殊镇静钢的质量最好，适用于特别重要的工程结构用钢。

二、普通碳素结构钢

普通碳素结构钢是汽车工程中应用较多的钢种，其杂质和非金属夹杂物较多，但产量大，价格便宜，在性能上能满足一般工程结构及普通零件的要求，因而应用普遍。

1. 普通碳素结构钢的牌号表示方法

GB/T 700—2006《碳素结构钢》规定，普通碳素结构钢牌号由以下四部分组成。

（1）屈服强度字母　Q——屈服强度中"屈"字的汉语拼音字首。

（2）屈服强度数值　单位为MPa。

（3）质量等级符号　分为A、B、C、D级，从A到D质量等级依次提高。

（4）脱氧方法符号　F代表沸腾钢、Z代表镇静钢、TZ代表特殊镇静钢，在牌号中若为Z和TZ则予以省略。例如，Q235AF表示屈服强度为235MPa的A级沸腾钢。

2. 普通碳素结构钢的应用

普通碳素结构钢一般以热轧状态供应，广泛应用于工程建筑、车辆、船舶以及一般的桥梁、容器等金属结构，也常用于制造要求不高的机器零件，如螺钉、螺栓、螺母、垫圈以及手柄、小轴等。其典型牌号和应用情况如下。

（1）Q195、Q215　碳的质量分数较低，强度不高，但具有良好的塑性、韧性和焊接性，常用来制造铆钉、地脚螺栓、垫圈、铁钉、铁丝及各种薄板，如黑铁皮、白铁皮（镀锌薄钢板），马口铁（镀锡薄钢板），也可代替08F或10钢制造冲压和焊接结构件。

（2）Q235　强度较高，用来制作钢筋、型钢、钢板、农业机械的机件和各种不重要的机器零件，如螺栓、螺母、套环和连杆等。其中Q235C、Q235D用来制作建筑、桥梁工程上质量要求较高的焊接结构件。

（3）Q275　属中碳钢，强度较高，可代替30钢、40钢制造较重要的某些零件，如齿轮、链轮、吊钩等，以降低原材料的成本。

三、优质碳素结构钢

优质碳素结构钢中有害杂质及非金属夹杂物的含量较少，化学成分控制得也较严格，塑性、韧性较好，用于制造较重要的汽车零件。

1. 优质碳素结构钢的牌号表示方法

优质碳素结构钢的牌号用两位数字表示平均碳的质量分数的万分数，如45钢表示钢中平均碳的质量分数为0.45%的优质碳素结构钢，这是正常含锰量的优质碳素结构钢的钢号表示方法。含锰量较高的钢，需将锰元素标出。所谓较高含锰量是指碳的质量分数大于0.6%、锰的质量分数为0.9%~1.2%或碳的质量分数小于0.6%、锰的质量分数为0.7%~1.0%，数字后面附加化学元素符号"Mn"。例如，钢号25Mn表示平均碳的质量分数为0.25%而锰的质量分数为0.7%~1.0%的优质碳素结构钢。

2. 优质碳素结构钢的典型牌号及应用

（1）08F　碳的质量分数低，塑性好，强度低。一般由钢厂轧制成薄钢板或钢带供应，主要用于制造冲压件，如外壳、容器、罩子等。

（2）10~25　具有良好的冷塑性变形能力和焊接性，常用来制造受力不大、韧性要求高的冲压件和焊接构件，如螺栓、螺钉、螺母、杠杆、轴套和焊接容器等。这类钢经热处理（如渗碳）后，钢材表面具有高硬度，心部具有一定强度和韧性，常用于制作承受冲击载荷的零件，如凸轮、齿轮、销、摩擦片等。

（3）30~55及40Mn、50Mn　经调质处理后，可获得良好的综合力学性能，主要用来制造齿轮、连杆、轴类、套筒等零件，其中以40钢和45钢应用广泛。

(4) 60～85 及 60Mn、65Mn、75Mn 经适当热处理后,可得到较高的弹性极限、足够的韧性和一定的强度,主要用来制作弹性零件和易磨损零件,如弹簧、弹簧垫圈、轧辊等。

四、碳素工具钢

碳素工具钢中平均碳的质量分数为 0.7%～1.3%,属于高碳钢,以保证淬火以后有足够高的硬度和耐磨性,主要用于制造刀具、量具和模具。碳素工具钢的质量较高,要求 S、P 等杂质的含量特别低,是经过精炼的优质钢。所有碳素工具钢都要经过热处理后,才能进一步提高硬度和耐磨性。

1. 碳素工具钢的牌号表示方法

碳素工具钢的牌号是在"碳"字汉语拼音字母首位"T"的后面附加数字,数字表示钢中平均碳的质量分数的千分之几。如平均碳的质量分数为 0.8% 的工具钢,其牌号为 T8。含锰量较高者需在牌号后标以"Mn"。若为高级优质碳素工具钢,则在牌号末端加"A",例如,T12A 表示平均碳的质量分数为 1.2% 的高级优质碳素工具钢。

2. 碳素工具钢的牌号、硬度和应用

碳素工具钢的牌号、硬度及用途见表 2-1。

表 2-1 碳素工具钢的牌号、硬度及用途

钢号	硬度 供应态 HBW	硬度 淬火后 HRC ≥	用途
T7	187	62	硬度适当、韧性较好、耐冲击的工具,如扁铲、钳子、大锤、木工工具等
T8	187	62	承受冲击、要求较高硬度的工具,如冲头、压缩空气工具等
T9	192	62	韧性中等、硬度较高的工具,如冲头、木工工具、凿岩工具等
T10	197	62	无剧烈冲击,要求高硬度、高耐磨的工具,如车刀、刨刀、丝锥、钻头、手锯条等
T11	207	62	
T12	207	62	不受冲击,要求高硬度、耐磨的工具,如锉刀、刮刀、精车刀、丝锥、量具等
T13	217	62	同上,要求更高强度和耐磨的工具,如刮刀、剃刀等

注：淬火后硬度是指碳素工具钢材料淬火后的最低硬度。

五、铸造碳素钢

由熔融的碳钢直接浇注而成的构件或机械零件称为铸钢件。铸钢件主要用于制作受冲击载荷作用而形状复杂的零件,如轧钢机机架、重载大型齿轮、飞轮等。因为形状复杂的零件很难用锻压或切削加工等方法成形,用铸铁又难以满足性能要求,故常选用铸钢件。

1. 铸造碳素钢的成分

铸造碳素钢(简称铸钢)属于中、低碳素钢。其碳的质量分数一般在 0.15%～0.60% 范围内,如果碳的质量分数过高,则塑性差,铸造时易产生裂纹。

2. 铸造碳素钢的热处理

铸钢零件在铸造加工后,晶粒粗大,化学成分不均匀,并存在较大的残余应力,故不宜直接使用。铸钢零件一般采用正火或退火处理,以改善组织,消除残余应力,提高零件的力学性能。重要的铸钢零件应进行调质处理；要求表面耐磨性高的零件可进行表面淬火+低温回火。

3. 铸造碳素钢的牌号

铸钢的牌号有两种表示方法,一种由"ZG"即"铸钢"两字的汉语拼音字首和两组数字组成,前一组数字表示铸钢的屈服强度的最低值,后一组数字表示抗拉强度的最低值。例如,ZG 200-400 表示屈服强度不小于 200MPa,抗拉强度不小于 400MPa 的铸钢。另一种用在"ZG"后的一组数字及合金元素符号和含量表示,例如 ZG40Mn 表示碳的平均质量分数为 0.40%,锰的平均质量分数小于 1.5%。

六、碳素钢在汽车上的应用

汽车零件常用的碳素钢主要有普通碳素结构钢、优质碳素结构钢和铸钢。

1. 普通碳素结构钢在汽车上的应用

普通碳素结构钢中碳的质量分数较低，而硫、磷等有害杂质的含量较高，所以强度较低；但是其塑性、韧性好，焊接性优良，冶炼方便且价格低廉，使用时不需要进行热处理，在汽车上一般用于力学性能要求不太高的零件。普通碳素结构钢在汽车上的应用见表2-2。

表2-2　普通碳素结构钢在汽车上的应用

牌　号	应　用
Q235A	传动轴中间轴承支架、发动机支架、后视镜支架、发动机油底壳加强板等
Q235AF	机油滤清器法兰、发电机连接板、前钢板弹簧夹箍、后视镜支架等
Q235B	同步器锥盘、差速器螺栓锁片、驻车制动器操纵杆棘爪和齿板等
Q235BF	消声器后支架、放水龙头手柄夹持架、百叶窗叶片等

2. 优质碳素结构钢在汽车上的应用

优质碳素结构钢中的低碳钢，强度、硬度不高，但是塑性、韧性以及焊接性良好，常用于制作各种冲压件、焊接件和强度要求不高的零件，如发动机油底壳、燃油箱、车身外壳、离合器盖、变速拨叉、轮胎螺栓和螺母等。中碳钢具有较高的强度和硬度，可加工性良好，经过热处理后具有良好的综合力学性能，常用于制作受力较大的汽车零件，如曲轴齿轮、飞轮齿轮、万向节叉、离合器从动盘、连杆等。高碳钢具有高的强度、硬度和良好的弹性，常用于制作各种弹性件和耐磨件，如气门弹簧、离合器压盘弹簧、活塞销卡簧、空气压缩机阀片、弹簧垫圈等。常用优质碳素结构钢在汽车上的应用见表2-3。

表2-3　常用优质碳素结构钢在汽车上的应用

牌　号	应　用
08	乘员舱外壳、发电机油底壳、燃油箱、离合器盖等
15	轮胎螺栓与螺母、发电机气门罩、离合器调整螺栓等
20	离合器分离杠杆、风扇叶片、驻车制动杆等
35	曲轴齿轮、半轴螺栓锥形套、机油泵齿轮、连杆螺母、气缸盖定位销等
45	气门推杆、同步器锁销、变速杆、凸轮轴、曲轴、离合器踏板轴及分离叉等
50	离合器从动盘等
65Mn	气门弹簧、转向纵拉杆弹簧、离合器压盘弹簧、活塞销卡簧等

3. 铸钢在汽车上的应用

铸钢主要有碳素铸钢和低合金铸钢。低合金铸钢是在碳素铸钢的基础上提高锰、硅的含量，以发挥其合金化的作用，另外还添加铬、钼等合金元素，常用牌号有ZG40Cr、ZG40Mn和ZG35CrMo等。低合金铸钢的综合力学性能明显优于碳素铸钢，大多数用于承受较重载荷、冲击和摩擦的机械零件，如各种高强度齿轮、高速列车车钩等。为充分发挥低合金铸钢的性能，通常对其进行退火、正火、调质和表面强化热处理。常用铸造碳钢在汽车上的应用见表2-4。

表2-4　常用铸造碳钢在汽车上的应用

牌号	应用举例
ZG 270-500	机油管法兰、车门限制器的限制块等
ZG 310-570	进排气歧管压板、风扇过渡法兰、前减振器下支架、变速拨叉、起动爪等
ZG 340-640	齿轮、棘轮等

课题二　汽车用合金钢

合金钢是指为了提高钢的力学性能、工艺性能或物理、化学性能，有目的地向钢中加入一种或几种一定量的化学元素（金属或非金属）的钢。本课题主要介绍合金钢中合金元素对其性能的影响，合金钢组织结构、化学成分、主要性能及其在汽车零件中的应用等内容。

合金钢中加入的元素称为合金元素，它既可以是金属元素，也可以是非金属元素。合金元素与钢中的铁、碳两元素产生相互作用，可提高和改善钢的使用性能。汽车上一些性能要求较高的重要零件，如曲轴、凸轮轴、半轴、连杆、后桥齿轮、变速器齿轮等大多使用合金钢材料制造。常见合金钢制作的典型汽车零件如图2-2所示。

图2-2　常见合金钢制作的典型汽车零件
a）十字轴　b）半轴　c）齿轮　d）气门弹簧　e）气门　f）活塞销

一、合金钢的基础知识

合金钢中常加入的元素有锰（Mn）、硅（Si）、铬（Cr）、镍（Ni）、钼（Mo）、钨（W）、钒（V）、钛（Ti）、铌（Nb）、锆（Zr）、钴（Co）、铝（Al）、硼（B）、稀土（RE）等。这些合金元素与钢中的铁、碳两个元素的作用以及它们彼此间的作用，促使钢中晶体结构和显微组织发生有利的变化，可提高和改善钢的性能。

1. 合金钢的分类

合金钢的分类方法很多，最常用的是下面两种分类方法。

（1）按用途分类

1）合金结构钢。用于制造汽车零件和工程结构的钢，又可以分为低合金高强度钢、渗碳钢、调质钢、弹簧钢、滚动轴承钢等。

2）合金工具钢。用于制造各种工具的钢，又可分为刃具钢、模具钢和量具钢等。

3）特殊性能钢。具有某种特殊物理、化学性能的钢，如不锈钢、耐热钢、耐磨钢等。

（2）按合金元素总含量分类

1）低合金钢。合金元素总质量分数小于5%。

2）中合金钢。合金元素总质量分数为5%～10%。

3）高合金钢。合金元素总质量分数大于10%。

2. 合金钢牌号的表示方法

根据GB/T 221—2008《钢铁产品牌号表示方法》，合金钢牌号采用碳的质量分数、合金元素的种类及质量分数、质量级别来编号，简单明了、实用。

（1）合金结构钢　合金结构钢的牌号采用"两位数字＋元素符号（或汉字）＋数字"表示。前面两位数字表示钢中平均碳的质量分数的万分数，元素符号（或汉字）表明钢中含有的主要合金元素，后面的数字表示该元素质量分数的百分数。合金元素的质量分数小于 1.5% 时不标，平均质量分数为 1.5% ~2.5%，2.5% ~3.5%…时，则相应地标以 2，3…，依此类推。例如：

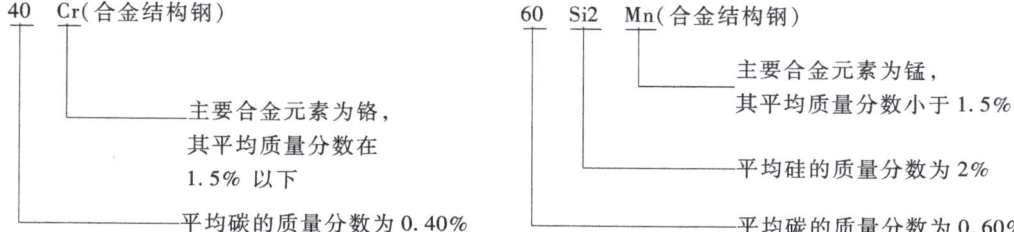

(2) **合金工具钢** 合金工具钢的牌号和合金结构钢的区别仅在于碳含量的表示方法，它用一位数字表示平均碳的质量分数的千分数，当碳的质量分数≥1.0%时不予标出。例如：

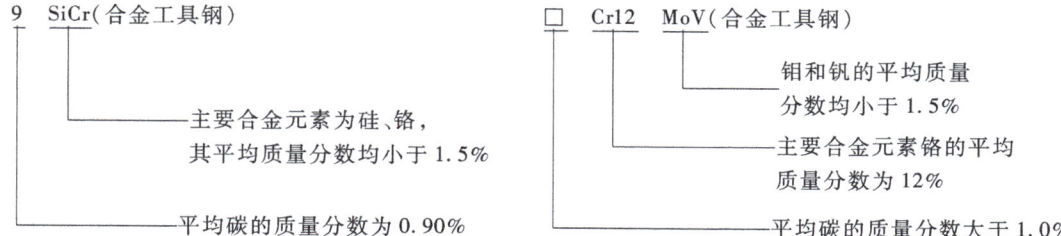

(3) **高速工具钢** 高速工具钢中碳的质量分数均不标出，如 W18Cr4V 钢的平均碳的质量分数为 0.7% ~0.8%。

(4) **特殊性能钢** 特殊性能钢的牌号和合金结构钢的表示方法基本相同，如不锈钢 20Cr13 表示碳的质量分数为 0.20%，平均含铬量为 13%。

(5) **特殊专用钢** 特殊专用钢为表示其用途，在钢的牌号前面冠以汉语拼音字首，而不标碳的质量分数，合金元素含量的标注也与上述有所不同。例如，滚动轴承钢前面标"G"（"滚"字的汉语拼音字首），如 GCr15。这里应注意牌号中铬元素后面的数字表示铬的质量分数的千分数，其他元素的质量分数仍用百分数表示，如 GCr15SiMn 表示铬的质量分数为 1.5%，硅、锰的质量分数均小于 1.5% 的滚动轴承钢。又如易切削钢是在牌号前冠以拼音字母字首"Y"，如 Y15 表示碳的质量分数为 0.15% 的易切削钢。

(6) **高级优质合金钢** 各种高级优质合金钢在牌号的最后标上"A"，如 38CrMoAlA 表示碳的质量分数为 0.38% 的高级优质合金结构钢。

二、合金结构钢

用于制造各种汽车零件以及建筑工程构件的合金钢称为合金结构钢，根据其用途可分为以下几类。

1. 低合金高强度结构钢

(1) **主要合金元素及其作用** 低合金高强度结构钢中碳的质量分数一般小于 0.2%，合金元素总质量分数小于 3%，以锰为主加元素。锰、硅的主要作用是强化铁素体；钒、钛、铌等的作用主要是细化晶粒，提高钢的塑性和韧性；少量的铜和磷可以提高钢的耐蚀性；加入少许稀土元素主要是为了脱硫除气，进一步改善钢的性能。

(2) **主要性能** 低合金高强度结构钢具有高的屈服强度、良好的韧性和塑性，其屈服强度比碳钢提高 30% ~50% 以上，同时还具有很好的焊接性，用以制作金属结构可减轻重量、节约钢材。

(3) **牌号表示方法** 低合金高强度结构钢的牌号用"Q+数字+质量等级（A、B、C、D、E）"表示，其中"Q"为屈服强度中"屈"字的汉语拼音字首，数字表示屈服强度数值，A、B、C、D、E 表示钢材中 S、P 的质量分数，并且依次降低。例如，Q345E 表示屈服强度为 345MPa 的 E 级低合金高强度结构钢。

(4) 典型牌号及其主要应用 低合金结构钢通常在热轧退火（或正火）状态下使用，主要用于制造桥梁、船舶、车辆、建筑、锅炉、压力容器、大型钢结构等。例如，"鸟巢"的钢筋使用的是国产的 Q460 钢，其厚度比用普通钢材减小了一半，且焊接性好。

1）Q345。在较低强度级别的钢中，以 Q345 最具代表性。该钢的组织为细晶粒的铁素体+珠光体，其强度比普通碳素结构钢 Q235 高 20%~30%，耐大气腐蚀性能高 20%~38%。用它制造工程结构件，重量可减轻 20%~30%，且低温性能较好。

2）Q420。Q420 是中等级别强度钢中使用最多的钢种之一。钢中加入 V、N 后，生成钒的氮化物，可细化晶粒，钢的强度有较大提高，而且韧性、焊接性及低温韧性也较好，广泛用于制造桥梁、锅炉、船舶等大型结构。

3）Q550。强度级别超过 500MPa 后，铁素体+珠光体组织难以满足高强度的要求，发展了低碳贝氏体钢。该钢加入 Cr、Mo、Mn、B 等元素，可阻碍奥氏体转变，有利于空冷条件下得到贝氏体组织，从而获得更高的强度，其塑性和焊接性也较好，多用于制造高压锅炉、高压容器等。

(5) 热处理特点 低合金高强度结构钢一般在热轧空冷状态下使用，不需要进行专门的热处理。在有特殊需要时，如为了改善焊接性，可进行一次正火处理。其使用状态下的显微组织一般为铁素体+细珠光体（索氏体）。

2. 合金渗碳钢

渗碳钢是指经渗碳、淬火、低温回火后使用的钢。

(1) 主要合金元素及其作用 一般合金渗碳钢中碳的质量分数为 0.1%~0.25%，以保证零件心部有足够的塑性和韧性。加入铬、镍、锰、硼等合金元素，是为了提高钢的淬透性；加入钨、钒、钛等元素，可提高钢的耐磨性。

(2) 主要性能 合金渗碳钢的表面具有高的硬度、耐磨性和接触疲劳强度，心部具有良好的韧性和足够的强度。

(3) 牌号及用途 常用的合金渗碳钢有 20Cr、20MnB、20CrMnTi、18Cr2Ni4 等。主要用于制造高耐磨性并同时承受动载荷，尤其是冲击载荷的机器零件，如汽车齿轮、内燃机的凸轮和活塞销等。

(4) 热处理特点 在合金钢中 20CrMnTi 是应用最广泛的渗碳钢。例如，某载货汽车变速器中间轴的三档齿轮采用 20CrMnTi 材质，其工艺路线为：下料→锻造→正火→车削→加工齿形→渗碳（930℃）→预冷淬火（830℃）→低温回火（200℃）→磨削加工→磨齿。

3. 合金调质钢

合金调质钢是指经过调质处理（淬火+高温回火）后使用的中碳合金结构钢。

(1) 主要合金元素及其作用 合金调质钢中碳的质量分数一般为 0.25%~0.50%，属于中碳钢，经调质后有足够的强度、塑性和韧性。主加元素有铬、锰、硼、镍等，其主要作用是提高钢的淬透性，而镍可提高钢的韧性。

(2) 主要性能 合金调质钢具有高的强度，且有良好的塑性和韧性，即有比较好的综合力学性能。例如，40Cr 是最常用的合金调质钢，其强度比 40 钢高 20%，并具有良好的塑性。

(3) 牌号及用途 合金调质钢中最常用有 40Cr、35CrMo、38CrMoAlA，主要用于制造受力复杂、要求综合力学性能好的重要零件，如精密机床的主轴、汽车的后桥半轴、发动机的曲轴、连杆螺栓等。

(4) 热处理方法

1）预备热处理。用合金调质钢制造的零件毛坯经锻造后，一般要进行正火或退火处理，以改善锻件的组织性能，为切削加工和淬火做准备，称为预备热处理。淬透性低的钢，正火处理就能满足切削加工性要求；淬透性高的钢，用退火处理可以降低硬度，有利于切削。

2）最终热处理。多数合金调质钢属于中碳钢，需经淬火加高温回火热处理，称为最终热处理。合金调质钢淬火时一般都采用油淬，这样能减少工件在热处理过程中产生的缺陷。合金钢经调质处理后，其组织为回火索氏体，具有较高的强度、良好的塑性与韧性，即具有良好的综合力学性能。

合金调质钢按使用性能的要求不同,也可采用淬火+中温或低温回火,得到回火屈氏体或回火马氏体,获得比调质处理更高的强度、硬度和冲击疲劳强度,可用于制造承受小能量多次冲击的零件或高强度耐磨件。

另外,某些零件(如齿轮、轴等)不仅要求有良好的综合力学性能,还要求表层具有高硬度和高耐磨性,则在调质后还要进行表面淬火或渗氮处理。

在合金调质钢中40Cr应用广泛,汽车连杆螺栓一般用40Cr钢制作,其工艺路线为:下料→锻造→退火→粗机械加工→调质(830℃加热,油淬,525℃回火)→精机械加工。

4. 合金弹簧钢

合金弹簧钢是用于制造弹簧和弹性元件的专用钢。弹簧是汽车及各种机器和仪表中的重要零件,它的主要作用是利用弹性变形吸收能量,以达到缓冲、减振及储能的目的。

(1) **主要合金元素及其作用**　合金弹簧钢中碳的质量分数一般为0.5%~0.7%,主加元素为锰、硅、铬、钒、铜等。锰的作用主要是增加钢的淬透性和耐回火性,强化铁素体,从而有效地提高了钢的力学性能。硅的加入能提高钢的弹性极限和屈服强度,但会使钢在加热时表面易脱碳而降低疲劳强度。少量的钒、钼能减少硅、锰带来的脱碳和过热倾向,从而提高钢的韧性。

(2) **主要性能**　弹簧大多是在冲击、振动及变动载荷下工作,因此要求弹簧钢具有高的强度和疲劳强度,以及足够的塑性和韧性。其典型牌号有65Mn、60Si2Mn、50CrVA。

(3) **弹簧的成形与热处理方法**　根据生产方式的不同,弹簧钢按加工工艺可分为热成形弹簧、冷成形弹簧两种。

1) 热成形弹簧。用热轧钢丝或钢板制成,然后淬火和中温(450~550℃)回火,获得回火屈氏体组织,具有很高的屈服强度,特别是弹性极限高,并有一定的塑性和韧性,一般用来制作较大型的弹簧。

2) 冷成形弹簧。小尺寸弹簧一般用冷拔弹簧钢丝(片)卷成,成形后只需在200~300℃温度范围下进行退火处理即可,省去了淬火、中温回火工艺。

弹簧热处理以后通常要进行喷丸处理,其目的是在弹簧表面产生残余压应力,以提高弹簧的疲劳强度。合金弹簧钢中最具有代表性的是60Si2Mn,例如,汽车板簧成形选用60Si2Mn后的工艺路线为:扁钢下料→加热压变成形→淬火→中温回火→喷丸,为减少弹簧的加热次数,往往把热变形与淬火结合起来进行。

5. 滚动轴承钢

轴承主要有滚动轴承和滑动轴承两大类。

滚动轴承钢是指制造各类滚动轴承的内、外套圈及滚动体(滚珠、滚柱、滚针)的专用钢。

(1) **主要合金元素及其作用**　滚动轴承一般都是高碳钢,碳的质量分数为0.95%~1.10%,以保证淬火后有足够的硬度和一定数量的合金碳化物,从而提高其耐磨性。滚动轴承主要合金元素是铬,其作用是提高钢的淬透性和硬度、韧性及接触疲劳强度;但铬的含量过高会使钢的硬度下降,也会使轴承尺寸不稳定,因而轴承钢中铬的质量分数为0.4%~1.65%。大型轴承中还需要加入适量的Si(w_{Si}=0.40%~0.65%)和Mn(w_{Mn}=0.90%~1.20%),以进一步提高钢的强度、弹性极限和淬透性。此外,为了保证钢的疲劳强度,提高轴承的使用寿命,要求轴承钢中硫的质量分数小于0.02%,磷的质量分数小于0.027%,所以轴承钢都是高级优质钢。

(2) **主要性能**　滚动轴承在交变载荷下工作,滚柱与套圈之间呈点或线接触,接触应力很大,滚动体与套圈之间不仅有滚动摩擦还有相对摩擦,使工件表面产生接触疲劳破坏与磨损,另外滚动轴承在工作时,还受到润滑剂的化学侵蚀。因此,滚动轴承必须具有高的硬度和耐磨性、高的弹性极限和接触疲劳强度、足够的韧性和淬透性及一定的耐蚀性。

(3) **热处理方法**　滚动轴承钢的预备热处理方法是球化退火,其目的不仅是降低钢的硬度,以利于切削加工,更重要的是获得细小的球状珠光体和均匀分布的细粒状碳化物,为零件的最终热处理做组织准备。最终热处理是淬火和低温回火。轴承钢淬火+回火后的组织为极细的回火马氏体、均匀分布的粒状碳化物以及少量残留奥氏体,其硬度大于62HRC。

(4) 主要牌号及用途　滚动轴承钢的典型牌号有GCr9、GCr15、GCr15SiMn,其中GCr15是最常用的滚动轴承钢。制作轴承的工艺路线为:锻造→球化退火→机械加工→淬火+低温回火→磨削加工。

三、合金工具钢

为了满足高硬度和耐磨性的使用要求,工具钢均为高碳成分,一般经过淬火和低温回火后使用。碳素工具钢虽然能达到较高的硬度和耐磨性,但其淬透性差,淬火变形倾向大,并且韧性和热硬性差(只能在200℃以下保持其高硬度)。因此,尺寸大、精度高、承受冲击载荷和工作温度较高的工具都要采用合金工具钢制造。合金工具钢按其用途不同,可分为刃具钢、模具钢和量具钢。

1. 刃具钢

常用的刃具钢主要有低合金刃具钢和高速工具钢。

(1) 低合金刃具钢

1) 主要合金元素及其作用。低合金刃具钢中碳的质量分数为0.80%~1.5%,合金元素质量分数不超过5%。主加元素有铬、锰、硅、钨、钒等,以提高淬透性、耐回火性和耐磨性。

2) 主要性能。刃具切削时,受切削力作用而发热,还受到一定的冲击和振动,因此,要求刃具钢有高强度(特别是抗弯、抗压强度)、高硬度、高耐磨性、高热硬性、足够的塑性和韧性。

常用低合金刃具钢有9SiCr、CrWMn、9Mn2V等,主要用于制作低速和中速切削刀具、中等负荷的冷成形模具及量具。低合金刃具钢的预备热处理采用球化退火改善可加工性,最终热处理采用淬火和低温回火,获得的组织为回火马氏体和未溶碳化物及少量残余奥氏体。

用9SiCr钢制造的圆板牙,其生产过程的工艺路线如下:下料→球化退火→机械加工→淬火+低温回火→磨平面→开槽→开口。

(2) 高速工具钢　高速工具钢是一种高碳、高合金元素含量的刃具钢,以高速切削而得名。

1) 主要合金元素及其作用。高速工具钢中碳的质量分数高达0.7%~1.6%,并含有质量分数总和在10%以上的钨、铬、钒、钴、钼等合金元素。高含碳量是为了保证形成足够量的合金碳化物,并使高速工具钢具有高的硬度和耐磨性;钨和钼是提高钢热硬性的主要元素;铬主要提高钢的淬透性;钒能显著提高钢的硬度、耐磨性和热硬性,并能细化晶粒。

2) 主要性能。高速工具钢是热硬性、耐磨性较好的合金工具钢,当切削温度高达600℃时,其硬度仍无明显下降并能长时间保持刃口锋利。

3) 牌号及用途。我国常用的高速工具钢有两种:一种是钨系W18Cr4V,另一种是钨-钼系W6Mo5Cr4V2。W6Mo5Cr4V2钢的热塑性、韧性和耐磨性均优于W18Cr4V钢,热硬性相当,而且碳化物细小、分布均匀,其密度小,价格较便宜,但磨削加工性能不如W18Cr4V钢,可用于制造要求耐磨性和韧性很好结合的高速切削工具,如丝锥、板牙等,尤其适用于通过热变形加工成形的钻头等工具。而W18Cr4V钢用于制造高速切削的车刀、刨刀、铣刀、插齿刀等。

4) 热处理。高速工具钢必须经过锻造以达到改善碳化物形态和均匀分布的作用,其预备热处理是锻后球化退火。目的是为了改善锻件内碳化物形态并使其分布均匀,同时改善可加工性及消除残留内应力,并为最终热处理做组织准备,球化退火后的组织为索氏体和粒状碳化物。

高速工具钢的最终热处理是淬火与回火。由于高速工具钢中的合金元素含量高,导热性差,淬火温度又很高,所以淬火加热时必须在800~850℃范围内进行预热,待工件内、外温度均匀后再进行热处理。对截面大或形状复杂的工件可进行两次预热(500~600℃,800~850℃)。为消除淬火工件内应力,减少残留奥氏体数量,高速工具钢淬火后一般都要进行三次550~570℃的回火才能满足使用要求。

2. 模具钢

汽车用模具钢按其用途分为冷作模具钢和热作模具钢。

(1) 冷作模具钢　冷作模具是指在常温下，使金属材料变形而成形的模具。冷作模具钢用来制造各种冷冲压模、冷挤压模、拉延模、拉丝模等，其工作温度一般不超过200~300℃。典型的汽车冷作模具如图2-3所示。

1) 主要合金元素及其作用。冷作模具钢中碳的质量分数多在1.0%以上，有时高达2.0%以上。加入的主要合金元素有铬、钼、钨、钒等，这些元素（尤其是铬）可与钢中的碳形成难溶的碳化物，有利于提高耐磨性。

2) 主要性能。冷作模具钢工作时承受很大的压力及冲击载荷和摩擦的作用，主要损坏形式是磨损失效，也常出现断裂和变形失效现象。因此，冷作模具应具有高硬度、高耐磨性、高韧性和抗疲劳强度、热处理变形小等特性。

图2-3　汽车车门冷冲压模

常用的小型冷作模具可采用碳素工具钢或低合金刃具钢制造，如T12A、T12、9SiCr、CrWMn、9Mn2V等，大型冷作模具一般采用Cr12、Cr12MoV等高碳高铬钢制造。

3) 热处理。冷作模具钢的热处理为淬火+低温回火，得到回火马氏体+粒状碳化物+少量残留奥氏体，硬度为58~62HRC。

(2) 热作模具钢　热作模具是使加热的金属或液态金属获得需要形状的模具。热作模具钢用来制造各种热锻模、热压膜、热挤压模、压铸模等。典型的汽车热作模具如图2-4所示。

1) 主要合金元素及其作用。热作模具钢中碳的质量分数一般在0.50%~0.60%范围内。其碳的质量分数不能过高，否则将降低钢的导热性和韧性；但也不能过低，否则就不能保证所需的强度、硬度和耐磨性。加入铬、镍、锰、硅等元素是为了强化钢的基体，并提高钢的淬透性和强度等性能；加入钨、钼、钒、铝等元素是为了细化晶粒，并可以防止回火脆性，提高热稳定性及热硬性；适当提高铬、钼、钒在钢中的含量，还可以提高钢的抗疲劳性。

图2-4　汽车四缸压铸模

2) 主要性能。热作模具钢在工作中承受很大的冲击载荷和塑变摩擦及强烈的冷热循环，容易引起不均匀热应变和热应力，产生高温氧化，导致模具出现崩裂、磨损、塌陷、龟裂等失效现象。因此，热作模具钢要求具有高的热硬性和高温耐磨性、高的抗氧化能力、高的热强性和足够高的韧性。

3) 热处理。热作模具钢的最终热处理一般为淬火后高温（或中温）回火，硬度在40HRC左右，以保证有较高的韧性。

3. 量具钢

量具钢是用于制造量具的钢。量具是测量工件尺寸的工具，如游标卡尺、千分尺、量块、塞规等。

(1) 主要合金元素　量具钢的成分要求高，碳的质量分数一般为0.9%~1.5%，并常加入铬、钨、锰等元素。

(2) 主要性能　量具在使用过程中主要受磨损而失效，对量具钢的性能要求是：高硬度（不小于56HRC）、高耐磨性、高的尺寸稳定性和高的表面质量。

制造量具没有专门的钢种，碳素工具钢、合金工具钢和滚动轴承钢均可用于制造量具。尺寸小、形状简单、精度较低的量具用高碳钢制造；复杂的较精密的量具一般用低合金刃具钢制造。CrWMn 的淬透性较高，淬火变形小，可用于制作精度要求高且形状复杂的量块；GCr15 的耐磨性、尺寸稳定性较好，多用于制造各种高精度的量块、卡规、千分尺等。

(3) 热处理　量具钢的热处理关键在于减小热处理变形和提高尺寸稳定性。因此，在淬火和低温回火时，要采取措施提高组织的稳定性。

四、特殊性能钢

具有特殊物理和化学性能的钢称为特殊性能钢。特殊性能钢的种类很多，汽车制造行业中常用的特殊性能钢有不锈钢、耐热钢、耐磨钢等。

1. 不锈钢

不锈钢是在大气、水、酸、碱和盐溶液或其他腐蚀介质中，具有高度化学稳定性的合金钢的总称。不锈钢在酸、碱、盐等侵蚀性较强的介质中，能抵抗腐蚀作用，故又称为耐蚀钢（或称耐酸钢）。

(1) 主要合金元素及其作用　大多数不锈钢中碳的质量分数为 0.1%～0.2%，耐蚀性要求越高，碳的质量分数应越低。但用于制造刃具和滚动轴承等的不锈钢，其碳的质量分数应较高，一般为 0.85%～0.95%。此时必须相应地提高铬含量，加入铬能提高基体的基极电位，当基体中铬的质量分数超过 12.7% 时，可使钢形成单一的铁素体组织，铬在氧化性介质中极易氧化而形成致密的氧化膜，使钢的耐蚀性大大提高。加入钛、铌等合金元素，能优先形成碳化物，使铬保留在基体中，从而减轻钢的晶间腐蚀倾向；加入镍、锰、氮等，获得奥氏体组织，并提高铬不锈钢在有机酸中的耐蚀性。

(2) 主要性能　制作工具的不锈钢要有高硬度、高耐磨性，而制作重要结构零件时，还要求具有高强度。

(3) 牌号及用途　不锈钢根据室温下显微组织的不同，可分为马氏体型不锈钢、铁素体型不锈钢和奥氏体型不锈钢三种。

1) 马氏体型不锈钢（Cr13 型）。其碳的质量分数为 0.1%～0.4%、铬的质量分数为 12%～14%，属于铬不锈钢。这类钢经淬火加高温回火后，得到回火马氏体组织，塑性、韧性好，并具有良好的耐蚀能力，常用于制造受冲击载荷的耐蚀结构件，如汽轮机叶片、水压机阀。12Cr13、20Cr13 常用于制作综合力学性能与耐蚀性较好的零件，30Cr13 常用于制作高硬度的医疗器械、量具等。

马氏体型不锈钢在锻造以后需要退火，以降低硬度，改善可加工性，在冲压以后也需退火，其目的是消除加工硬化，恢复塑性，以便进一步加工。

2) 铁素体型不锈钢（Cr17 型）。其碳的质量分数低于 0.12%，铬的质量分数为 12%～18%，也属铬不锈钢。

铁素体型不锈钢具有很高的耐蚀性及良好的塑性、可加工性和焊接性，抗氧化性也较好，但强度较低。主要用于制造耐蚀性要求很高，而强度要求不高的构件，如在氧化性腐蚀介质中工作的构件，其中应用最广的是 10Cr17 钢。

3) 奥氏体型不锈钢（18-8 型）。奥氏体型不锈钢属于铬镍钢，也称为 18-8 型不锈钢，是应用最广的不锈钢。它具有低碳（$w_C = 0.12\%$）、高铬（$w_{Cr} = 17\%～19\%$）和高镍（$w_{Ni} = 8\%～11\%$）的成分特点，这类钢具有良好的塑性、韧性、冷变形性和焊接性，但其强度、硬度比较低，需要通过冷加工硬化来提高其强度。奥氏体型不锈钢中应用最广的是 1Cr18Ni9Ti 钢，主要用于制造化工生产中的某些设备零件及管道等。

2. 耐热钢

耐热钢是指在高温下不易发生氧化并具有较高强度的钢。

(1) 主要合金元素及其作用　在钢中加入铬、铝、硅等元素，这些元素在高温下与氧作用，在钢的表面形成一层致密的氧化膜，能有效地保护钢在高温下不继续氧化腐蚀，提高钢的抗氧化能力。而要提高钢在高温下保持高强度（热强性）的性能，通常要加入钛、钨、钒、铌、铬、钼等元素。

（2）主要性能　耐热钢具有优良的高温抗氧化性和高温强度，还具有适当的物理性能，如线胀系数小、导热性良好、加工工艺性能较好等。

钢的耐热性包含高温抗氧化性和高温强度两个指标。因此，耐热钢分为热化学稳定钢（抗氧化钢）和热强钢。在高温下具有抗高温介质腐蚀能力的钢称为抗氧化钢。常用的抗氧化钢有3Cr11Ni25Si2、26Cr18Mn12Si2N等，最高工作温度可达1000℃，多用于制造工业炉中的构件，如炉底板、炉管等。在高温下仍具有足够力学性能的钢称为热强钢。

3. 耐磨钢

耐磨钢是指在强烈冲击载荷作用下才能产生硬化的钢。

（1）主要合金元素　耐磨钢的化学成分特点是高碳（w_C = 0.9% ~ 1.4%）、高锰（w_{Mn} = 11% ~ 14%），故耐磨钢又称奥氏体锰钢。

（2）热处理　耐磨钢的热处理工艺一般都采用水韧处理，即将工件加热到临界温度以上（1000 ~ 1100℃）并保温一段时间，使碳化物全部溶解到奥氏体中，然后快速水冷，在室温下得到均匀单一的奥氏体组织。经水韧处理后的工件，其韧性很好，但硬度并不高（≤220HBW），当受到强烈的冲击、挤压和摩擦时，其表面会因塑性变形而产生强烈的变形强化，使表面硬度显著提高（50HRC以上），从而可获得很高的耐磨性，其心部仍保持良好的塑性和韧性。

（3）主要性能及应用　耐磨钢不仅具有良好的耐磨性且材质坚韧，当裂纹开始产生时，加工硬化能抵抗裂纹的继续扩展。但奥氏体锰钢难以切削加工，一般采用铸造成形。可用于既要求耐磨又要求耐冲击的在较恶劣工作场合下工作的零部件，如车辆履带板、挖掘机铲斗、铁路道岔等。

因奥氏体锰钢只有在强烈的冲击和摩擦条件下工作，才能显示出高的韧性和耐磨性，所以在一般工作条件下，其耐磨性甚至不及碳钢。

五、典型合金钢在汽车上的应用

汽车制造中常用的合金钢主要有合金结构钢和特殊性能钢两大类。

1. 合金结构钢在汽车上的应用

（1）低合金高强度结构钢　这类钢一般是经热轧，在空气中冷却后而成，加工成构件后不需要热处理就可以直接使用。用低合金高强度结构钢替代碳素钢可以提高构件强度，减轻构件重量，延长其使用寿命，在汽车上主要用于制造大梁、前保险杠、燃油箱托架等。

（2）合金渗碳钢　合金渗碳钢经渗碳处理以后，表面达到高碳（w_C = 0.85% ~ 1.05%），而心部的含碳量仍比较低。热处理后可以达到"表硬心韧"的性能，既能保证钢的表面具有高的强度和硬度，又能使心部具有足够的塑性和韧性。

汽车上有许多零件是在高速、重载荷、强烈冲击和剧烈摩擦的状态下工作的，如变速齿轮、万向节十字轴、活塞销和气门挺杆等。它们的表面要求具有高硬度、高耐磨性，而心部则要求具有高的强度和韧性，因而这些零件大多采用合金渗碳钢制造。

（3）合金调质钢　在汽车结构中，某些重要零件，如发动机的连杆、汽车底盘的万向节、半轴等，都在多种载荷下工作，承受载荷情况较为复杂，因此，既要求零件具有良好的综合力学性能，又要求其有较高的韧性，这类零件通常由合金调质钢制造。

（4）合金弹簧钢　弹簧是汽车上的重要零件，通常一辆汽车上装有50 ~ 60种、100多件弹簧，用于悬架、发动机、离合器、制动器等重要部位。汽车上弹簧的主要作用是利用弹性变形时所储存的能量，缓和汽车上其他设备的振动和冲击。例如，汽车上的板弹簧除承受静载荷外，还要承受因地面不平所引起的冲击载荷和振动。此外，弹簧还可储存能量使其他机件完成预先规定的动作，如气门弹簧等。

常用合金结构钢在汽车上的应用见表2-5。

表 2-5 常用合金结构钢在汽车上的应用

钢种	牌号	应用
低合金高强度合金钢	Q345B	车架纵梁、车架横梁、燃油箱托架、车架角撑、蓄电池固定后板等
	Q390B	车架前横梁、车架中横梁、前保险杠、车架角撑等
合金渗碳钢	15Cr	活塞销、挺杆、气门弹簧座
	20CrMnTi	变速器齿轮、变速器齿套、变速器轴、半轴齿轮、万向节和差速器十字轴等
	15MnVB	变速器轴、变速器齿轮、变速器齿套、板簧中心螺栓等
	20MnVB	减速器齿轮、万向节十字轴、差速器十字轴等
合金调质钢	40Cr	发动机支架固定螺栓、水泵轴、连杆、气缸盖螺栓等
	40MnB	变速器轴、半轴、转向节、转向节臂、万向节叉等
	45Mn2	进气门、半轴套管、板簧U形螺栓等
	50Mn2	离合器从动盘、减振盘等
合金弹簧钢	65Mn	气门弹簧、离合器弹簧、转向纵拉杆弹簧、活塞销卡簧等小型弹簧
	55Si2Mn	汽车钢板弹簧
	55Si2MnVB	汽车钢板弹簧
	60Si2Mn	汽车钢板弹簧、牵引钩弹簧等

2. 特殊性能钢在汽车上的应用

(1) 不锈钢　不锈钢的最大特点是具有优良的成形性、焊接性和耐蚀性，在汽车上可用于制作空气压缩机阀片、化油器针阀、外装饰件等。美国已经将不锈钢正式使用于城市公交车的车顶、地板、车身骨架等零件。

(2) 耐热钢　耐热钢的最大特点是具有高温强度和高温抗氧化能力，汽车上用耐热钢制造的零件主要有发动机的进排气门、涡流室镶块、涡轮增压器轮子、排气净化装置等。国产汽车的气门用钢主要有 40Cr10Si2Mo、45Cr9Si3、80Cr20Si2Ni 等。例如，用 40Cr10Si2Mo 制造的发动机排气门可在 600℃ 以下工作；而 45Cr14Ni14W2Mo 可用于制造在 650℃ 以上工作的内燃机气门。

课题三　汽车用铸铁

铸铁是指在铁碳合金中碳的质量分数大于 2.11% 而小于 6.69%，并含有较多的硅、锰、硫、磷等元素的铁碳合金。本课题主要介绍铸铁材料的组织结构、化学成分、主要性能及其在汽车制造行业中的应用等内容。

铸铁是人类社会最早使用的钢铁材料之一，也是目前汽车制造业中最重要的材料。与钢相比，铸铁中的锰、硅、硫、磷等元素的含量较高，具有很高的耐磨性、减振性、可加工性及低的缺口敏感性等，而且价格低廉。因此，铸铁被广泛用于铸造汽车发动机的气缸体、变速器的外壳、后桥壳等箱体类零件，也用于铸造发动机的气缸盖、活塞环、曲轴、凸轮轴、飞轮等重要零件。铸铁制作的典型汽车零件如图 2-5 所示。

一、铸铁的基础知识

铸铁的主要组成元素为铁、碳、硅和一定量的锰，而硫、磷等杂质的含量也比普通碳素钢要高。工业上常用铸铁的成分范围大致为：$w_C = 2.5\% \sim 4.0\%$，$w_{Si} = 1.0\% \sim 3.0\%$，$w_{Mn} = 0.5\% \sim 1.4\%$，$w_P = 0.01\% \sim 0.5\%$，$w_S = 0.02\% \sim 0.20\%$ 等。

1. 铸铁的石墨化

铸铁的性能与其内部组织密切相关，由于铸铁中碳含量较高，所以铸铁中的碳以渗碳体和游离的石墨状态存在。

(1) 石墨化　把铸铁中的碳以石墨形式析出的过程称为石墨化。铸铁中的石墨可以从液态中直接结晶出或从奥氏体中直接析出，也可以先结晶出渗碳体，再由渗碳体在一定条件下分解而得到（$Fe_3C \rightarrow 3Fe + C$）。

(2) 影响石墨化的因素　影响石墨化的因素主要是铸铁的成分和冷却速度。

1) 成分的影响。铸铁中的各种合金元素根据对石墨化的作用不同可分为两大类：一类是促进

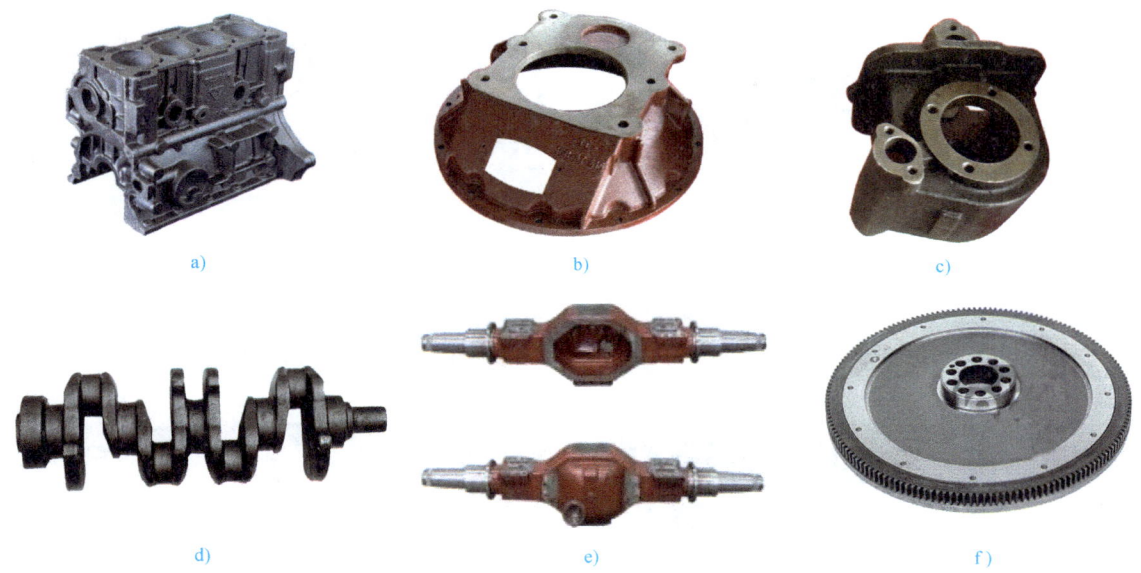

图 2-5 铸铁制作的典型汽车零件

a) 发动机气缸体　b) 离合器壳体　c) 取力器壳体　d) 曲轴　e) 驱动桥壳体　f) 飞轮

石墨化的元素，有碳、硅、铝、镍、铜和钴等，其中碳和硅对促进石墨化作用最为显著。因此，铸铁中碳、硅含量越高，往往其内部析出的石墨量就越多，石墨片也越大。另一类是阻碍石墨化的元素，有铬、钨、钼、钒、锰和硫等。

2) 冷却速度的影响。冷却速度对石墨化的影响也很大，当铸铁结晶时，冷却速度越缓慢，就越有利于碳原子的扩散，使析出的石墨越大、越充分；在快速冷却时，碳原子无法扩散，则阻碍石墨化，促进白口化。

铸件的冷却速度主要取决于壁厚和铸型材料。铸件越厚，铸型材料散热性能越差，铸件的冷却速度就越慢，越有利于石墨化。铸件越薄，铸型材料散热性能越好，铸件的冷却速度就越快，越不利于石墨化，这就是在加工铸铁件时，往往在其表面会遇到"白口"且很难切削的原因。

2. 铸铁的组织与性能的关系

当铸铁中的碳大多数以石墨形式析出后，其组织可看成是在钢的基体上分布着不同形态、大小、数量的石墨。由于石墨的力学性能很差，强度和塑性几乎为零，因此可把分布在钢的基体上的石墨看做不同形态和数量的微小裂纹或孔洞，这些孔洞一方面割裂了钢的基体，破坏了基体的连续性，另一方面又使铸铁获得了良好的铸造性能、可加工性，以及良好的消声、减振、耐压、耐磨性能和低的缺口敏感性等优良性能。

3. 铸铁的分类

根据碳在铸铁中的存在形式及石墨的形态不同，可将铸铁分为白口铸铁、灰口铸铁、麻口铸铁三种。

(1) 白口铸铁　碳在白口铸铁中完全以 Fe_3C 的形式存在，断口呈亮白色，故称白口铸铁。白口铸铁的硬度高、脆性大，很难加工，因此在汽车工业很少直接使用。

(2) 灰口铸铁　碳在灰口铸铁中以石墨的形式存在，其断口呈浅灰色。灰口铸铁是应用最广的铸铁。在灰口铸铁中，根据石墨的形态不同，可细分为灰铸铁、可锻铸铁、球墨铸铁、蠕墨铸铁等，如图 2-6 所示。

(3) 麻口铸铁　碳部分以石墨形式存在，部分以 Fe_3C 形式存在，断口夹杂着白亮色的渗碳体和暗灰色的石墨，故称为麻口铸铁。其硬度高、脆性大，也很少直接使用。

此外，凡具有耐热、耐蚀、耐磨等性能的铸铁又称为特殊性能铸铁。

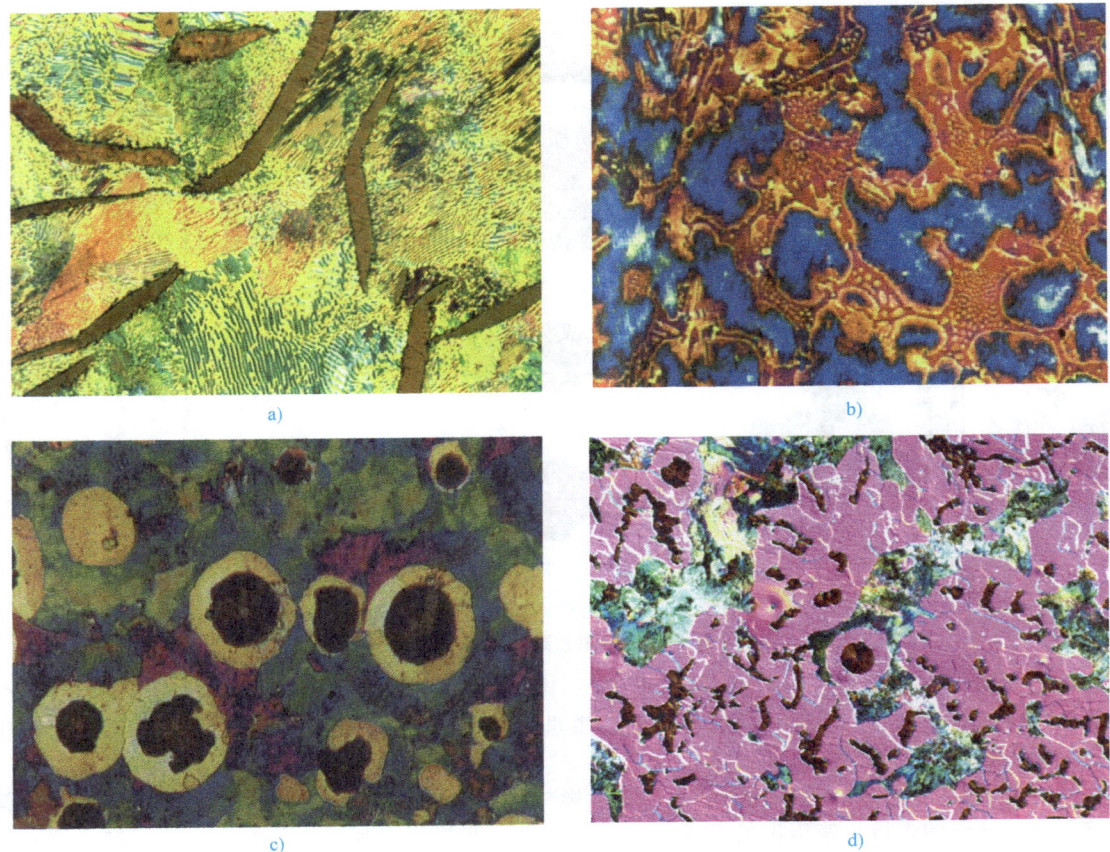

图 2-6 灰口铸铁的种类

a）灰铸铁（片状石墨） b）可锻铸铁（团絮状石墨） c）球墨铸铁（球状石墨） d）蠕墨铸铁（蠕虫状石墨）

二、灰铸铁

1. 灰铸铁的成分

灰铸铁的成分大致范围为：$w_C = 2.7\% \sim 3.6\%$、$w_{Si} = 1.0\% \sim 3.0\%$、$w_{Mn} = 0.25\% \sim 1.0\%$、$w_P = 0.05\% \sim 0.30\%$、$w_S = 0.02\% \sim 0.15\%$。

2. 灰铸铁的牌号

灰铸铁的牌号用"HT + 数字"表示。其中"HT"表示"灰铁"二字的汉语拼音字首，其后的数字表示铸铁的最低抗拉强度值。例如，HT200 表示最低抗拉强度为 200MPa 的灰铸铁。

3. 灰铸铁的组织特征

普通灰铸铁的组织由片状石墨和钢的基体组成，其片状石墨形态或直或弯且不连续。钢的基体根据石墨化进程不同可以是铁素体、铁素体 + 珠光体或珠光体三种。

4. 灰铸铁的性能及应用

灰铸铁具有如下性能：抗拉强度和塑性低，耐磨性和减振性优异，铸造、可加工性好。灰铸铁的牌号、组织及应用见表 2-6。

表 2-6 灰铸铁的牌号、组织及应用

牌号	显微组织		应用举例
	基体	石墨	
HT100	F + P(少)	粗片	—
HT150	F + P	较粗片	主要用于机器制造业承受中等应力的一般铸件，如阀体、曲轴、变速器、端盖、汽轮泵体、轴承座、进排气歧管及管路附件；一般机床底座、床身、刀架、滑座、工作台、手轮等

（续）

牌号	显微组织		应用举例
	基体	石墨	
HT200	P	中等片	主要用于一般运输机械和机床中承受较大应力的较重要零件，如凸轮轴正时齿轮、气缸体、气缸盖、气门导管、制动蹄、底架、飞轮、齿条、衬筒；一般机床床身及中等压力液压筒、液压泵和阀的壳体等
HT250	细珠光体	较细片	阀壳、油缸、气缸体、飞轮、曲轴带轮、联轴器、机体、齿轮、齿轮箱外壳、飞轮、衬筒、凸轮、轴承座等
HT300	索氏体或托氏体	细小片	用于制造大型发动机曲轴、车床卡盘、齿轮、凸轮；剪床、压力机的机身；导板、自动车床及其他重载荷机床的床身；高压液压筒、液压泵和滑阀的壳体等

三、可锻铸铁

可锻铸铁是由白口铸铁通过退火处理使渗碳体分解而得到团絮状石墨的一种高强度铸铁。可锻铸铁实际不可锻造，其名称只表示它具有一定的塑性和韧性。

1. 可锻铸铁的分类

可锻铸铁按退火方法不同有黑心可锻铸铁和白心可锻铸铁两种类型。黑心可锻铸铁依靠石墨化退火获得，白心可锻铸铁利用氧化脱碳退火来制取。后者已很少生产，我国主要生产黑心可锻铸铁。

2. 可锻铸铁的化学成分

可锻铸铁的化学成分为：$w_C = 2.0\% \sim 2.8\%$，$w_{Si} = 1.2\% \sim 1.8\%$，$w_{Mn} = 0.45\% \sim 0.6\%$，$w_P < 0.1\%$，$w_S < 0.0215\%$。

3. 可锻铸铁的牌号

根据基体组织的不同，可锻铸铁可分为铁素体可锻铸铁和珠光体可锻铸铁，其牌号用"KT + 数字-数字"表示。其中，"KT"代表可锻铸铁中"可铁"二字的汉语拼音字首；其后的两组数字分别表示最低抗拉强度和最低断后伸长率。"KTH"表示铁素体黑心可锻铸铁，"KTZ"表示珠光体可锻铸铁。例如：KTZ700-02 表示珠光体可锻铸铁，其最低抗拉强度为 700MPa，最低断后伸长率为 2%；KTH350-10 表示最低抗拉强度值为 350MPa，最低断后伸长率为 10% 的铁素体黑心可锻铸铁。

4. 可锻铸铁的性能和用途

可锻铸铁的性能主要取决于基体组织与石墨的分布状况。铁素体可锻铸铁具有一定的强度，较高的塑性和较低的硬度；但其铸造性能比钢差，可部分代替低碳钢和非铁金属合金，用于制造承受一定交变载荷的零件。珠光体可锻铸铁的强度和耐磨性比铁素体可锻铸铁高，可代替中碳钢制造强度和耐磨性要求较高的零件。但由于可锻铸铁生产周期长、成本较高，使其适用范围受到一定的限制，已逐渐被球墨铸铁所取代。

四、球墨铸铁

石墨呈球状的铸铁即为球墨铁铸。它是铁液经球化处理及孕育处理后结晶而获得的。常用的球化剂有镁、稀土或稀土镁；常用的孕育剂是硅铁和硅钙。

1. 球墨铸铁的化学成分

球墨铸铁的化学成分为：$w_C = 3.6\% \sim 4.0\%$，$w_{Si} = 2.0\% \sim 2.8\%$，$w_{Mn} = 0.6\% \sim 0.8\%$，$w_P < 0.1\%$，$w_S < 0.07\%$。

2. 球墨铸铁的牌号

球墨铸铁的组织由球形石墨和金属基体两部分组成，铸态下的金属基体可分为铁素体、铁素体+珠光体和珠光体三种。其牌号用"QT + 数字-数字"表示，其中"QT"代表"球铁"二字的汉语拼音字首，后面的第一组数字代表该铸铁的最低抗拉强度值，第二组数字代表其最低断后伸长率值。例如，QT450-10 表示最低抗拉强度为 450MPa，最低断后伸长率为 10% 的球墨铸铁。

3. 球墨铸铁的性能和用途

球墨铸铁比普通灰铸铁具有更高的强度、塑性和韧性，同时较好地保留了普通灰铸铁的优良特性，比可锻铸铁的力学性能更高，且生产工艺简单、周期短、不受铸件尺寸限制。此外，球墨铸铁与钢相同，可进行各种热处理改变金属基体的组织，能使力学性能大大提高。

五、蠕墨铸铁

1. 蠕墨铸铁的化学成分

蠕墨铸铁的成分与球墨铸铁相似，即要求高碳、高硅、低磷并含有一定量的镁和稀土，其一般化学成分范围是：$w_C = 3.5\% \sim 3.96\%$，$w_{Si} = 2.1\% \sim 2.8\%$，$w_{Mn} = 0.4\% \sim 0.8\%$，$w_P < 0.1\%$，$w_S < 0.1\%$。

2. 蠕墨铸铁的牌号

蠕墨铸铁的组织由蠕虫状石墨+金属基体组成。蠕墨铸铁中的石墨形态介于片状与球状之间，形似蠕虫状。其牌号用"RuT+数字"表示，其中"RuT"代表"蠕铁"二字的汉语拼音字首，其后的数字表示最低抗拉强度。例如，RuT380表示最低抗拉强度为380MPa的蠕墨铸铁。

3. 蠕墨铸铁的性能和用途

蠕墨铸铁保留了灰铸铁工艺性能优良和球墨铸铁力学性能优良的共同特点，其抗拉强度和疲劳强度相当于铁素体球墨铸铁，减振性、导热性、耐磨性、可加工性和铸造性能近似于灰铸铁。主要用于制作承受循环载荷，要求组织致密、强度高、形状复杂的零件。蠕墨铸铁的牌号、力学性能及用途见表2-7。

表2-7　蠕墨铸铁的牌号、力学性能及用途

牌号	R_{eL}/MPa	R_m/MPa	A(%)	HBW	组织	用途举例
	不小于					
RuT420	420	335	0.75	200~280	珠光体+石墨	活塞环、制动器、柴油机缸体、气缸套、排气管、汽车底盘零件、增压器零件、机座、电机壳、钢锭模、液压阀等零件
RuT380	380	300	0.75	193~274	珠光体+石墨	
RuT340	340	270	1.0	170~249	珠光体+铁素体+石墨	
RuT300	300	240	1.5	140~217	铁素体+珠光体+石墨	
RuT260	260	195	3	121~197	铁素体+石墨	

六、特殊性能铸铁

特殊性能铸铁是在铸铁中加入数量不等的合金元素，从而改善铸铁的物理、化学和力学性能，如耐磨性、耐蚀性和耐热性等特殊性能。常用的特殊性能铸铁有耐磨铸铁、耐热铸铁和耐蚀铸铁。

1. 耐磨铸铁

耐磨铸铁是在灰铸铁的基础上加入铬、钼、铜、钛、磷等合金元素，以提高耐磨性。常用的耐磨铸铁有高磷耐磨铸铁和铬钼铜耐磨铸铁。耐磨铸铁主要用于制造在高温下强烈摩擦的零件，如磨球、拖拉机履带板等。

2. 耐热铸铁

普通铸铁加热到450℃以上的高温时，会发生表面氧化和"热生长"现象。热生长是指铸铁在高温下、氧化性气氛中沿石墨片边界和裂纹渗入铸铁内部，形成内氧化以及因渗碳体分解成石墨产生的体积不可逆的膨胀现象，严重时体积会胀大10%左右，使铸铁体积发生变化，力学性能降低，出现显微变形和裂纹。

耐热铸铁是在球墨铸铁中加入硅、铝、铬等元素，使铸件表面在高温下形成一层致密的氧化膜，将内层金属与氧化介质隔绝，使内层金属在高温下不被氧化，从而提高了铸铁的耐热性。

常用耐热铸铁有高硅和硅铝耐热球墨铸铁。例如：QTRSi5是硅耐热球墨铸铁，其使用温度可达850℃，应用于炉条、烟道挡板、换热器等；QTRAl5Si5是硅铝耐热球墨铸铁，其使用温度可达1050℃，应用于加热炉底板、钩链、焙烧机构件等。

3. 耐蚀铸铁

耐蚀铸铁是在灰铸铁的基础上加入硅、铝、铬、铜、镍等合金元素，这些合金元素可在铸铁表面形成一层连续、致密的保护膜，阻止腐蚀继续进行，并提高铸铁的电极电位，从而提高了铸铁的耐蚀性，同时还保持了铸铁一定的力学性能。耐蚀铸铁广泛用于制造化工管道、阀门、泵、

反应器及存储器等。

七、铸铁在汽车上的应用

铸铁在汽车制造业中应用很广，据统计，汽车上的铸铁用量占整车金属重量的50%以上。汽车发动机的气缸体、气缸盖、活塞环以及变速器的外壳、后桥壳等零件大部分由铸铁制造。特别是由于采用了球化和变质处理，使铸铁的力学性能有了很大提高，很多原来用碳素钢、合金钢制造的零件，目前已逐渐被铸铁所取代。

1. 灰铸铁在汽车上的应用

灰铸铁是汽车制造工业中应用最多的一种铸铁，其在汽车上多用于不镶缸套的整体缸体、缸盖等零件的制造，还可以用于制造飞轮、飞轮壳、变速器壳及盖、离合器壳及压盖、进排气歧管、制动鼓以及液压制动主缸等。

2. 球墨铸铁在汽车上的应用

在所有铸铁中，球墨铸铁的力学性能最高，与相应组织的铸钢相似，其冲击疲劳抗力高于中碳钢，屈强比是钢的2倍，而且价格便宜，所以常用来代替部分铸钢和锻钢制造曲轴、汽车底盘零件以及齿轮、阀体等。其中曲轴是球墨铸铁在汽车上应用最成功的典型零件，汽车上的驱动桥壳体、发动机齿轮等重要零件也常采用球墨铸铁制造。汽车工业是球墨铸铁的主要用户，在发达的工业化国家中，球墨铸铁件产量中有20%~40%用于汽车。

3. 可锻铸铁在汽车上的应用

由于可锻铸铁中的石墨呈团絮状，因此，极大程度地减轻了对金属基体的割裂作用和应力集中现象。所以可锻铸铁的强度比灰铸铁高很多，塑性和韧性也有较大的提高；可锻铸铁还具有较好的铸造性能，因此主要用于制造形状复杂、强度和韧性要求较高的薄壁零件，如汽车的后桥壳、差速器壳、轮毂、制动踏板等。

4. 蠕墨铸铁在汽车上的应用

蠕墨铸铁中的石墨呈蠕虫状，对基体的割裂作用介于灰铸铁与球墨铸铁之间，其性能也介于灰铸铁与球墨铸铁之间。与普通灰铸铁相比，蠕墨铸铁的强度大约高80%，刚度高40%，疲劳强度是普通灰铸铁的2倍。因此，蠕墨铸铁在汽车上主要用于制作经受热循环载荷、要求组织致密、强度较高、形状复杂的零件，如大型柴油机的气缸体、制动鼓、柴油机的气缸盖、进排气管、制动盘等。例如：用蠕墨铸铁制造的制动鼓，其使用寿命比用灰铸铁制造的制动鼓高3倍多；用蠕墨铸铁制造的发动机气缸体，其质量可减小20%左右。

5. 特殊性能铸铁在汽车上的应用

特殊性能铸铁主要用于制造发动机部件中的零件。发动机在高温、腐蚀的环境中工作，对发动机部件中的零件一般都有耐高温、耐蚀和耐磨性等特殊性能要求，如气门座、气缸套、活塞环、排气门、气缸盖等。

常见铸铁在汽车上的应用见表2-8。

表2-8 常见铸铁在汽车上的应用

铸铁类型	牌号	应用
灰铸铁	HT150	进排气歧管、曲轴、变速器壳体、水泵叶片
	HT200	凸轮轴正时齿轮、飞轮壳、气缸体、气缸盖、气门导管、制动蹄等
	HT250	气缸体、飞轮、曲轴带轮等
可锻铸铁	KTH350-10	后桥壳、差速器壳、减速器壳、轮毂、钢板弹簧吊架、制动蹄片等
	KTZ450-06	曲轴、凸轮轴、连杆、车轮活塞环、发动机摇臂等
球墨铸铁	QT450-10	轮毂、转向器壳、制动蹄、牵引钩前支承座、辅助钢板弹簧支架等
	QT600-13	曲轴、发动机摇臂、牵引钩支承座、钢板弹簧侧垫板及滑块等
蠕墨铸铁	RuT340	排气管、变速器壳体、气缸套等
	RuT260	活塞环、气缸套、制动盘、制动鼓等
特殊性能铸铁	耐磨铸铁	气缸套、活塞环、凸轮轴、气门摇臂及挺杆
	耐热铸铁	发动机进、排气门座和排气管密封环等
	耐蚀铸铁	柴油机曲轴、连杆及主轴承盖等

学习单元三

汽车用非铁金属及其合金

3

非铁金属是指除钢铁材料以外的其他金属,与钢铁材料相比,非铁金属及其合金具有许多特殊的力学、物理和化学性能。非铁金属也是汽车上不可缺少的材料,在现代汽车产品中的使用量呈现逐年增加的趋势。

> **学习目标**
> 1. 了解常用非铁金属及其合金的特点、分类、热处理方法。
> 2. 掌握常用非铁金属及其合金的牌号、性能及用途。
> 3. 知道常用非铁金属及其合金在汽车上的具体应用。

课题一 铝及铝合金

在非铁金属中,铝及铝合金是汽车零件中应用最广泛的一类金属结构材料,其最大的特点是密度小、比强度和比刚度高、导热性和导电性能好、耐蚀性好。汽车上的气缸体、气缸盖、活塞、连杆、进气歧管、轮毂、转向器等零件,都可采用铝合金制造。图3-1所示为铝合金制造的典型零件。

铝是典型的轻金属,工业中使用的铝及铝合金的分类情况如图3-2所示。

一、纯铝

1. 纯铝的性能特点

(1) 物理性能　纯铝呈银白色,它具有密度小、熔点低、导电性和导热性好、磁导率低等特征。纯铝的密度为 $2.72g/cm^3$,仅为铁的1/3左右,其熔点为660.34℃,导电性仅次于铜、金、银,居第四位。

(2) 化学性能　纯铝的抗大气腐蚀性能好。铝和氧的化学亲和力大,在空气中铝及铝合金表面会很快形成一层致密的氧化膜,可防止内部继续氧化。但在碱和盐的水溶液中,氧化膜易破坏,因此不能用铝及铝合金制作的容器盛放盐溶液和碱溶液。

(3) 其他性能　纯铝具有较高的塑性 ($A=30\% \sim 50\%$,$Z=80\%$),易于压力成形加工,并有良好的低温性能和导热性。纯铝的强度低,虽经冷变形强化,但也不能直接用于制造受力的结构件。

2. 纯铝的分类及用途

纯铝按铝含量分为高纯铝和工业纯铝两类。

(1) 高纯铝　高纯铝的纯度为99.93%~99.99%,主要用于科研及制作电容器等。

(2) 工业纯铝　工业纯铝的纯度为98.0%~99.9%,其强度低,室温下强度仅为45~50MPa,

图 3-1 铝合金制造的典型零件

a) 活塞 b) 离合器罩 c) 轮毂 d) 底盘 e) 变速器壳体 f) 油箱

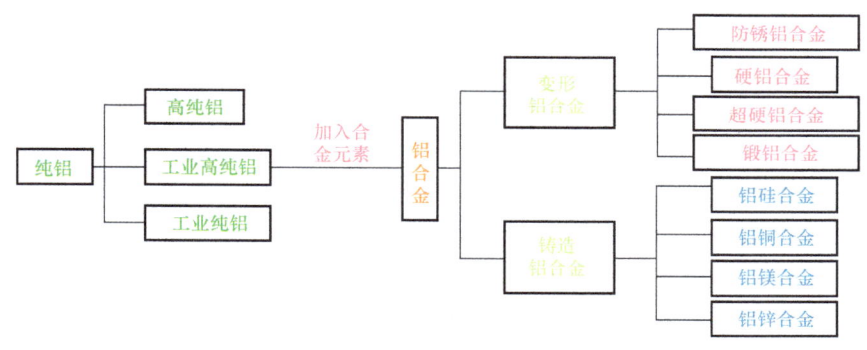

图 3-2 铝及铝合金的种类

一般不宜用作结构材料,主要用于制作电线、屏蔽壳体、散热器、包覆材料及化工容器等。

3. 纯铝的牌号

纯铝的牌号用 1×××表示。牌号的最后两位数字表示铝的最低质量分数的百分数;牌号的第二位字母表示原始纯铝的改型,如果为字母 A,则表示原始纯铝,如果是 B~Y 的其他字母,则表示为原始纯铝的改型。例如,牌号 1A60 表示最低铝的质量分数为 99.60% 的原始纯铝。

二、铝合金

因纯铝的强度低,所以在汽车上应用较少,因而在纯铝中常加入硅、铜、镁、锰、锌等合金元素便得到铝合金。铝合金不仅能保持纯铝密度小、耐蚀性和导热性好等优点,而且其强度比纯铝高得多,常用于制造质量轻、强度要求较高的汽车零件。

1. 铝合金的强化

固态铝无同素异构转变,其热处理与钢不同。在铝合金中加入合金元素,可改变铝的组织结构,提高其力学性能。合金元素对铝的强化作用主要表现为固溶强化、时效强化和细化组织强化。

(1) **固溶强化** 铝中的合金元素与铝形成有限固溶体,导致晶格畸变,提高了铝合金的强度,但其强化效果是有限的。进行固溶强化时,往往采用多元、少量的复杂化合物原则,使固溶体的成分复杂化,从而使固溶体的强化效果更明显,并保持较高温度。

(2) 时效强化 经淬火（或固溶处理）后再进行时效处理，可大大提高铝合金的强度。时效处理中铝合金的合金元素应在铝中有较高的极限溶解度，并且该溶解度应随温度降低而显著减小，使淬火后形成过饱和固溶体，在随后的时效处理过程中，从过饱和的固溶体中析出均匀、弥散的强化相。

在室温下进行的时效称为自然时效，在加热条件下进行的时效称为人工时效。淬火加热时效处理是铝合金强化的一种重要手段。图3-3所示为 $w_{Cu}=4\%$ 的铝合金的自然时效曲线。

(3) 细化组织强化 细化组织强化是指在铝合金中加入微量合金元素，细化铝合金固溶体基体或过剩相组织（铝中加入合金元素的含量超过其溶解度时，淬火加热过程中有一部分不能溶入固溶体而形成第二相，即过剩相）。由于铝合金中的亚结构使位错密度增加，从而提高了铝合金的强度和塑性。例如：变形铝合金主要通过变形和再结晶退火实现晶粒细化，铸造铝合金则通过改变铸造工艺和加入微量元素来实现合金晶粒和过剩相的细化。

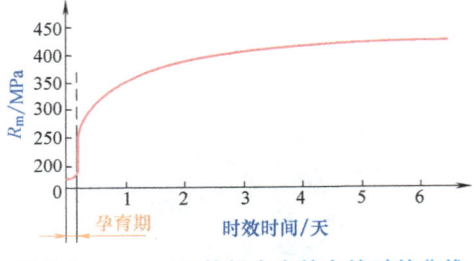

图3-3　$w_{Cu}=4\%$ 的铝合金的自然时效曲线

2. 铝合金的分类

图3-4所示为铝合金相图，铝合金根据化学成分及生产工艺不同，可分为变形铝合金和铸造铝合金两大类。

(1) 变形铝合金 铝合金中溶质的含量 B 小于其最大溶解度 D，在加热时形成单相固溶体。它具有良好的塑性，变形抗力小，适用于各种压力加工，所以称为变形铝合金。变形铝合金通常在冶金厂被加工成各种规格的型材，用于各种汽车零件的制造。

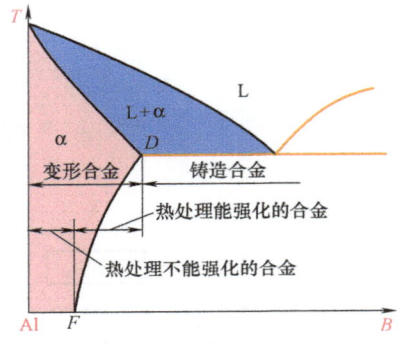

图3-4　铝合金相图

GB/T 16474—2011规定，我国变形铝合金的牌号采用四位字符体系（与国际牌号相似）表示。根据主要合金元素的不同，分为九个系列，见表3-1。每一系列的第一位数字表示主要合金元素；第三位和第四位数字表示同一组别中不同铝合金的序号；第二位为数字或英文字母，表示合金的改型，如我国用字母A表示原始合金，国际上则用0表示原始合金。

表3-1　变形铝合金系列及其牌号标记方法

牌号	变形铝合金成分	合金的强化方法
1×××	工业纯铝，$w_{Al}>99.0\%$	不可热处理强化
2×××	Al-Cu合金,Al-Cu-Li合金	可热处理强化
3×××	Al-Mn合金	不可热处理强化
4×××	Al-Si合金	若含镁可热处理强化
5×××	Al-Mg合金	不可热处理强化
6×××	Al-Mg-Si合金	可热处理强化
7×××	Al-Zn-Mg合金	可热处理强化
8×××	Al-Li,Al-Sn,Al-Zr或Al-B合金	可热处理强化
9×××	备用合金系列	—

1) 可热处理强化的变形铝合金。包括2×××（Al-Si系列）、6×××（Al-Mg-Si系列）、7×××（Al-Zn系列）、8×××（Al-Li系列）和含镁的4×××（Al-Si系列）。可热处理强化的变形铝合金是航空、航天上主要应用的铝合金。

2×××系列铝合金（如2024、2A12）也称硬铝，合金中含有少量的硅，强度比较好。有些2×××系列铝合金（如2A70、2A14）的塑性较好，容易锻造成形，所以也称锻铝，用于制造中等强度要求的一些结构件，如飞机机身蒙皮、机翼翼梁等。

6×××系列铝合金（如6061、6A02）时效以后强度低于2×××系列铝合金，但热状态下塑性好，易于锻造，也称锻铝。另外，该合金的密度比2×××系列铝合金小，耐蚀性好，用于制造中等强度要求的大型结构件。

7×××系列铝合金（如7075、7A09）的强度高于其他铝合金，所以称为超硬铝。其在热状态下塑性好，易于锻造，也称锻铝。另外，该合金的密度比2×××系列铝合金小，耐蚀性好，主要用于飞机上的主要受力件及其他工业中的高强度结构件，如飞机大梁、起落架等。

2）不可热处理强化的变形铝合金。包括1×××（工业纯铝）、3×××（Al-Mn系列）、5×××（Al-Mg系列）和大多数4×××（Al-Si系列）。

3×××系列铝合金（如3003、3A12）和5×××系列铝合金（如5052、5A02）的退火状态塑性好，可以加工硬化，耐蚀性和焊接性能好，所以称为防锈铝合金，可分别用于制造炊具、压力容器、管道以及油箱、导油管、铆钉等。

(2) 铸造铝合金　铸造铝合金是指适宜于铸造成形的铝合金。其中一般含较多的合金元素（总质量分数为8%~25%），具有良好的铸造性能，可直接铸造成各种形状复杂的零件；并有足够的力学性能，且生产工艺和设备简单，成本低。尽管其力学性能不如变形铝合金，但在许多工业领域仍然有着广泛的应用。

GB/T 1173—2013规定，我国铸造铝合金的牌号由ZAl+主要合金元素的元素符号及其平均质量分数组成，其中"Z"表示"铸"字的汉语拼音字首。例如，ZAlSi12表示w_{Si}为12%，其余为Al的铸造铝合金。如果合金元素的质量分数小于1%，一般不标数字，必要时可用一位数字表示。

铸造铝合金的代号由"ZL"及三位数字表示，其中"ZL"代表"铸铝"二字的汉语拼音之首；"ZL"后面的第一位数字表示合金系列，其中"1"表示Al-Si系列铸造铝合金，"2"表示Al-Cu系列铸造铝合金，"3"表示Al-Mn系列铸造铝合金，"4"表示Al-Zn系列铸造铝合金；第二位和第三位数字表示同一组别中不同铝合金的序号。例如，ZL202表示02号Al-Cu系列铸造铝合金。

1）铝-硅系铸造铝合金。铝硅合金中硅的质量分数一般为4.5%~13%。其特点是具有良好的铸造性能，密度小，线胀系数小，同时具有良好的导热性和耐蚀性。常用的Al-Si系铸造合金有简单Al-Si系铸造合金和特殊Al-Si系铸造合金两种。简单Al-Si系铸造合金（ZL101）由铝、硅两种元素组成，它不能热处理强化，故力学性能不高。特殊Al-Si系铸造合金加入了一定量的镁、铜、锰、镍等元素，并可通过热处理强化，所以具有较好的力学性能。

2）铝-铜系铸造铝合金。在铸造铝合金中，该类合金的热强性最好，但其强度和铸造性能不如铝-硅系合金，耐蚀性也较差，一般只用于制作要求强度高且工作温度较高的零件，如增压器的导风叶片、内燃机的气缸头等零件。

3）铝-镁系铸造铝合金。这类合金密度最小、比强度高、耐蚀性最好，且抗冲击，切削加工性好；但其铸造性和耐热性差，冶炼复杂。多用于制造承受冲击载荷、耐海水腐蚀且外形较简单的零件，如舰船配件、雷达底座、螺旋桨等。

4）铝-锌系铸造铝合金。该类合金的突出优点是价格便宜，成本低，而且其铸造性、焊接性和尺寸稳定性较好，但耐热性、耐蚀性差，故一般只用于制造工作温度低（温度小于200℃）但形状复杂的压铸件及型板。

(3) 压力铸造工艺　把液态金属以高压注入金属铸型中并保持压力一段时间，以获得高质量、高精度、形状比较复杂的铸造零件，这种方法称为压力铸造，简称压铸。压力铸造是生产汽车铝合金铸件的重要工艺，由于压铸件比普通铸件具有更高的强度、尺寸精度和更小的表面粗糙度值，且压铸可铸造形状复杂的薄壁零件，生产率高，铸件质量稳定，因此最适合大批量汽车零件的生产。铝-硅系铸造铝合金是汽车上应用最广的压铸合金。

3. 铝合金的热处理

铝合金的热处理是提高其综合力学性能和组织稳定性的重要工艺方法，铝合金在使用前主要进行的热处理强化方法有淬火（固溶处理）和时效。

(1) 淬火　淬火即将铝合金加热到固溶线以上的特定温度保温后快冷,以得到不稳定的过饱和固溶体组织,为后续的合金时效强化处理做好准备。淬火后铝合金的强度和硬度不高,且具有良好的塑性,可以进行一定的压力加工。

(2) 时效　固溶处理后的铝合金都要进行时效强化处理。这种处理可以是自然时效,也可以是人工时效。时效过程可以根据铝合金的组织转变特征和性能需求确定。

三、铝及铝合金在汽车上的应用

铝及铝合金具有比强度高、导热性能好、耐蚀性优良、适合多种成形方法、易于再生利用等优点,是汽车工业中应用较多的非铁金属材料。特别是由于能源、环保、安全等方面的原因,人们对汽车轻量化的要求越来越迫切,使用轻量化材料是实现汽车轻量化的重要途径,而铝合金是应用得比较成熟的轻量化材料。目前,由铝合金制造的零件已经遍及汽车的发动机、底盘、车身等各个部位。图3-5所示为铝合金制作的典型汽车零部件。

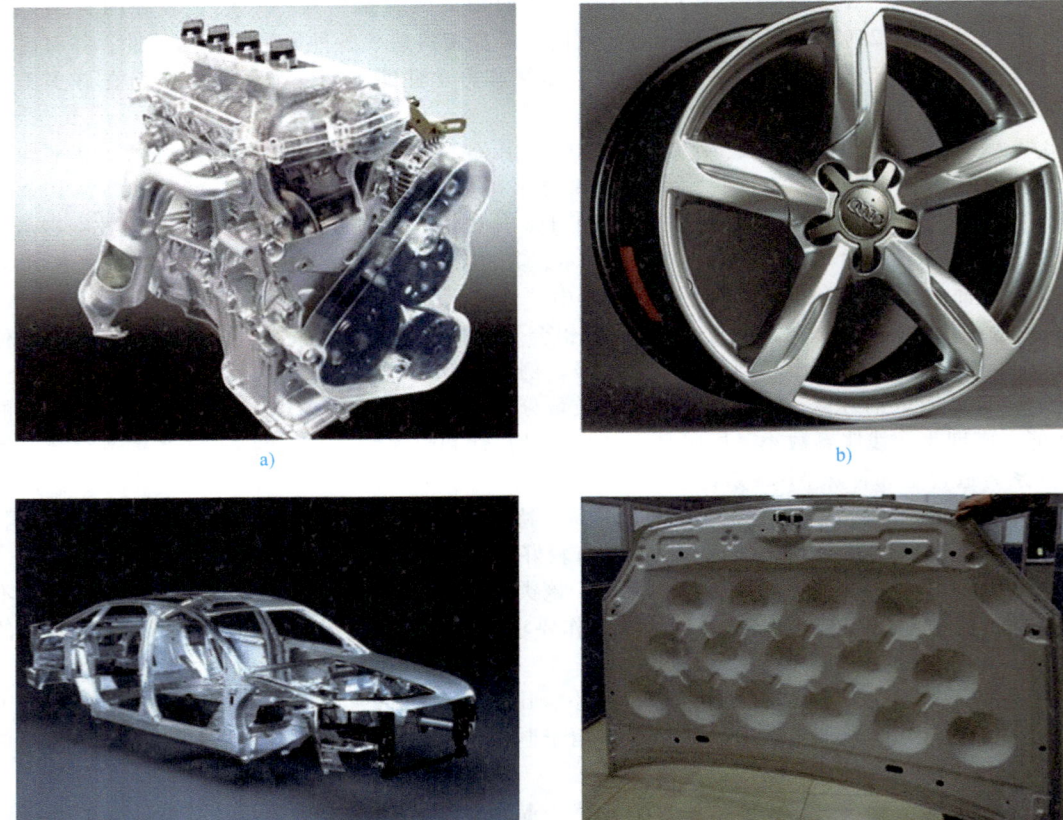

图3-5　铝合金制作的典型汽车零部件
a) 全铝发动机　b) 铝合金轮毂　c) 铝合金车身　d) 铝合金发动机盖罩

1. 纯铝在汽车上的应用

纯铝具有良好的导电性,其线材在轿车电器上可用做电线、电缆;又因纯铝具有良好的导热性,所以现在加热器、散热器、蒸发器、油冷却器已用纯铝制作。纯铝还具有良好的耐蚀性,可用做装饰件、铭牌、镀边和门窗框等。

2. 变形铝合金在汽车上的应用

变形铝合金在现代汽车上的应用品种有板材、型材、锻件、管材等连接成的组合件。

（1）**车身上的钣金件** 防锈铝合金或硬铝合金可用于制造车门、发动机罩、行李箱罩、顶盖、地板和翼子板等钣金件。

（2）**车身上的零件** 汽车车身上的一些框架可以选用铝合金型材；保险杠也可用防锈铝合金或硬铝合金制造，由板材加工而成或挤压型材加工而成，后者带有加强筋。

（3）**车轮** 车轮既可用变形铝合金，也可用铸造铝合金制造，其中变形铝合金中的防锈铝、硬铝、锻铝都可采用。整体结构的车轮多用锻件（有的用液态模锻），两片或三片型的其轮毂由板材成形，轮辐由板材成形或锻造成形，轮毂与轮辐可以用金属惰性气体保护焊接。

（4）**传动系统中的零件** 传动系统中对强度和高温强度要求不太高的零件也可用硬铝和防锈铝制作，但还不是很普遍。欧美有些汽车公司用铝较多，摇臂和一些托架、悬架都采用铝锻件。

（5）**其他零件** 由于防锈铝的性能与纯铝较为接近，所以防锈铝也可像纯铝那样用于制作热交换器、装饰件和容器，还可以用于制造驾驶室、汽油罐、汽油箱、汽油管、防锈钣金件、铆钉等；锻造铝合金可以制造形状复杂的中等强度的锻件和冲压件，如发动机活塞、风扇叶片等。

3. 铸造铝合金在汽车上的应用

（1）**发动机部件中的零件** 采用铸造铝合金制造的发动机部件中的零件主要有活塞、气缸盖、连杆、进气歧管、滤清器、发动机气缸体、发动机后盖、发动机机架等，其中发动机气缸体是大尺寸的铸件。

气缸体和气缸盖要求材料导热性好、耐蚀，已有不少汽车公司采用铝合金气缸。

现代轿车发动机活塞几乎都用铸造铝合金制造。这是因为活塞作为主要的往复运动件要靠减轻质量来减小惯性、减轻曲轴配重、提高效率，并要求材料具有良好的导热性、小的线胀系数，以及在350℃左右有较好的力学性能，而铸铝能满足这些要求。

（2）**底盘上的零件** 底盘上采用铝铸件的零件有离合器壳、离合器分离圆盘、变速器换挡拨叉、减速器、车架、车桥、悬架、转向器壳、转向操纵轴管、制动鼓（有的镶嵌铸铁衬套）、制动器活塞和制动器主气缸等。车架、车桥等零部件采用铝合金制造，不仅可减重，还有利于减振。

（3）**车轮** 车轮除了用变形铝合金制造以外，也可以用铸造铝合金制造。铸造铝合金车轮油耗低、散热快、平衡性好、偏摆跳动小。我国上海大众、一汽大众等都配用国产的金属型低压铸造铝合金车轮。

（4）**其他零件** 铸造铝合金还可用于制造仪表零件、电机冷却风扇叶片等，有的汽车公司甚至在开发全铝车身骨架和"全铝"汽车（用铝量占轿车总重的1/3）。奔驰公司成功开发的世界第一台铝合金缸体V6柴油机——E320 3L直喷式柴油机，其缸体质量比使用铸铁减小了35kg。

常用铸造铝合金在汽车上的应用见表3-2。

表3-2 常用铸造铝合金在汽车上的应用

牌号	应用
ZL103	发动机风扇、离合器壳体、发动机盖等
ZL104	气缸盖罩、挺杆室盖板、机油滤清器底座、链子及外罩等
ZL108	发动机活塞等

课题二 铜及铜合金

铜及其合金是人类最早使用的金属材料之一。由于铜的导电、导热性好，耐腐蚀，有优良的塑性，可以焊接或冷热压力加工成形，所以铜及铜合金在汽车上主要用于制造气缸垫、散热器片、管接头、钢板弹簧衬套、轴承轴瓦及导线等。铜及其合金制造的典型汽车零件如图3-6所示。

工业中使用的铜及铜合金的分类如图3-7所示。

一、纯铜

1. 纯铜的性能特点

（1）**物理性能** 纯铜的颜色为玫瑰红色，在大气中表面形成的氧化铜呈紫色。纯铜中$w_{Cu}=$

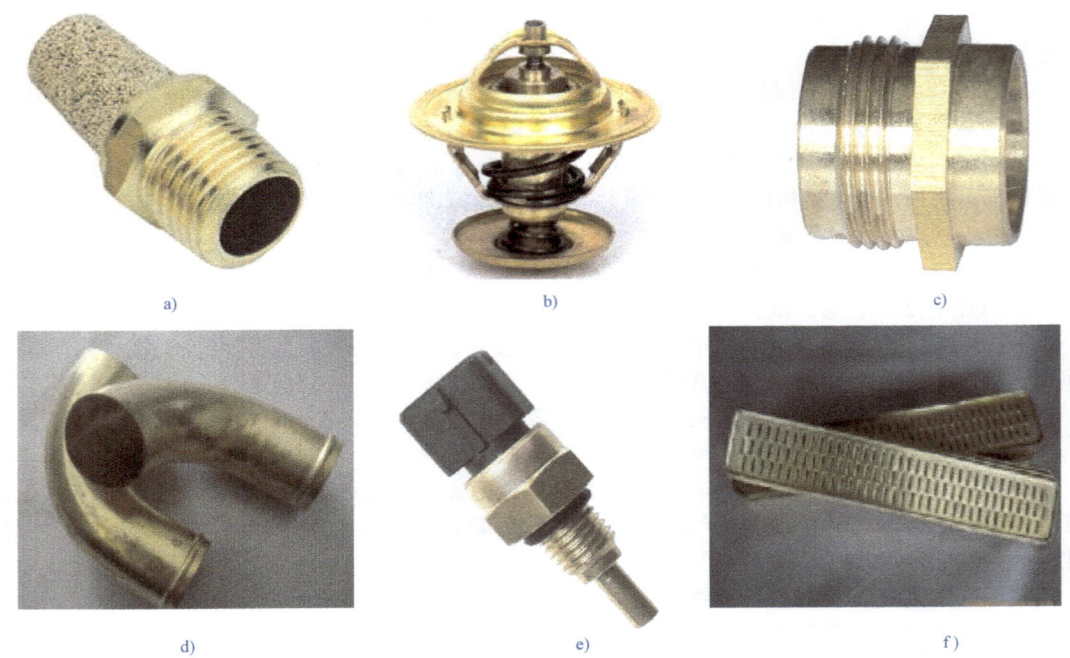

图 3-6 铜及其合金制造的典型汽车零件

a) 消声器　b) 冷却系统节温器　c) 螺母　d) 加水口　e) 冷却液温度传感器　f) 散热器主板

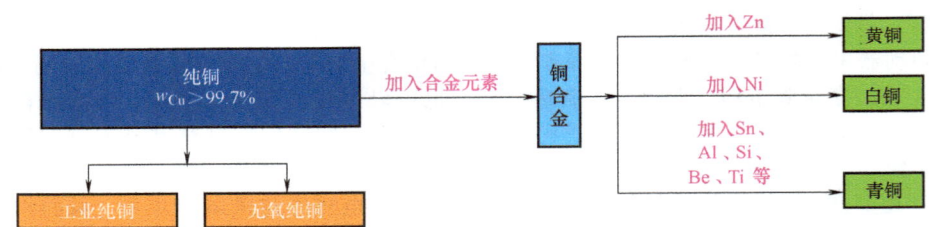

图 3-7 铜及铜合金的分类

99.5%~99.95%，熔点为1083℃，相对密度为8.96g/cm³，无磁性，固态时具有面心立方晶格结构，无同素异构转变，纯铜具有优良的导电、导热性。

(2) 化学性能　纯铜具有很好的化学稳定性，在大气、淡水、冷水中具有很好的耐蚀性；但在海水、氨盐、氯化物、碳酸盐及氧化性酸中耐蚀性差。

(3) 其他性能　纯铜的塑性较好，但强度、硬度低。冷塑性变形后，其强度可提高到400~500MPa，硬度提高到100~200HBW，但断后伸长率降为6%左右。采用退火可消除铜的冷加工硬化。

2. 纯铜的分类及用途

我国工业纯铜按其纯度不同有三个牌号，即 T1（w_{Cu}=99.95%）、T2（w_{Cu}=99.90%）、T3（w_{Cu}=99.70%）。除工业纯铜以外，还有一类无氧铜。无氧铜中氧的质量分数极低，一般不大于0.003%，其代号有 TU00、TU1、TU2。工业纯铜的主要用途是配制铜合金，制作导电、导热和耐蚀器件等。

二、铜合金

纯铜因其成本较高、强度低，不适宜作为结构件。向纯铜中加入合金元素制成铜合金，不仅提高了强度，而且仍可保持纯铜优良的物理和化学性能。因此，在汽车工业中广泛使用的是铜合金。铜合金按加入主要合金元素的不同可分为黄铜、青铜和白铜三大类。

1. 黄铜

黄铜是以锌为主加合金元素的铜合金，根据其成分特点又分为普通黄铜、特殊黄铜和铸造黄铜。

(1) 普通黄铜 普通黄铜是铜-锌二元合金，其锌的质量分数小于50%。普通黄铜具有良好的耐蚀性和压力加工性能，并具有一定的塑性和强度，且成本低、色泽美丽。

普通加工黄铜牌号用"H+数字表示"。"H"为"黄"字汉语拼音字首，数字表示铜的质量分数。例如，H68表示平均铜的质量分数为68%，其余为锌的普通黄铜。H70、H68等塑性好，适于制造形状复杂、耐蚀的冲压件，如弹壳、散热器外壳、导管、雷管等。H62、H59等低温下的塑性较差，不能进行冷变形加工，但热加工性能好，适合进行热变形加工，有较高强度，可制造一般机器零件，如铆钉、垫圈、螺钉、螺母等。H80等铜的质量分数高的黄铜，其色泽金黄，并且具有良好的耐蚀性，可用作装饰品、电镀、散热器管等。

(2) 特殊黄铜 特殊黄铜是在普通黄铜的基础上又加入铝、锰、硅、铅等元素。合金元素的加入，改善了黄铜的力学性能、耐蚀性和某些工艺性能。例如：加入铝能提高黄铜的强度、硬度和耐磨性；加入硅能提高黄铜的强度、硬度和铸造性能；加入锰能提高黄铜的力学性能和耐蚀性；加入锡能提高黄铜的耐蚀性，尤其能提高黄铜在海水中的耐腐蚀能力；加入铅能改善黄铜的切削加工性能等。

压力加工特殊黄铜的牌号用"H+主加元素的化学符号+铜的平均质量分数"表示。如HMn58-2表示铜的质量分数为58%，锰的质量分数为2%，其余为Zn的特殊黄铜。

(3) 铸造黄铜 黄铜中锌的质量分数大于47%时为铸造黄铜。铸造黄铜的牌号用"Z+铜和合金元素符号+合金元素平均质量分数的百分数"表示。例如：ZCuZn38表示平均锌的质量分数为38%，其余为铜的铸造普通黄铜；ZCuZn16Si4表示平均锌的质量分数为16%，平均硅的质量分数为4%，其余为铜的铸造硅黄铜。部分普通黄铜的牌号、化学成分及用途见表3-3。

表3-3 部分普通黄铜的牌号、化学成分及用途

牌号	化学成分(%)		主要用途
	Cu	Zn	
H96	95.0~97.0	余量	冷凝管、热交换器、散热器及导电零件、空调器、冷冻机部件、引线框架等
H80	79.0~81.0	余量	薄壁管、装饰品等
H70	68.5~71.5	余量	弹壳，机械及电子零件
H68	67.0~70.0	余量	形状复杂的深冲零件、散热器外壳等
H62	60.5~63.5	余量	机械、电气零件、铆钉、螺母、垫圈、散热器及焊接件、冲压件等
H59	57.0~60.0	余量	同上

2. 青铜

青铜是指除锌和镍以外的其他元素为主要合金元素的铜合金。青铜的牌号为"Q+主加元素符号+主加元素的质量分数"（若后面还有数字，则为其他辅加元素的质量分数），其中"Q"为"青"字的汉语拼音字首。若为铸造青铜，则在牌号前再加"Z"。例如，QSn4-3表示平均锡的质量分数为4%、平均锌的质量分数为3%，其余为铜的锡青铜。

常用的青铜有锡青铜、铝青铜、铍青铜，硅青铜，其中用量最大的为锡青铜和铝青铜，强度最高的为铍青铜。

(1) 锡青铜 锡青铜是以锡为主加元素的铜合金。锡的质量分数是决定锡青铜性能的关键，锡的质量分数为5%~7%的锡青铜塑性最好，适用于冷、热加工；当锡的质量分数大于10%时，铜合金的强度升高，但塑性却很低，只用于铸造。锡青铜的铸造流动性较差，易形成分散缩孔，故铸件致密度不高，但合金凝固时线收缩很小，适于铸造形状复杂且外形和尺寸要求精确的铸件或工艺品，但不宜铸造要求致密度高和密封性好的铸造零件。锡青铜在大气、海水和无机盐类溶液中有极好的耐蚀性，但在氨水、盐酸和硫酸中则耐蚀性较差。

(2) 铝青铜 铝青铜是以铝为主加元素的铜合金。根据合金的性能特点，铝青铜中铝的质

量分数一般控制在12%以内。工业上压力加工用铝青铜中铝的质量分数一般低于5%~7%；铝的质量分数在10%左右的合金，其强度高，可用于热加工或作为铸造用材。铝青铜的铸造流动性好，缩孔集中，故易获得致密的铸件；其强度高、韧性好、疲劳强度高，受冲击时不产生火花；在大气、海水、碳酸及多数有机酸中有极好的耐蚀性，比黄铜和锡青铜耐蚀性好。因此铝青铜在结构件上应用极广，主要用于制造在复杂条件下工作，要求高强度、高耐磨、高耐蚀的零件和弹性零件，如齿轮、摩擦片、蜗轮、弹簧和船用设备等。

（3）**铍青铜** 铍青铜是以铍为主加合金元素的铜合金。铍青铜中铍的质量分数一般为1.7%~2.5%，其时效硬化效果极为明显，通过淬火时效可获得很高的强度和硬度，抗拉强度为1250~1500MPa，硬度可达350~400HBW，远远超过了其他铜合金，可与高强度合金钢相媲美。铍青铜易于加工成形，可直接制成零件后再时效强化。

铍青铜不但强度、硬度高，且有很高的疲劳强度和弹性极限，弹性稳定，弹性滞后小，导热、导电性好，无磁性，耐磨、耐蚀、耐寒、耐冲击。因此，铍青铜被广泛地用于制造精密仪器、仪表的重要弹性元件，耐磨、耐蚀零件，航海罗盘仪中的零件和防爆工具等，但其生产工艺复杂，价格昂贵。

（4）**硅青铜** 硅青铜是以硅为主加元素的铜合金。硅青铜的力学性能比锡青铜好，且价格稍低，具有良好的铸造性能和冷、热加工性能。硅在铜中的最大溶解度为4.6%，室温时为3%。硅青铜中加入镍，可形成能溶于铜的镍硅化合物，通过固溶处理和时效，可获得较高的强度和硬度。含镍硅青铜的导电性、耐蚀性、耐热性都很高，可制作弹簧、齿轮、蜗轮、蜗杆等耐蚀、耐磨零件。

3. 白铜

白铜是以镍为主要合金元素（质量分数低于50%）的铜合金，分普通白铜和特殊白铜。

（1）**普通白铜** 普通白铜是Cu-Ni二元合金，它具有较高的耐蚀性和抗腐蚀疲劳性能以及优良的冷、热加工性能。普通白铜的牌号用"B+镍的平均质量分数"表示，其中"B"表示"白"字的汉语拼音字首。例如，B5表示平均镍的质量分数为5%的普通白铜。

常用牌号有B5、B19等，用于制作在蒸汽和海水环境下工作的精密机械、仪表零件及冷凝器、蒸馏器、热交换器等。

（2）**特殊白铜** 特殊白铜是在普通白铜基础上添加锌、锰、铝等元素形成的，分别称为锌白铜、锰白铜、铝白铜等，其耐蚀性、强度和塑性高，成本低。特殊白铜的代号表示形式是"B+第二合金元素符号+镍的质量分数+第二合金元素质量分数"，数字之间以"—"隔开。例如，BMn3—12表示镍的质量分数为3%，锰的质量分数为12%，铜的质量分数为85%的锰白铜。

三、铜及铜合金在汽车上的应用

1. 纯铜在汽车上的应用

纯铜在汽车上的应用，一是利用它的导电性制造电线、电缆、电气接头等电气零件；二是利用它的导热性制造散热器等需要热传导的零部件。此外，纯铜也用于制作轿车内外装饰件、垫片垫块及密封材料。纯铜的强度和硬度低，不宜做结构件，可制作成板材；其加工硬化现象明显，可以通过冷加工来提高板料的硬度，如经退火处理后，板料又会重新恢复其塑性。

2. 黄铜在汽车上的应用

黄铜在汽车上主要用来制作万向节衬套、钢板弹簧衬套、轴套等耐磨件，也用于制作散热器、冷却器、冷却管、汽油滤清器滤芯、散热器和散热器盖，还可用来制作装饰件、供水排水管、通风管、油管接头、制动三通接头、垫片和垫圈等。铜合金制作的黄铜薄板的塑性好，比纯铜的强度高，适合于手工制作各种形状的钣金零件。

3. 青铜在汽车上的应用

锡青铜用于制作散热器盖出水阀弹簧等弹性件、发动机摇臂衬套、连杆衬套等耐磨件，还用于制作散热器盖、齿轮、涡轮、螺母等。无锡青铜各有特点，应用也有所不同，如硅青铜用于制作弹簧，铝青铜可制作轴套、齿轮、涡轮，铅青铜可制作轴承、曲轴推力垫圈，铍青铜可制作弹性敏感元件，锰青铜可制作蒸汽阀门等。

常用铜合金在汽车上的应用见表3-4。

表3-4 常用铜合金在汽车上的应用

类别	牌号（代号）	应用
黄铜	H62	散热器进出水管、散热器盖、散热器加水口支座、散热器进出水管等
	H68	散热器储水室、散热器本体主片、散热器主片等
	H90	排水管热密封圈外壳、散热器本体、散热器散热管及冷却管等
	HPb59-1	汽油滤清器滤芯、化油器零件、制动阀阀座、储气筒放水阀本体及安全阀座等
	HSn90-1	转向节衬套、行星齿轮及半轴齿轮、支承垫圈等
青铜	QSn4-4-2.5	活塞销衬套、发动机摇臂衬套等
	QSi3-1	散热器出水阀弹簧、车门铰链衬套等
	ZCuSn5Pb5Zn5	化油器上、下轴承等
	ZCuPb30	曲轴轴瓦、曲轴止退垫圈等

课题三　其他非铁金属及其合金

汽车上使用的非铁金属除了铝和铜及其合金以外，还有滑动轴承合金、镁及其合金、钛及其合金、粉末冶金材料等。本课题主要介绍这些材料的分类、性能、牌号及它们在汽车上的应用。

镁和钛是典型的轻金属，采用这些材料制造汽车零件，是汽车轻量化材料中继铝及其合金以后的又一途径；滑动轴承合金是在滑动轴承中，用来制造轴瓦及其内衬的合金；利用粉末冶金可以直接制成具有某种特性的零件，制作的零件很少切削或不切削，是制造业中节约材料的一种工艺方法。其他非铁金属合金制作的典型汽车零件如图3-8所示。

a)

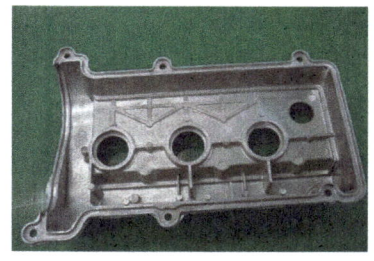
b)

c)

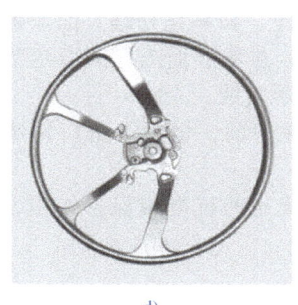
d)

e)

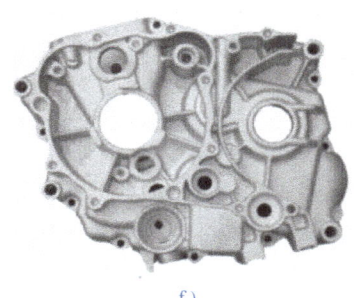
f)

图3-8　其他非铁金属合金制作的典型汽车零件
a）钛合金连杆　b）钛合金气门室罩盖　c）钛合金轮毂　d）镁合金转向盘骨架　e）钛合金轮毂螺栓　f）镁合金发动机座

一、镁及镁合金

镁是银白色的轻金属，为密排六方结构，无磁性，在地壳中的储藏量非常丰富，仅次于铝和铁而占第三位。由于镁的化学性质很活泼，难于冶炼，所以镁及其合金在工业上的应用比较晚。

1. 工业纯镁

(1) 工业纯镁的性能特点

1) 物理化学性能。纯镁的密度为 $1.74 \times 10^3 kg/m^3$，只有铝的2/3、钛的2/5、钢的1/4；镁是所有金属结构材料中最轻的金属。

镁的耐蚀性很差，在潮湿的大气、淡水、海水及绝大多数酸、盐溶液中均易受腐蚀。镁的化学活性很强，在空气中容易氧化，尤其是在高温下，如氧化反应放出的热量不能及时散失，则很容易燃烧。

2) 力学性能。纯镁的强度和弹性模量相对较低，抗蠕变、抗疲劳和抗磨损性能不足。

3) 其他性能。镁具有很多其他优异的特性：比铝的减振性能高30倍，有良好的阻尼减振和电磁屏蔽性能、易于加工成形、容易回收等。因此，镁被誉为"21世纪绿色工程材料"。

(2) 工业纯镁的牌号及应用　工业纯镁的牌号用"Mg + 序列号"表示。例如，Mg1称为一号纯镁，Mg2称为二号纯镁。由于受价格昂贵和技术方面的限制，镁只少量应用于航空、航天及军事工业。

2. 镁合金

纯镁的力学性能较差，实际应用时，一般在纯镁中加入一些合金元素，制成镁合金。镁合金中的主要合金元素有铝、锌、锰、锆、稀土元素（RE）等。一般铝的质量分数为0.2%~9.2%，锌的质量分数为0.2%~6.0%，锰的质量分数为0.1%~2.5%。经过热处理后（固溶时效处理），其强度可达300~350MPa。

镁合金是目前工业应用中最轻的工程材料，可满足航空、航天、汽车及电子产品轻量化和环保的要求。

(1) 镁合金的性能特点

1) 比强度、比刚度高。镁合金的比强度明显高于铝合金和钢，其比刚度与铝合金和钢相当，而远远高于工程塑料，为一般塑料的10倍。

2) 质量轻。镁合金比重在所有结构用合金中属于最轻者，它的比重为铝合金的68%，锌合金的27%，钢铁的23%，它除了做3G产品的外壳、内部结构件外，还是制造汽车、飞机等零件的优秀材料。

3) 减振性好。镁合金的弹性模量小，当受外力作用时，弹性变形功较大，即吸收能量较多，所以能承受较大的冲击或振动载荷。飞机起落架轮毂多采用镁合金制造，就是发挥镁合金减振性好这一特性。

4) 耐蚀性差。由于镁合金的耐蚀性差，故在使用时要采取防护措施，如氧化处理、涂漆保护等。镁合金零件与其他高电位零件（如钢铁零件、铜质零件）组装时，在接触面上应采取绝缘措施（如垫以浸油纸），以防彼此因电极电位相差悬殊而产生严重的电化学腐蚀。

5) 切削加工性好。镁合金具有优良的切削加工性能，可采用高速切削，也易于进行研磨和抛光。

6) 电磁屏蔽性佳。3G产品的外壳（手机及计算机）要能够提供优越的抗电磁保护作用，而镁合金外壳能够完全吸收频率超过100dB的电磁干扰。

此外，镁合金还有散热性好，可回收性好、压铸成形性能好等优点。

(2) 镁合金的分类　镁合金根据加工工艺可分为变形镁合金（MB）和铸造镁合金（ZM）。

1) 变形镁合金。变形镁合金是指主要用变形的方法加工成形的镁合金。由于镁为密排六方结构，塑性变形能力低，所以变形镁合金主要通过200~350℃的热变形成形，如热挤压、热轧、锻造等。变形镁合金主要有Mg-Mn系和Mg-Al-Zr系。

2) 铸造镁合金。铸造镁合金主要用于制作汽车零件、机件壳罩和电气构件等。铸造镁合金主要有不含锆的铸造镁合金和含锆铸造镁合金。

二、钛及钛合金

钛是20世纪50年代发展起来的一种重要的结构金属,钛在地球中的储藏量居铝、铁、镁之后占第四位。

1. 工业纯钛

钛是一种银白色的金属,它具有同素异构转变,温度低于882℃时为密排六方晶格,称为α-Ti,高于882℃时为体心立方晶格,称为β-Ti。

(1) 工业纯钛的性能特点

1) 物理化学性能。钛的密度小($4.5 \times 10^3 \text{kg/m}^3$),熔点高(1668℃),线胀系数小,热导性差;钛的化学活性很强,在高温状态下极易与氢、氧、氮、碳等元素发生作用,使钛的表层被污染。因此,钛的熔炼以及其他一些热加工工艺过程,应在真空或惰性气体中进行。钛具有优良的耐蚀性能,在大气、海水、氧化性酸和大多数有机酸中,其耐蚀性超过不锈钢;但钛不耐热强碱、氢氟酸以及还原性酸(稀硫酸、盐酸等)的腐蚀。

2) 力学性能。工业纯钛的塑性很好($A = 40\%$,$Z = 60\%$),强度、硬度低($R_m = 290\text{MPa}$,100HBW),容易加工成形,可制成细丝、薄片。当工业纯钛中含有少量的氧、氮、碳等杂质时,可提高钛的强度,但塑性急剧下降。

(2) 工业纯钛的牌号及应用 工业纯钛根据杂质含量的不同,分为4个牌号,即TA0、TA1、TA2、TA3。其中"T"为"钛"字的汉语拼音字首,"A"表示其退火组织为α单相组织,后面的数字为顺序号,数字越大,杂质含量越高。工业纯钛常用来制造在350℃以下工作的低载荷零件,如飞机骨架、发动机部件、耐海水的管道及柴油机活塞、连杆等。

2. 钛合金

钛中加入合金元素形成钛合金,即可提高钛的力学性能,也会影响到钛的同素异构转变温度,并使钛具有其他方面的特殊性能。

(1) 钛合金的性能特点

1) 比强度高。比强度是材料的强度与其密度之比。钛合金的密度仅为钢的60%,纯钛的强度接近普通钢的强度,一些高强度钛合金超过了许多合金结构钢的强度,可用于制造要求强度高、刚性好、质轻的零部件。目前,飞机的发动机构件、骨架、蒙皮、紧固件及起落架等都使用钛合金制作。

2) 热强度高。由于钛的熔点高,再结晶温度也高,因而钛合金具有较高的热强度。钛合金的使用温度比铝合金高几百度,可在450~500℃的温度下长期工作,且有很高的比强度,而铝合金在150℃时比强度便明显下降。

3) 耐蚀性好。由于钛合金表面可以形成一层致密、牢固的由氧化物和氮化物组成的保护膜,所以它具有很好的耐蚀性能。钛合金在潮湿的大气和海水中有优良的耐蚀性。它的抗氧化能力优于大多数奥氏体型不锈钢,对点蚀、酸蚀、应力腐蚀的抵抗力特别强,对碱、氯化物、氯的有机物品、硝酸、硫酸等有优良的抗腐蚀能力。

4) 低温性能好。钛合金在低温和超低温下,仍能保持其力学性能,即低温性能好。例如,TA7在-253℃的超低温(液氢温度)下还能保持一定的塑性及韧性。因此,钛合金也是一种重要的低温结构材料。

5) 导热性能差。钛的导热性能差,摩擦因数大,切削时容易升温,也容易粘刀,造成刀具的剧烈摩擦、粘结磨损。从而降低了切削速度,缩短了刀具寿命,影响了加工表面的质量(特别是表面粗糙度值)。

6) 化学活性大。钛合金的化学活性大,与大气中 O_2、N_2、H_2、CO、CO_2、水蒸气、氨气等产生强烈的化学反应。碳的质量分数大于0.2%时,会在钛合金中形成硬质TiC;温度较高时与N作用也会形成TiN硬质表层,在600℃以上时,钛吸收氧形成硬度很高的硬化层。吸收气体而产生的硬脆表层深度可达0.1~0.15mm。

(2) 钛合金的分类 钛合金中常加入的合金元素有铝、锡、铜、铬、钼、钒等。根据合金元素对钛产生强化作用程度的不同,可分为 α 相稳定元素和 β 相稳定元素。其中铝、锡、氧、氮、碳、硼等是 α 相稳定元素,铬、钼、钒、铁、镍等是 β 相稳定元素。锡、锆等对转变温度的影响不明显,称为中性元素。

根据钛合金中所加合金元素及其在退火状态下的室温组织不同,钛合金可以分为 α 钛合金、β 钛合金和(α+β)钛合金。

1) α 钛合金。在纯钛中加入铝、锡等 α 相稳定元素,可得到 α 固溶体,又称 α 钛合金。α 钛合金具有良好的热稳定性,在 500～600℃ 的温度下仍保持其强度和抗蠕变性能,但不能通过热处理强化,所以其室温强度比其他钛合金低,塑性变形能力也较差,主要靠固溶强化,通常在退火状态下使用。

α 钛合金的主要牌号有 TA4、TA5、TA6、TA7、TA8 等,主要用来制作飞机的骨架、叶片,以及使用温度不超过 500℃ 的其他部件。α 钛合金的典型牌号是 TA7,可用它制作在 500℃ 以下工作的零件,如导弹燃料罐、超音速飞机的涡轮机匣壳、发动机压气机盘和叶片等。

2) β 钛合金。在纯钛中加入铬、钼、钒等 β 相稳定元素,可得到 β 固溶体,又称为 β 钛合金。β 钛合金具有良好的塑性、优良的冲压和焊接性能,易于冲压、焊接成形,但热稳定较差。β 钛合金可通过淬火和时效进行强化,淬火、时效后具有很高的强度。β 钛合金的牌号用"TB+顺序号"表示,"B"表示室温下合金的组织为 β 单相组织。

3) (α+β) 钛合金。在钛中加入稳定的 α 相稳定元素,再加入 β 相稳定元素,在室温下即获得 (α+β) 双相组织,称为 (α+β) 钛合金。

(α+β) 钛合金具有良好的综合力学性能,其组织稳定性好,有良好的韧性和塑性,能较好地进行热压力加工,并可通过淬火、时效使合金强化,热处理后的强度比退火状态提高了 50%～100%;它具有良好的高温抗变形能力,高温强度高,可在 400～500℃ 的温度下长期工作,其热稳定性次于 α 钛合金,是应用最广泛的一种钛合金。(α+β) 钛合金主要用于制造飞机压气机盘和叶片、舰艇耐压壳体、大尺寸锻件等。(α+β) 钛合金的牌号用"TC+顺序号"表示,"C"表示室温下合金的组织为 (α+β) 两相组织。

三、滑动轴承合金

在滑动轴承中,用于制造轴瓦及轴套的合金材料称为滑动轴承合金。

汽车发动机中的曲轴轴承、连杆轴承、凸轮轴承等都采用滑动轴承,其中连杆轴瓦及其在活塞连杆组中的位置如图 3-9 所示。

1. 滑动轴承的性能要求

当轴在轴承中旋转时,轴承表面不仅要承受一定的交变载荷,还会与轴发生强烈的摩擦。为了减少轴的磨损,保证轴承正常工作,滑动轴承合金应具有以下性能:足够的强度、硬度和耐磨性;足够的塑性和韧性;较小的摩擦因数和高的磨合能力;良好的导热性、耐蚀性和低的线胀系数等。

2. 滑动轴承对组织结构的要求

为满足上述基本性能的要求,轴承合金的组织和结构应具备如下特征:

1) 轴承材料的组成基体采用对钢铁互溶性小的元素组成的合金,如锡(Sn)、铅(Pb)、铝(Al)、铜(Cu)、锌(Zn)等的合金,这些元素对钢铁材料的粘着性和擦伤性小。

2) 轴承材料的组织应是软基体上分布有均匀的硬质点或硬基体上分布有均匀的软质点。当其工作时,软基体(或质点)被磨损凹陷而可保持润滑油,还可起到嵌藏外来硬质点磨粒的作用,以

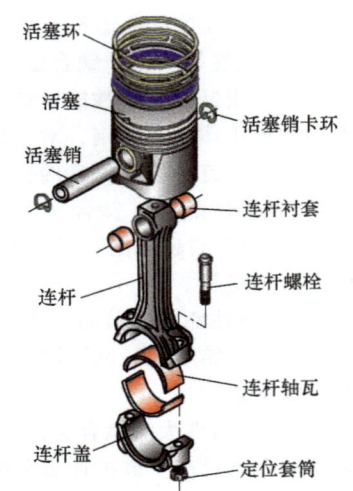

图 3-9 活塞连杆组及其滑动轴承

免划伤轴颈；硬质点（或基体）耐磨而相对凸起，以支承轴的压力并使轴和轴瓦的接触面积减小，如图3-10所示。

3）轴承材料应具有适量的低熔点元素。当轴承与轴的接触点由于工作而产生高温时，熔化的低熔点合金会在摩擦力作用下展平于摩擦面并形成塑性好的润滑层，减少接触点处的压力和摩擦阻力。

3. 滑动轴承合金的牌号

滑动轴承合金都属于铸造合金，其牌号由字母"Z"（"铸"字汉语拼音字首，表示铸造合金）、基体金属元素符号、主要合金元素符号及其平均质量分数的百分数组成。如果合金元素的平均质量分数大于1%，则该数字用整数表示；如果合金元素的平均质量分数小于1%，则一般不标数字，必要时可用一位小数表示。

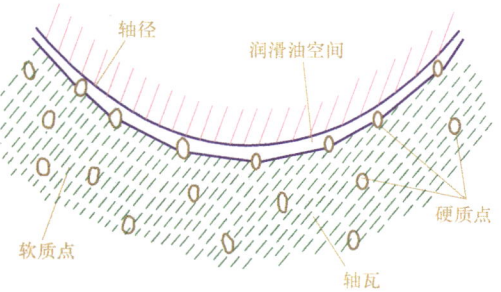

图3-10 滑动轴承合金的理想组织

4. 常用的滑动轴承合金

（1）**锡基轴承合金** 锡基轴承合金也称为锡基巴氏合金，它是以锡为基础合金，辅加适量的锑、铜、铅等元素而形成的一种软基体硬质点类型的滑动轴承合金，最常用的牌号是 ZSnSb11Cu6、ZSnSb8Cu4、ZSnSb4Cu4 等。例如，ZSnSb11Cu6 表示 $w_{Sb}=11\%$，$w_{Cu}=6\%$ 的锡基轴承合金。

锡基轴承合金的摩擦因数和线胀系数小，塑性和导热性好，有良好的工艺性，但其疲劳强度较低，许用温度也较低（不高于150℃），且成本高。锡基轴承合金主要用于制作重要轴承，如汽轮机、涡轮机、内燃机、压气机等大型机器的高速轴瓦等。

（2）**铅基轴承合金** 铅基轴承合金也称为铅基巴氏合金，它是以 Pb 为基础合金，辅加锑、铜、锡等元素而形成的一种软基体硬质点类型的滑动轴承合金，常用牌号有 ZPbSb15Sn10、ZPbSb16Sn16Cu2、ZPbSb10Sn6 等。例如，ZPbSb10Sn6 表示 $w_{Sb}=10\%$，$w_{Sn}=6\%$ 的铅基轴承合金。

铅基轴承合金的显著特点是高温强度高、亲油性好、有自润滑性，且成本低；但其强度、硬度、耐磨性、耐蚀性、导热性均低于锡基合金，适宜制作中低载荷的轴瓦，如汽车、拖拉机的曲轴轴承。

（3）**铜基轴承合金** 铜基轴承合金是以铜为基础，加入适量的锡、铅、锌及磷、锰等元素组成的合金，其组织是在硬基体上分布着软质点，常用牌号有 ZCuSn5Pb5Zn5、ZCuSn10P1、ZCuPb10Sn10、ZCuPb30 等。其中前两者强度高，适合制造中速、承受较大载荷的轴承，如电动机、发电机、起重机、减速机、泵、机床等的轴承；后两者具有高的耐磨性、疲劳强度、导热性和低的摩擦因数，工作温度可达350℃，适合制造高速重载条件下工作的轴承，如航空发动机、高速柴油机、汽轮机上的轴承以及高速重载的汽车曲轴轴瓦。

（4）**铝基轴承合金** 铝基轴承合金是以铝为基本元素，加入适量的锑、铜、锡等元素组成的合金，典型的牌号是 ZAlSn6Ni1。铝基轴承合金是一种新型的减摩材料，具有承载能力高、耐磨性和导热性好、疲劳强度高、耐蚀性和化学稳定性好、价格较低等优点，可以替代锡基轴承合金，用于制造曲轴轴瓦和连杆轴瓦。但它的线胀系数大，运行时容易与轴咬合，装配时应留较大的间隙，以防止轴颈被擦伤。

四、其他合金在汽车上的应用

1. 镁合金在汽车上的应用

镁合金一般用于制作汽车上的座椅骨架、仪表盘、转向盘和转向柱、汽车的轮毂、发动机的气缸盖、变速器壳等零件，其中，转向盘和转向柱、轮毂是应用镁合金最多的零件。由于镁合金具有良好的阻尼系数，用于座椅和轮毂可以减少振动，从而可提高驾乘人员在汽车行驶时的舒适性和安全性。镁合金在汽车上的部分应用如图3-11所示。

图 3-11 镁合金在汽车上的部分应用

2. 钛及钛合金在汽车上的应用

钛合金由于价格高，在汽车上的应用受到一定的限制，但其力学性能比合金钢好且密度小，故适合制造汽车发动机的气门弹簧、气门、连杆、弹簧板及紧固件等。用钛合金制造的板簧与抗拉强度为 2100MPa 的高强度钢相比，其自重可降低 20%。

3. 滑动轴承合金在汽车上的应用

在滑动轴承合金中，锡基和铅基轴承合金都属于软基体硬质点轴承合金，负载能力弱，减摩性好，可用于制造中、低负荷的轴瓦，如汽车发动机曲轴的轴瓦、连杆轴承、凸轮轴承等。铜基轴承合金和铝基轴承合金都属于硬基体软质点轴承合金，其负载能力强，减摩性差，可用于制造高速度、高负荷的轴瓦，如柴油发动机曲轴的轴瓦等。

学习单元四

汽车用非金属材料

非金属材料有着许多金属材料所不具备的一些特殊性能，如塑料的轻质、绝缘、耐磨、隔热、美观、耐蚀、易成型；橡胶的高弹性、吸振、耐磨、绝缘等；陶瓷的高硬度、耐高温、耐蚀等。再加上这些材料的原料来源广泛，成型工艺简单，因此，已成为目前许多汽车工程材料的重要组成部分。某汽车上使用的非金属材料如图 4-1 所示。

图 4-1　某汽车上使用的非金属材料

学习目标

1. 了解陶瓷和玻璃在汽车上的应用。
2. 掌握塑料和粘接剂的组成、分类、性能，了解它们在汽车上的应用。
3. 掌握橡胶的组成、分类、性能，了解它们在汽车上的应用。
4. 了解复合材料和摩擦材料的性能特点以及它们在汽车上的应用。

课题一　陶瓷材料

陶瓷材料的种类较多、性能各异，其共同的特点是熔点高、硬度高、耐高温、抗氧化、抗压强度大、绝缘性能优异等,利用陶瓷的上述特殊性能制作的一些汽车零部件,如火花塞绝缘体、发动机活塞、气缸套、活塞杆、活塞顶、气门、进排气管等,可以有效地改善汽车部件的运行特性。图 4-2 所示为汽车上使用陶瓷材料制成的典型零部件。

a)

b)

c)

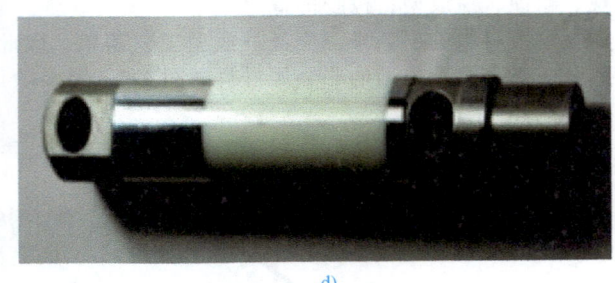
d)

图 4-2　汽车上使用陶瓷材料制成的典型零件
a) 火花塞　b) 气缸套　c) 活塞顶　d) 活塞杆

一、陶瓷的基本性能

1. 力学性能

陶瓷材料最突出的性能特点是高硬度(一般为 1000～5000HV,而淬火钢的硬度只有 500～800HV)、高耐磨性、极高的热硬性(可达 1000℃ 以上)和高的抗压强度,但其抗拉强度和韧性都很低,脆性大。

2. 热性能

陶瓷的熔点很高,一般在 2000℃ 左右,并且具有优良的稳定性,已经被广泛用做耐高温材料,如耐火泥、耐火砖、耐热涂层等;同时具有很高的高温强度和高温抗蠕变能力,可作为耐高温材料;导热系数和线胀系数都小于金属材料,因此常作为高温绝热材料。

3. 化学性能

陶瓷是化学稳定性高的材料,具有很高的抗氧化性,在 1000℃ 以上也不会被氧化;其对酸、碱、盐还具有很好的耐蚀性,并且无老化现象。

4. 电性能

大多数陶瓷都是很好的电绝缘材料,在低温下具有很高的电阻率,因而被大量用来制造隔电的瓷质绝缘器件。尤其是在高温、高电压工作条件下,陶瓷是唯一的绝缘材料,可用于制作汽油机的火花塞绝缘体。

二、陶瓷的分类

陶瓷的分类方法较多,一般按原料不同可分为普通陶瓷和特种陶瓷两大类。

1. 普通陶瓷

普通陶瓷是以黏土、长石、石英等天然硅酸盐为原料，经配料粉碎、成形、烧制后而成。其特点是坚硬而脆性大，绝缘性和耐蚀性极好，制造工艺简单，成本低廉，因而在各种陶瓷中用量最大。

普通陶瓷按用途可分为日用陶瓷、建筑陶瓷、绝缘陶瓷、卫生陶瓷、电器陶瓷、化工陶瓷和多孔陶瓷。这些陶瓷广泛应用于人们的日常生活、建筑、卫生、电力、化工领域，如餐具、卫生洁具、电绝缘材料、装饰材料等。

2. 特种陶瓷

特种陶瓷也叫现代陶瓷、精细陶瓷和高性能陶瓷。它是用纯度较高的金属氧化物、氮化物、碳化物和硼化物等化工原料，采用普通陶瓷的成形方法烧制而成的陶瓷制品。特种陶瓷具有一些独特的物理性能、化学性能及力学性能。

特种陶瓷按用途又可分为结构陶瓷和功能陶瓷。

（1）结构陶瓷　结构陶瓷主要用于制造结构零部件，要求有更好的力学性能，如强度、韧性、硬度等；还要具有高的耐磨性及高温性能。结构陶瓷包括氧化物陶瓷、碳化物陶瓷、氮化物陶瓷。

（2）功能陶瓷　功能陶瓷是指那些利用电、磁、声、光、热等直接效应所提供的一种或多种性质来实现某种使用功能的先进陶瓷，包括电容陶瓷、压电陶瓷、磁性陶瓷、耐磨陶瓷、耐酸陶瓷、光学陶瓷、高温陶瓷等。

三、陶瓷材料在汽车上的应用

汽车上应用的陶瓷主要是特种陶瓷，其具有各种优异的特性，应用于汽车上可以有效地降低汽车的质量，提高发动机的热效率，降低油耗，减少排放污染，提高易损件的寿命，完善汽车的智能性功能要求。

1. 结构陶瓷材料在汽车上的应用

结构陶瓷具有高温工况下强度高、耐磨性好、隔热性好、密度和线胀系数小等性能，广泛用于发动机和热交换零件的制造。

（1）火花塞　陶瓷的耐蚀性强，在高温下有良好的热稳定性，被广泛地用做汽油机点火系统中火花塞的基体。

（2）活塞　陶瓷活塞一般用于柴油机，在涡流式柴油机中用陶瓷材料代替贵重金属，可进一步减少冷却装置，因此整体成本有望降低。直喷式柴油机中利用陶瓷材料的耐高温性能在活塞顶部镶入陶瓷块，热效率、噪声与排放情况均有所改善。另外，用氮化硅陶瓷材料制成的陶瓷纤维活塞，因其具有良好的耐磨性，可防止铝合金活塞由于线胀系数大而产生"冷敲热拉"（"冷敲"即冷车时，活塞与气缸壁配合间隙过大，导致活塞换向时引起敲击；"热拉"即热车时，因活塞与气缸壁配合间隙过小而拉伤气缸）现象。

（3）气缸套　根据不同的需要，陶瓷气缸套可有以下三种形式：一是缸套内表面全部喷涂陶瓷材料，日本小松发动机即采用此结构；二是仅用陶瓷材料做成缸套上圈；三是用金属和陶瓷材料复合制成全陶瓷缸套。采用全陶瓷缸套代替传统的气缸套，可防止气缸内的热能损失，简化发动机结构，进而提高热效率和减小发动机质量。

（4）陶瓷配气机构　利用陶瓷材料密度小、耐热和耐磨的特点，用陶瓷材料制造气门、气门座、挺柱、气门弹簧和摇臂，可以减少气门座的变形和落座时的弹跳，降低噪声与振动，延长其使用寿命。我国492QA型发动机在采用陶瓷配气机构后，各种工况下可节油2%～8%。日本三菱公司采用陶瓷制成发动机摇臂，五十铃公司用氮化硅制成陶瓷气门，在使用中也取得了较好的效果。

（5）其他零件　由于韧性氧化锆具有低热导率、强度韧性好、工作温度高（1100℃）的特点，故其在绝热发动机中还可用于制作气缸内衬、活塞顶、气门导管、进气和排气阀座、轴承、挺杆、凸轮、凸轮随动件和活塞环等零件。

2. 功能陶瓷材料在汽车上的应用

随着人们对汽车的安全性、舒适性、智能化、节能及对噪声、排放污染的限值等都有了更高的要求，使具有绝缘性、压电性、半导体性、导磁性等特异功能的陶瓷在汽车上作为诸多敏感元件的应用范围越来越广，品种和规格日趋繁多，如温度传感器（热敏电阻和感温传感器）、废气传感器（包括浓差电池式氧化锆传感器、临界电流式氧化锆传感器、半导体型氧化锆传感器）、空燃比传感器（氧化铝氧传感器、氧化钛氧传感器）、湿度传感器、压电性传感器（爆燃性传感器、超声波传感器）、硅压力传感器等，典型的传感器如图4-3所示。

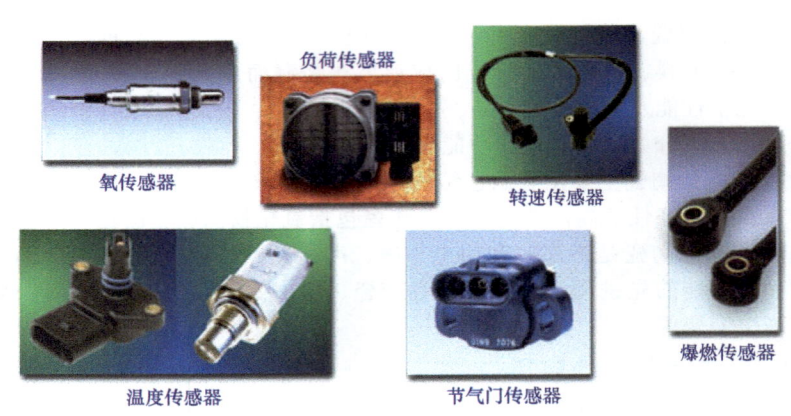

图4-3 汽车上典型的传感器

课题二 玻 璃

玻璃是汽车工业中不可缺少的材料，汽车上的车窗和灯具使用的材料都是玻璃。它不仅是汽车的安全部件，起到防风沙、防雨雪、防碰撞冲击、保护驾乘人员健康的作用，也是装饰制品，使汽车变得更加靓丽，现代汽车流行的曲面风窗玻璃使汽车的造型更加美观实用。玻璃为驾乘人员提供良好的视野和舒适的驾驶环境，使所有的乘员在旅途中能欣赏到汽车外面的风景，以消除旅途疲劳。

一、车用玻璃的性能和颜色

1. 车用玻璃的性能

（1）**物理性能** 玻璃具有良好的光学性质，主要是玻璃的透明性和折光性；并具有良好的绝缘性能，可用于制造各种绝缘器材和电学仪器。另外，经过特殊处理后的玻璃还具有绝热、导电、防爆和防辐射等许多特殊性能。

（2）**力学性能** 玻璃的抗拉强度低，抗压强度高，硬度高，但韧性很差，脆性大。

（3）**化学性能** 玻璃具有良好的化学稳定性，对酸、碱的腐蚀具有较强的抵抗能力。

2. 车用玻璃的颜色

早期的汽车玻璃是无色透明的，具有良好的透光性，但直射入车内的阳光会使车内燥热，并加速汽车内饰件的老化。因此，在制造汽车玻璃时，可加入微量元素，制成有颜色的玻璃。汽车玻璃常用的颜色有茶色、褐色等，这样可降低玻璃的透明度，吸收部分紫外线和红外线，并使车内具有一定的私密性。

二、常用汽车玻璃的种类

国家标准GB/T 9656—2003《汽车安全玻璃》规定，汽车玻璃的分类方法有两种：一种是按加工工艺分类，另一种是按应用部位分类。

1. 按加工工艺分类

按加工工艺分为钢化玻璃、区域钢化玻璃、夹层玻璃、中空安全玻璃及塑玻复合材料。

(1) **钢化玻璃** 钢化玻璃是普通玻璃经过高温淬火处理的特种玻璃,即将普通玻璃加热到一定温度后,迅速冷却进行特殊钢化处理。普通玻璃的强度低,破碎以后如图4-4所示,碎片容易伤人,一般为制作其他玻璃的原料。钢化玻璃的性能特点是具有很高的温度急变抵抗能力,强度也较高。在受到冲击破碎后,碎片小而无棱角,如图4-5所示,不会对人体造成伤害。但这种玻璃在破碎前会产生很多裂纹,由于光线的漫射作用,玻璃会变得模糊不清,如果是用于汽车的风窗玻璃,则会造成驾驶人不能继续驾驶,易造成事故。

图4-4 普通玻璃破碎图 图4-5 钢化玻璃
a) 破碎图 b) 损坏图

(2) **区域钢化玻璃** 区域钢化玻璃是分区域控制钢化程度的安全玻璃。在受到冲击作用时,玻璃局部碎裂为细小的碎块,中部则破碎成大块,如图4-6所示。在临破碎之前能保持玻璃有一定的透明度,可使驾驶人受到较小的伤害,并使其有短暂的时间来进行应急处理。

图4-6 区域钢化玻璃

(3) **夹层玻璃** 夹层玻璃的结构如图4-7a所示,其实物如图4-7b所示。它是在两片或多片玻璃之间夹了一层或多层有机聚合物膜,经过特殊的高温预压(或抽真空)及高温高压工艺处理后,使玻璃和中间膜永久粘合为一体的复合玻璃产品。夹层玻璃具有较高的冲击强度,在受到破坏时,会产生辐射状或同心圆形裂纹,如图4-7c所示,其碎片不易脱落和飞散,具有安全性,且不影响透明度;因胶片对声音有阻隔作用,所以能加强隔声效果。因此,夹层玻璃比其他种类的玻璃更具防振性、防爆性及良好的隔声效果。

(4) **中空玻璃** 中空玻璃是用粘接剂将双层或多层平板玻璃的周围粘接在一起,使玻璃之间形成中空的一种特殊玻璃,如图4-8所示。根据需要可选用普通透明玻璃、着色玻璃、镀膜玻璃、夹层玻璃、钢化玻璃、热弯玻璃等作为中空玻璃的基片。由于中间充以干燥的密封空气,因而具有隔声、隔热、保温、不结霜、不产生凝结水以及吸收紫外线的作用。

使用中空玻璃,可以提高安全性,在使用相同厚度原片玻璃的情况下,中空玻璃的抗风压强度是普通单片玻璃的1.5倍。中空玻璃在高档客车的侧窗上有着十分广泛的应用。

(5) **塑玻复合材料** 塑玻复合材料是由一层或多层玻璃与一层或多层塑料材料复合而成的玻璃,可用于各种机动车风窗,安装后其面向乘客的一面为塑料层。当玻璃破碎时,塑料层可以直

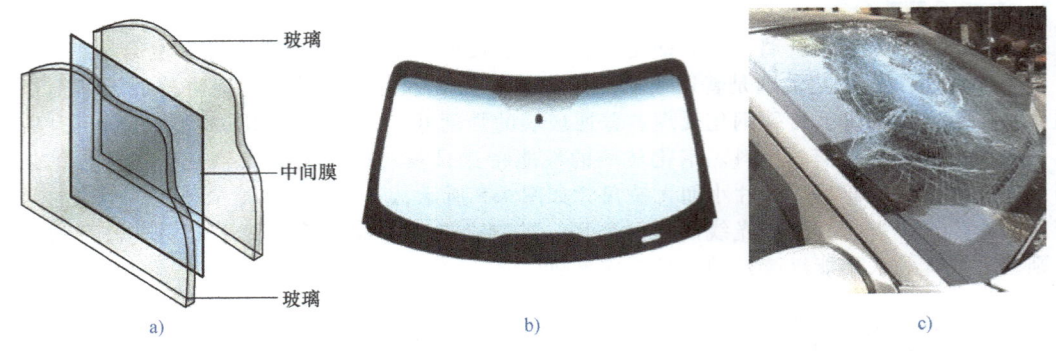

图 4-7 夹层玻璃

a) 结构 b) 实物 c) 损坏图

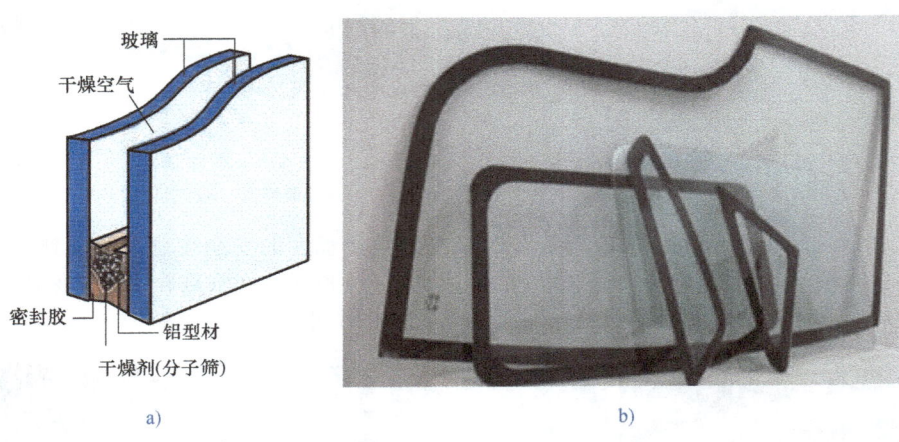

图 4-8 中空玻璃

a) 结构 b) 实物

接降低玻璃碎片对驾乘人员的伤害,与其他玻璃相比,塑玻复合材料的安全性相对更高。与相同厚度的夹层玻璃相比,塑玻复合材料是一种轻质材料,使用该种材料的机动车车身重量相对较轻。目前,塑玻复合材料只用于一些较高档车辆上,使用量很小。

2. 按应用部位分类

按应用部位将汽车玻璃分为风窗玻璃和风窗以外玻璃,如图4-9所示。

图 4-9 轿车玻璃及其位置

(1) **风窗玻璃** 国家标准 GB 9656—2003《汽车安全玻璃》规定,风窗玻璃是指汽车的前风窗玻璃。制作前风窗玻璃的有夹层玻璃、区域钢化玻璃、塑玻复合材料、钢化玻璃。

（2）风窗以外玻璃　风窗以外玻璃包括车门、角窗、侧窗、后窗及顶窗玻璃等。制作这些部位的玻璃有夹层玻璃、钢化玻璃、中空安全玻璃、塑玻复合材料。

三、玻璃产品的鉴别

车用玻璃上一般都有一些标志，有的只有一个，有的有好几个，如图4-10所示。不同标志代表不同的含义，看懂这些标志便能鉴别玻璃的质量。

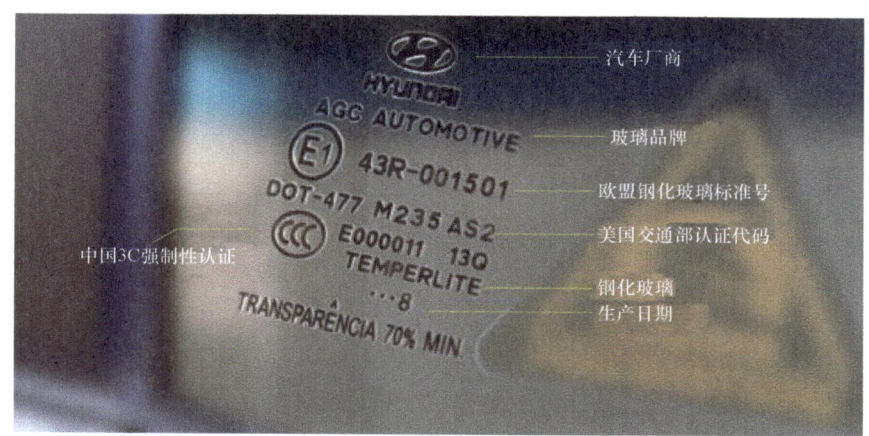

图4-10　汽车玻璃上的常见标志

国产车用玻璃上的标志可分为四大类：国家安全认证标志、国外认证标志、汽车生产厂标志、玻璃生产企业标志。

1. 国家认证标志

（1）国家强制性认证标志　国家强制性认证标志即3C（CCC，China Compulsory Certification）标志。这是国家对涉及人类健康和安全、动植物生命和健康，以及环境保护和公共安全的产品实行的强制性认证制度。3C标志是汽车玻璃上最常见的也是最重要的标志，如图4-11a所示。

（2）国家安全认证标志　汽车用玻璃属于安全玻璃，所以应有国家安全认证标志SG，也就是俗称的"方圆标志"，它是汽车玻璃上常见的重要标志，如图4-11b所示。SG是"安全商品"（Safey Goods）的英文缩写。加贴有SG标志的产品，证明其材料中绝对不含或者只含有极少量的有害物质，不会给消费者的健康带来伤害，并保证该产品的使用安全。

图4-11　汽车玻璃认证标志

a）3C标志　b）方圆标志　c）美国的DOT标志　d）玻璃生产企业标志（福耀）

2. 国外认证标志

如美国的"DOT"标志、欧洲ECE的"E"标志等，表示该产品经过了这些国外认证机构的认证许可，并可以向国外出口，如图4-11c所示。

3. 玻璃生产企业标志

玻璃生产企业会在自己生产的玻璃上印制商标或公司简称，如图4-11d所示。

4. 汽车生产企业标志

玻璃生产企业会应汽车生产企业的要求在玻璃上印制该汽车生产企业的标志,如商标、公司名称等。

消费者应该选用标志齐全的玻璃。

四、汽车玻璃的选用及回收

1. 汽车玻璃的选用

汽车玻璃不仅是汽车上的安全部件,也是装饰制品,选用时都要选择安全玻璃。汽车玻璃的选用见表4-1,汽车上使用的各种玻璃如图4-12所示。

表4-1 汽车玻璃的选用

汽车玻璃的种类	应用部位
夹层玻璃	主要用于所有机动车的前、后风窗玻璃
钢化玻璃	主要用于设计时速低于40km/h的机动车的前、后风窗玻璃及其他车辆的车门、角窗、侧窗、后窗及顶窗玻璃等
区域钢化玻璃	主要用于不以载人为目的的载货汽车(N类汽车)的前风窗玻璃,不适用于以载人为目的的轿车及客车等的前风窗玻璃
中空玻璃	适用于所有机动车的车门、角窗、侧窗、后窗及顶窗玻璃等部位
塑玻复合材料	主要用于所有机动车的前、后风窗玻璃及车门、角窗、侧窗、后窗及顶窗玻璃等部位

图4-12 汽车上使用的各种玻璃

2. 玻璃的回收

国内外的各种研究机构和企业已经对废玻璃的回收利用做了大量的研究。其中废玻璃经粉碎、预成形、加热焙烧后,可做成各种建筑材料,如玻璃马赛克、玻璃饰面砖、玻璃质人造石材、泡沫玻璃、微晶玻璃、玻璃器皿、人造彩砂、玻璃微珠、彩色玻璃球、玻璃陶瓷制品、高温粘接剂等。

课题三 塑 料

塑料作为现代生活的必需品,在汽车上的应用十分广泛。塑料具有质量轻、加工成本低、耐蚀性好、绝缘性能好、自润滑性好、着色自由、手感柔软、可进行二次加工等特点,主要用于制作汽车的内饰件,如仪表板、反光镜座等。汽车上典型的塑料制品如图4-13所示。

一、塑料的组成

塑料是以有机合成树脂为主要成分,加入多种起不同作用的添加剂,经过加热、加压而制成

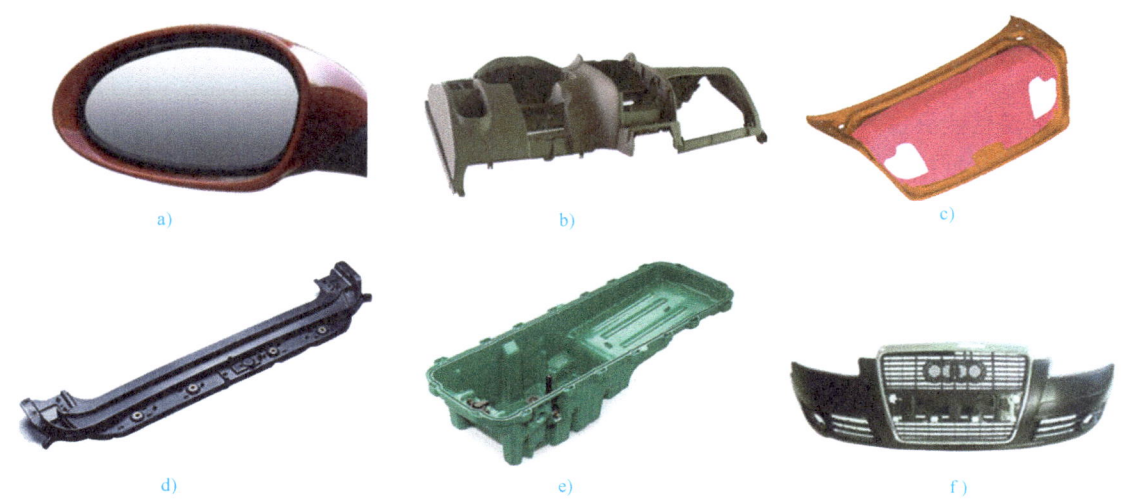

图 4-13 塑料制作的典型汽车零件

a）反光镜座 b）仪表板 c）行李箱内板 d）天窗框架 e）油底壳 f）汽车前保险杠

的产品。

1. 合成树脂

合成树脂是由低分子化合物经聚合反应而获得的高分子化合物的混合物，受热时可软化，在塑料中起着粘接作用，其种类、加入量对塑料的性能起着决定性作用。所以，塑料一般根据所用树脂来命名，如聚氯乙烯塑料就是以聚氯乙烯树脂为主要成分的塑料。

2. 添加剂

添加剂是指为了改善或弥补塑料的某些物理、化学、力学或工艺性能而特别加入的助剂。常用的添加剂有填充剂、增塑剂、稳定剂、固化剂、润滑剂、着色剂、阻燃剂等。

（1）填充剂 填充剂的作用主要是调整塑料的性能、提高机械强度、节约树脂用量、降低塑料制品的成本。例如：加入铝粉可提高塑料对光的反射能力及防止其老化，加入二氧化硫可提高塑料的自润滑性，加入石墨可以改善塑料的力学性能等。通常填充剂的用量可达 20% ~ 50%。

（2）增塑剂 增塑剂的作用是提高树脂的可塑性和柔韧性，例如，聚氯乙烯塑料中加入邻苯二甲酸二丁酯，可使塑料变得柔软而有弹性。

（3）稳定剂 稳定剂的作用主要是提高树脂在受热或光作用时的稳定性，减慢老化速度，延长塑料使用期。

（4）固化剂 固化剂在塑料加工过程中可使树脂硬化，从而达到使用要求。

（5）润滑剂 润滑剂可防止塑料对设备或模具的黏附。

（6）阻燃剂 阻燃剂可使塑料难以燃烧或不燃烧。

此外，为了使塑料有鲜艳的色彩，常加入着色剂。

二、塑料的特点及应用

1. 物理性能优良

塑料的主要优点是密度小、重量轻。塑料的密度一般为 $0.82 \sim 2.2 \text{g/cm}^3$，仅为钢铁材料的 1/8 ~ 1/4，因此，塑料用于制造汽车零件，可以大幅度地减小汽车的整车装备质量，降低汽车自重，从而可以有效地降低油耗。塑料几乎都有良好的电绝缘性能，可与陶瓷、橡胶和其他绝缘材料相媲美，因此，汽车电气元件广泛采用塑料作为绝缘体。

2. 化学稳定性能好

塑料的化学稳定性好，一般的塑料对酸、碱、盐和有机溶剂都有良好的耐蚀性，特别是号称塑料王的聚四氟乙烯，它除了能与熔融的碱金属作用以外，其他化学药品包括"王水"也难以将其腐蚀。因此，在腐蚀介质中工作的零件可以采用塑料制造，或者采用在表面喷塑的方法来提高其抗腐蚀能力。

3. 减摩性能好

大部分塑料的摩擦因数小，具有良好的减摩性能。塑料还具有自润滑的性能，能在没有润滑的条件下正常工作，可以制造齿轮、密封圈、轴承、衬套等要求耐磨的零件。

4. 吸振消声性好

塑料具有吸收和减少振动和噪声的能力，用塑料制作传动件，可以吸收振动。在汽车上用塑料制作保险杠、仪表板、转向盘等，可以增强缓冲作用，提高汽车的安全性和舒适性。

5. 成型工艺性好

塑料制品容易加工成型，大部分塑料都可以直接采用注射或挤压成型工艺，可制作形状复杂的异形曲面，无需切削，因此生产周期短、加工成本低、生产率高，容易实现自动化。如汽车仪表板、散热器格栅等都可以大批量生产。

6. 塑料的缺点

与钢铁材料相比，塑料的强度较低、耐疲劳性差、耐热性差，一般的塑料只能在100℃以下工作，少数塑料可以在200℃以下工作；其导热性差，热导率只有钢的1/600～1/200；线胀系数很大，约为金属材料的10倍；另外，塑料易老化、易燃烧，温度变化时尺寸稳定性差。

三、塑料的分类

塑料的品种很多，分类方法也不相同，常见的有以下两种分类方法。

1. 按合成树脂性能分类

按合成树脂性能不同分为热塑性塑料和热固性塑料。

（1）**热塑性塑料**　热塑性塑料受热后软化，可塑造成型，冷却后变硬；当再次受热时又可软化，冷却后再次变硬，可多次重复。这类塑料的优点是加工成型方便，生产周期短，并可回收再利用，但其耐热性和刚度较差。

常用的热塑性塑料有聚乙烯、聚氯乙烯、尼龙、ABS、聚砜和聚苯乙烯等。

（2）**热固性塑料**　热固性塑料在一定条件下（加热、加压）会发生化学反应，经过一段时间固化为坚硬制品，固化后不能再通过加热使其软化、熔解。这类塑料的优点是刚度和耐热性较高，受热不变形；但其生产周期长，力学性能不高，且废旧塑料不能回收利用。

常用的热固性塑料有酚醛塑料、氨基塑料、环氧树脂和有机硅树脂等。

2. 按使用范围分类

按使用范围可分为通用塑料和工程塑料两大类。

（1）**通用塑料**　通用塑料又称常用塑料，是指应用范围广、产量大、生产成本低的日用和农用塑料，主要有聚乙烯、聚苯乙烯、聚丙烯、氨基塑料和酚醛塑料等。

（2）**工程塑料**　工程塑料是工程结构或设备中使用的塑料，一般力学性能较好，且耐高温、耐辐射、耐腐蚀、电绝缘性能好，因而可代替金属制作某些结构件。这类塑料主要有聚酰胺（尼龙）、聚碳酸酯、ABS和聚甲醇等。

四、常用塑料及其在汽车上的应用

随着汽车工业的发展，汽车用塑料也从最初单纯用于制造电气绝缘件和转向盘等零件的热固型树脂等少数几个品种迅速增加到内饰件用PVC（聚氯乙烯）、车顶棚用PUR（聚氨酯填充树脂）、车身覆盖件用PC（聚碳酸酯）、燃油箱用PP（聚丙烯）等几十种，其中热塑性塑料占有很高的比例。

常用塑料的名称及用途见表4-2。

表 4-2 常用塑料的名称及用途

塑料名称	用途举例
聚乙烯（PE）	燃油箱、转向盘等
聚酰胺（尼龙 1010，PA）	发动机上盖、进气管、过滤器、车轮罩、插头
聚甲醛（POM）	各种阀门、各种叶轮、支承元件
ABS 塑料（苯乙烯-丁二烯-丙烯腈，ABS）	散热器格栅、灯壳
聚碳酸酯（PC）	前照灯散光玻璃、保险杠外包皮、车身覆盖件
聚丙烯（PP）	保险杠、空气滤清器、导管、容器、侧遮光板
聚氨酯填充树脂（PUR）	坐垫、仪表板垫和罩盖、车顶棚
聚氯乙烯（PVC）	地板护板、防撞系统、电缆线、绝缘介质、驾驶室内饰
PMMA（聚甲基丙烯酸甲酯）	尾灯散光玻璃
聚酯（PET）	纺织物、盖、传动带、气囊壳体
聚对苯二甲酸丁二醇酯（PBT）	电子器件外壳、保险杠外包皮、车身覆盖件、杆头、把手

课题四　粘　接　剂

粘接剂又称胶粘剂，俗称胶，能将同质或异质材料连接在一起，或填充缝隙、孔洞等缺陷，固化后具有较高的粘接强度和良好的耐水、耐油、耐蚀、电绝缘等性能。用它来修复零件，具有工艺简单、连接可靠、成本低、不会使零件产生变形和组织发生变化等优点，其在某种场合下发挥的作用是传统连接方式所无法取代的，因此在汽车制造和维修中得到了十分广泛的应用。图 4-14 所示为汽车上常用的粘接剂。

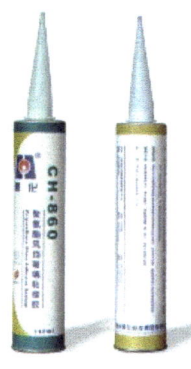
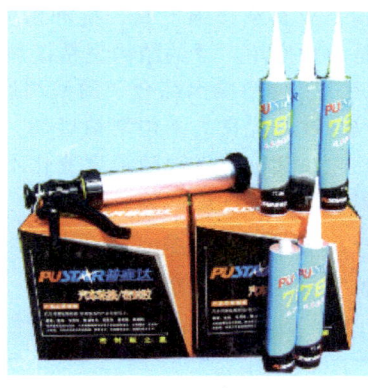

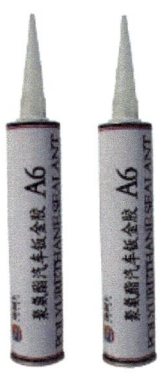
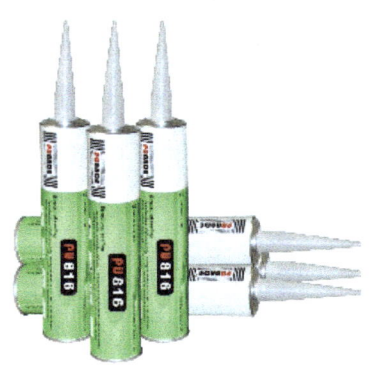
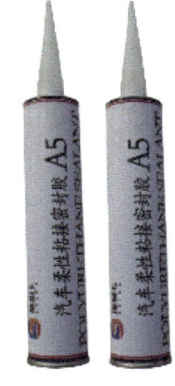

图 4-14　常见的汽车粘接剂

一、常用粘接剂的种类及特点

粘接剂分为天然粘接剂、合成粘接剂和无机粘接剂三大类。天然粘接剂用动、植物胶液制成，其粘接能力较差、耐水性差。目前汽车制造和维修使用的粘接剂多是合成粘接剂。常用合成粘接剂有以下几种。

1. 橡胶型粘接剂

橡胶型粘接剂是以氯丁、丁腈、丁苯、丁基等合成橡胶或天然橡胶为基料配制成的一类粘接剂。其中氯丁橡胶粘接剂是一种使用广泛的非结构型粘接剂，可用于极性或非极性橡胶的粘接。丁腈橡胶粘接剂适用于金属、塑料、木材、织物以及皮革等多种材料的粘接，尤其在各种耐油产品中得到广泛应用。

2. 树脂型粘接剂

树脂型粘接剂包括热塑性树脂型粘接剂和热固性树脂型粘接剂两种。

（1）**热塑性树脂型粘接剂** 热塑性树脂型粘接剂是以线型热塑性树脂为基料，与溶剂配制成溶液或直接通过熔化的方式进行粘接的粘接剂。这类粘接剂使用方便，容易保存，具有柔韧、耐冲击、粘接能力良好的特点。

（2）**热固性树脂型粘接剂** 环氧树脂型粘接剂是一种常用的热固性树脂型粘接剂。环氧树脂的突出优点是黏附力强，对金属、陶瓷、塑料、木材、玻璃等都有很强的粘附力，被称为"万能胶"。其内聚力强，树脂固化后胶层的内聚力很大，以致在被粘接物受力破坏时，断裂往往发生在被粘接物体内部。它的工艺性能好，粘接时可以不加压或仅使用接触应力，并可在室温或低温下快速固化，收缩率低，耐温性能较好，既有一定的低温性能，又有一定的耐热性。

3. 混合型粘接剂

（1）**酚醛-聚乙烯醇缩醛粘接剂** 酚醛-聚乙烯醇缩醛粘接剂对金属和非金属都有很好的粘附性，加之胶层固化后呈网状结构，故其粘接强度高，抗冲击和耐疲劳性能良好。此外，它还具有良好的耐大气老化和耐水性，是一种应用广泛的结构型粘接剂。

（2）**酚醛-丁腈粘接剂** 酚醛-丁腈粘接剂综合了酚醛树脂和丁腈橡胶的优点，既有良好的柔韧性，又有较高的耐热性，是综合性能优良的结构型粘接剂。酚醛-丁腈粘接剂的主要性能特点是粘接强度高、耐振动、冲击韧性大，其抗剪强度随温度变化不大，可以在 $-55 \sim 180$℃下长时间使用，其耐水、耐化学介质以及耐大气老化性能都较好。

二、常用粘接剂的牌号、性能及用途

部分常用粘接剂的种类、牌号、性能及用途见表4-3。

表4-3 常用粘接剂的种类、牌号、性能及用途

类别	名称	主要性能	用途举例
树脂型粘接剂	环氧粘接剂	耐热性好,密封性好,使用温度为150℃。固化条件:100℃,3h	可粘接金属、玻璃等多种材料
		粘接强度和韧性很高,但耐水性差,使用温度为 -60～120℃。固化条件:180℃,3h	可粘接金属、玻璃、木材、陶瓷等材料
		固化迅速,使用方便,耐油、耐水,粘接力强;耐热性和韧性差。固化条件:室温,3h	适用于各种材料的快速粘接、固定和修补
	酚醛粘接剂	粘接强度高,弹性、韧性好,耐疲劳,使用温度为 -60～150℃。固化条件:165℃,3h	可粘接金属、玻璃钢、陶瓷等,特别适用于金属蜂窝状夹层结构的粘接
		粘接强度高,韧性好,耐疲劳,具有良好的抗老化性,使用温度为 -60～60℃。固化条件:150℃,1h	可粘接金属、夹层塑料、玻璃、木材、皮革等

(续)

类别	名称	主要性能	用途举例
橡胶型粘接剂	聚氨酯粘接剂	胶膜柔软,耐油,但对水分特别敏感,使用温度低。固化条件:140℃,1h	适用于未硫化的天然橡胶、丁腈橡胶等与金属的粘接
		胶膜柔软,绝缘性好,耐磨,耐油性好,耐热性差,使用温度低	可粘接金属、塑料、橡胶、皮革、木材等多种材料
	氯丁橡胶粘接剂	具有较好的内聚强度和良好的粘附性、耐燃性、耐油性、耐候性较好;但稳定性和耐低温性较差	适用于金属、非金属的粘接
	丁腈橡胶粘接剂	具有良好的耐油性、耐热性和耐化学介质性	可粘接金属、塑料、木材、织物以及皮革等多种材料
混合型粘接剂	酚醛-聚乙烯醇缩醛粘接剂	粘接强度高,具有良好的抗冲击和耐疲劳性,以及良好的耐大气老化和耐水性	适用于金属、玻璃、陶瓷、塑料及木材等多种材料的粘接
	酚醛-丁腈粘接剂	粘接强度高,耐振动冲击韧性大,其抗剪强度随温度变化不大,有较好的耐水性、耐化学介质及耐大气老化性能	适用于金属和大部分非金属的粘接,如汽车制动片的粘接等

三、粘接剂的选用

粘接剂的种类繁多,组成及性能各异,通常应综合考虑粘接剂的性能、粘接对象、使用条件、固化工艺和经济成本等各方面的因素,合理地选用粘接剂。

1. 粘接剂的性能

不同品种的粘接剂,其性能差异较大,适用范围也不相同。粘接剂的各种性能与所加入的填料、固化剂、稀释剂、增韧剂等的性能与数量密切相关。因此,要做到正确选用粘接剂,保证粘接件的质量及使用要求,首先必须充分把握和了解粘接剂的品种、组成,特别是性能参数。

2. 粘接对象

实际工作中经常会遇到各种各样的被粘接材料,如各种金属、陶瓷、玻璃、塑料、橡胶、皮革、木材及纺织材料等。由于同一种粘接剂对不同材料的粘接力各不相同,因此对不同粘接对象,所选用的粘接剂也就不可能完全一样。

3. 使用条件

被粘接件的使用环境和用途要求是选用粘接剂的重要依据。如果用于受力结构件的粘接,则需选用强度高、韧性好、抗蠕变性优良的结构型粘接剂;如果用于在特定条件下使用(如耐高温、耐低温、导热、导磁等)的被粘接件的粘接,则应选用特种粘接剂。

四、粘接剂在汽车上的应用

粘接剂和密封胶在汽车工业中是粘接各种零件和防漏、防尘的重要材料,它在汽车的防振、隔热、防漏、防松和降噪等方面起着重要的作用。每辆汽车上粘接剂和密封胶的用量可达几十千克。粘接剂在汽车上的应用范围十分广泛。密封胶在汽车典型部位上的应用如图4-15所示。

课题五 橡 胶

橡胶是一种具有高弹性的高分子材料,其分子量一般在几十万以上。橡胶在较小的外力作用下就能产生很大的变形,当外力去除以后,又能很快恢复到原来的状态。

橡胶具有高的弹性、优良的伸缩性、减振性、绝缘性、耐磨性、隔音性,因此,在汽车上得到了广泛的应用。一辆汽车上的橡胶件数有100~400个,使用的橡胶材料品种多达十几种,橡胶制品主要分布在汽车车身、传动、转向、悬挂、制动和电气仪表等系统内。汽车上典型的橡胶制

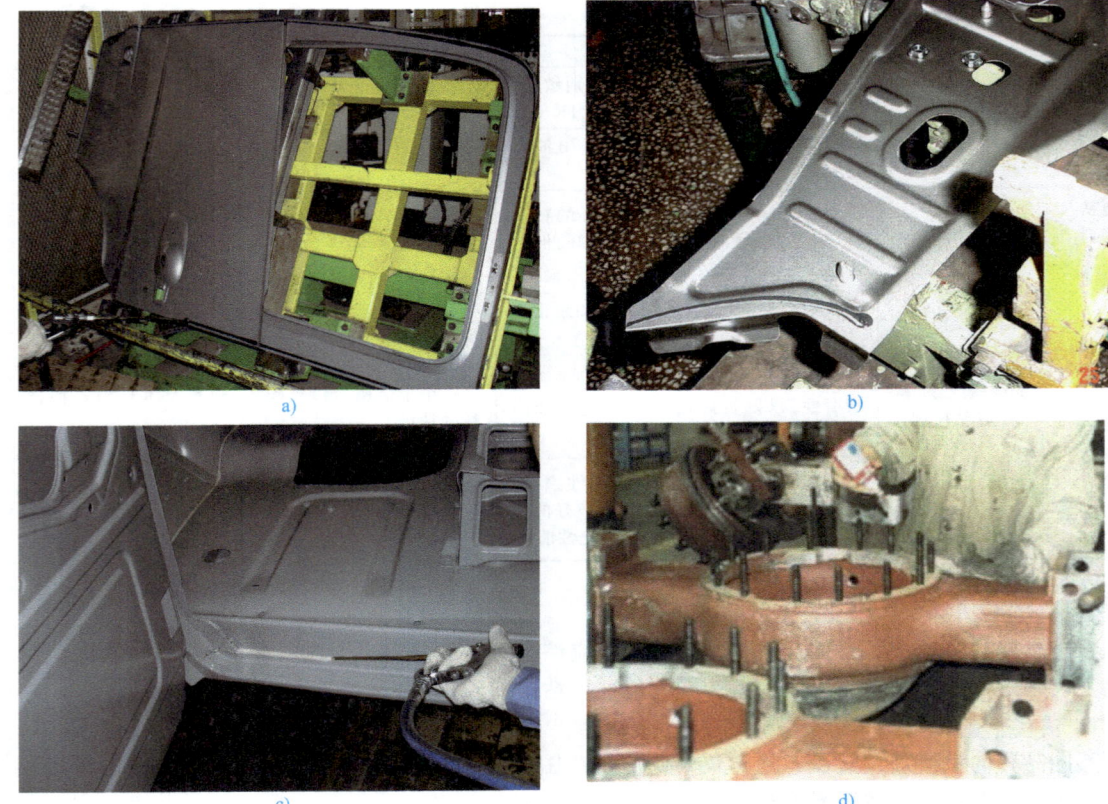

图 4-15 密封胶在汽车典型部件上的应用
a）折边胶（车门等折弯处） b）点焊密封胶（车身钣金件搭接处） c）焊缝密封胶（焊缝外部）
d）螺纹锁固密封胶（螺纹、轴承、齿轮的配合缝隙）

品如图 4-16 所示。

一、橡胶的组成

橡胶是以生胶为原料，加入适量的配合剂，经硫化以后得到的一种高分子材料。

1. 生胶

生胶按其来源分为天然橡胶与合成橡胶。

（1）天然橡胶　天然橡胶是将橡胶树流出的胶乳，经过凝固、干燥、加压等工序制成的片状固体物，其主要成分为异戊二烯。

（2）合成橡胶　合成橡胶是以石油、天然气、煤等为原料，通过化学合成的方法制成的与天然橡胶性能相似的高分子材料。

2. 配合剂

配合剂是为了提高和改善橡胶的性能而加入的物质，常用的配合剂及其主要作用如下。

（1）硫化剂　硫化剂的作用是改善橡胶的分子结构，提高橡胶的力学性能，克服其因温度升高而变软、发黏的缺点。因此，橡胶制品只有硫化后才可使用。常用的硫化剂有硫黄、氧化硫等。

（2）促进剂　促进剂起加速硫化过程，缩短硫化时间的作用。常用的促进剂有氧化锌、氧化铝、氧化镁以及醛胺类有机化合物等。

（3）填充剂　填充剂的作用是增加橡胶的强度并降低生产成本。常用的填充剂有石墨、氧化镁、滑石粉等。

（4）补强剂　补强剂用于提高橡胶的力学性能和耐磨、耐撕裂性能。常用的补强剂有炭黑、氧化硅、滑石粉等。

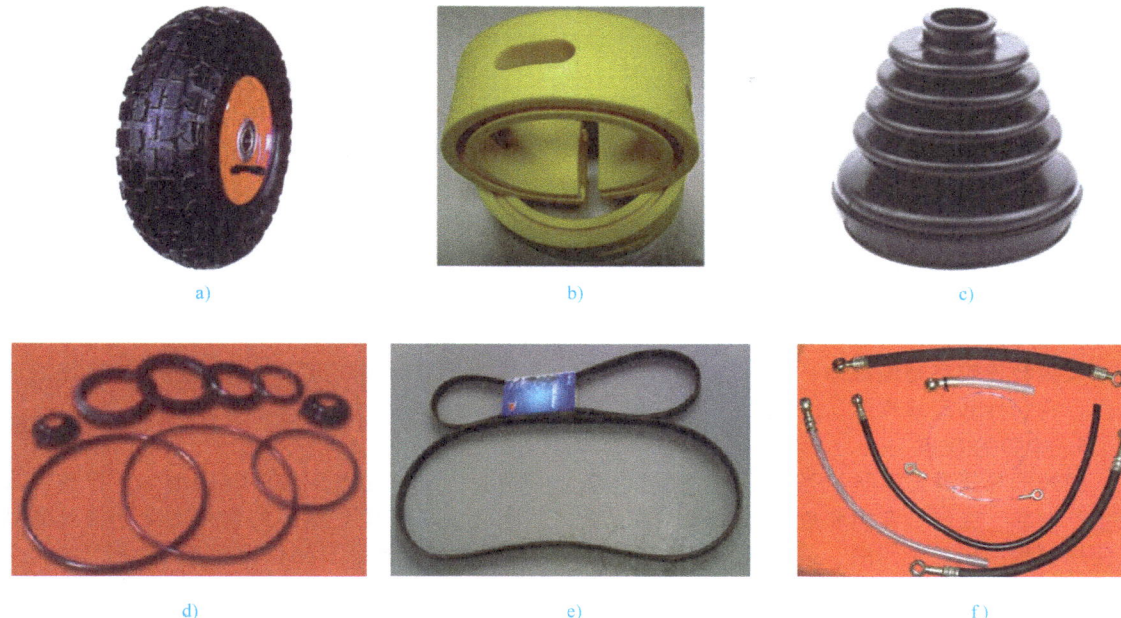

图 4-16 橡胶制作的典型汽车零件

a）轮胎　b）车用减振块　c）等速万向节防尘罩　d）密封圈　e）车用胶带　f）输油管

（5）**软化剂**　软化剂能提高橡胶的柔软性和可塑性。

（6）**防老剂**　防老剂的作用是防止橡胶老化。

除此之外，还有发泡剂和着色剂等。

二、橡胶的分类

工业生产中常用的橡胶材料有天然橡胶、合成橡胶和再生胶。

1. 天然橡胶

天然橡胶材料是指以天然橡胶为生胶制成的橡胶材料，其代号为 NR。天然橡胶属于通用橡胶，它具有优良的弹性，弹性温度范围为 70~130℃；并具有较高的强度和优异的抗疲劳性、耐磨性、耐寒性、防水性、减振性、绝热性和电绝缘性，还具有良好的加工性能。天然橡胶的缺点是耐老化性和耐候性差，耐油性和耐溶剂性也较差，易溶于汽油和苯类等溶剂，易受强酸侵蚀，且易自燃。

2. 合成橡胶

随着石油工业的迅速发展，合成橡胶原料来源丰富、成本低廉，其产量也已超过天然橡胶。因此，合成橡胶在各行各业得到了广泛的应用，它也是汽车工业的一种重要材料。合成橡胶的种类繁多，主要分为通用合成橡胶和特种合成橡胶。通用合成橡胶的主要品种有丁苯橡胶、顺丁橡胶、丁酯橡胶、氯丁橡胶、异戊橡胶、丁基橡胶、乙丙橡胶、丙烯酸酯橡胶、氯醇橡胶、聚氨酯橡胶、硅橡胶和氟橡胶等。

3. 再生胶

再生胶是将硫化胶的边角废料和废旧橡胶制品经过粉碎、化学物理方法加工后，去掉硫化胶的弹性，恢复塑性和黏性，可以重新再硫化的橡胶。再生胶对于环保和生产资料的再利用有着重要的意义。再生胶的强度低，硫化速度快，操作比较安全，并有良好的耐老化性，加工容易，成本低廉。

三、橡胶的性能

1. 极高的弹性

弹性是橡胶独特的性能，橡胶的伸长率可达 100%~1000%。橡胶在开始受负荷时变形量很大，随着外力的增加，抵抗变形的力也迅速增加，起到一定的缓冲作用。因此，橡胶可以制作减轻碰撞、敲击和吸收振动的零件，如发动机支架软垫等。

2. 良好的黏着性

黏着性是指橡胶与其他材料粘成整体而不易分离的能力。橡胶特别容易与毛、棉、尼龙等牢固地粘接在一起，如汽车轮胎就是将橡胶与棉、毛、尼龙、钢丝等牢固地粘接在一起而制成的。

3. 良好的热可塑性

橡胶在一定温度下失去弹性，称为热可塑性。橡胶处于热可塑状态时，容易加工成各种形状和尺寸的制品，而且当加工外力去除后，仍能保持该变形下的形状和尺寸。根据这一特性，可把橡胶加工成不同形状的汽车制品。

4. 其他性能

大多数橡胶都是绝缘体，是制造电线、电缆等导体的绝缘材料；此外，橡胶还具有良好的耐蚀性、密封性和耐寒性等。

5. 橡胶的缺点

橡胶的导热性差，抗拉强度低，尤其容易老化。橡胶的老化是指随着时间的增加，橡胶出现变色、发黏、变硬、变脆和龟裂等现象。为减缓橡胶老化，延长橡胶制品的使用寿命，橡胶制品在使用过程中应避免与酸、碱、油及有机溶剂接触，尽量减少受热、日晒和雨淋等。

四、橡胶制品在汽车上的应用

车用橡胶的品种有天然橡胶、丁苯橡胶、氯丁橡胶、丁酯橡胶、三元乙丙橡胶、丙烯酸酯橡胶、氟橡胶、硅橡胶、聚氨酯橡胶和丁基橡胶等。橡胶材料在汽车用非金属材料中占有重要地位，是其他材料难以替代的。

1. 轮胎

汽车轮胎是汽车上橡胶用量最大的橡胶制品，约占橡胶件总重的70%。轮胎是装在汽车轮辋上与地面相接触的环状弹性体。制造轮胎的主要材料有生胶（包括天然橡胶、合成橡胶、再生胶）、骨架材料（即纤维材料、人造丝、尼龙、聚酯、玻璃纤维、钢丝）以及炭黑等。轮胎的外胎普遍使用天然橡胶制造、丁苯橡胶、顺丁橡胶等制造。内胎一般用气密性好的材料制造，如丁基橡胶。

2. 密封制品

汽车上使用的橡胶密封制品主要包括油封件、密封条、密封圈、皮碗、防尘罩、衬垫等。根据使用环境的不同，要求这类橡胶制品有良好的密封性能、耐油、耐老化、耐热、耐寒、耐臭氧、耐磨及强度高和永久压缩变形小等特性。

(1) **密封条** 密封条在汽车上的用量很大，每辆汽车用十几种密封条，其数量达20多件，质量达10kg以上。例如，车门缓冲密封条、车顶密封条、行李箱密封条、前后风窗密封条、门玻璃密封条、门框密封条、发动机盖密封条等。此外，汽车上还使用许多密封垫片，如各种车灯密封垫片、扬声器密封垫片、管接头密封垫片等。

(2) **油封** 油封和O形圈是汽车上使用的品种和数量最多的密封件，也是汽车上最重要的密封件。丁腈橡胶、硅橡胶、聚丙烯酸酯橡胶、聚氨酯橡胶、氟橡胶等都是制造油封所普遍使用的材料。

丁腈橡胶是制造油封用量最大的胶种，目前国内丁腈橡胶有丁腈40、丁腈26及丁腈18三个牌号。氟橡胶油封主要用于高速旋转轴的密封，硅橡胶油封用于制造高温高速油封，聚丙烯酸酯橡胶油封可比丁腈橡胶油封的工作温度提高20℃，目前在国内已广泛采用。

(3) **皮碗** 皮碗是一种密封元件，常用于往复轴和缸的密封。皮碗的形状有V形、U形和Y形，近年来普遍采用Y形。例如，制动皮碗采用丁腈橡胶、丁苯橡胶、天然橡胶、乙丙橡胶等材料制作，对蓖麻油和合成酯类制动液都适用，尤以二元乙丙橡胶为最好。

(4) **防尘套** 防尘套有直筒形和变截面波纹形等几种。虽然防尘套的使用条件较温和，但橡胶材料要兼备耐热、耐寒、耐油、耐介质、耐老化等性能,单纯采用天然橡胶和丁腈橡胶只能满足一般要求,而复合并用氯丁橡胶、丁腈橡胶、三元乙丙橡胶,则可以提高使用寿命。

3. 胶管

每辆汽车中所用胶管有几十种,总长约30m,用胶量在20 kg以上,所用的橡胶材料有天然橡胶、丁腈橡胶、三元乙丙橡胶、氯丁橡胶、丙烯酸酯橡胶等。胶管一般用在汽车上的燃油、制动、冷却、空调等系统中。耐油软管主要有汽油软管、柴油软管、机油软管等。

4. 胶带

车用胶带主要是V带,V带通常有三种,即包布V带、切割V带和多楔V带,以切割V带为多。切割V带两侧没有包布,其屈挠性好,摩擦因数大,具有受力大、线速高、散热性及耐疲劳性良好和节能等特点。

5. 减振块

减振块主要用在汽车发动机、底盘等部件上,用来防止和降低汽车行驶中的振动和噪声。按其材料的组合形式可分为纯橡胶制品、塑料橡胶复合制品及金属-橡胶复合制品。一辆车上减振块的用量最多可达15kg左右,使用的材料有天然橡胶、氯丁橡胶、聚氨酯橡胶、丁腈橡胶等。

课题六 复合材料

复合材料是指由两种或两种以上物理和化学性质不同的材料,经一定方法组合而得到的一种新的多相固体材料。

金属、陶瓷、塑料、橡胶等单一材料各有其优点和不足,性能相对确定,并有比较合适的应用场合,但不能针对不同的性能要求进行灵活的材料设计。而复合材料可以发挥各组成材料的优点,克服单一材料的缺陷,扩大材料的应用范围。小轿车的保险杠、车厢后围板、挡泥板等采用的都是复合材料。最典型的是汽车的玻璃纤维挡泥板,单独使用玻璃会太脆,单独使用聚合物材料则强度低,且韧性满足不了要求。但将这两种强度和韧性都不高的材料复合以后,却得到了令人满意的高强度、高韧性的新材料,而且质量很轻,极大地满足了汽车轻量化的要求。复合材料制作的典型汽车零件如图4-17所示。

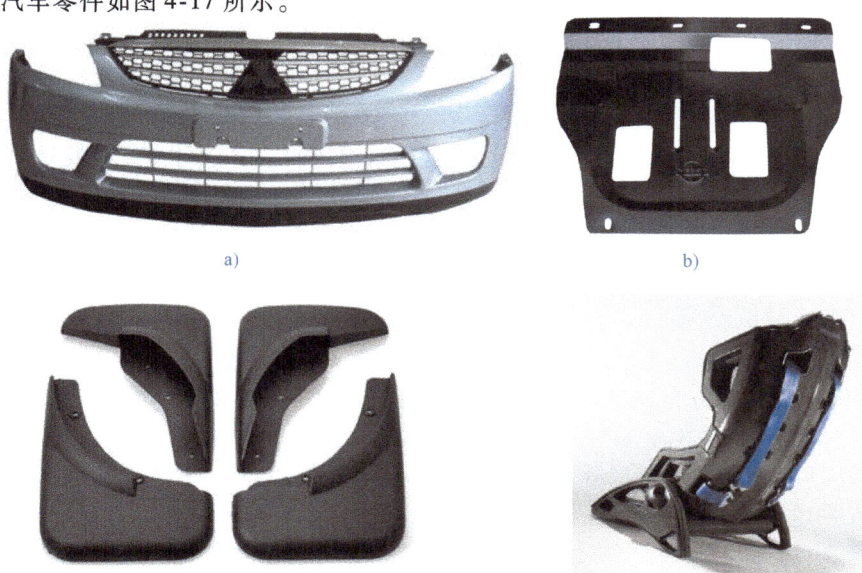

图4-17 复合材料制作的典型汽车零件
a)保险杠 b)发动机护板 c)挡泥板 d)座椅骨架

一、复合材料的组成和性能特点

1. 复合材料的组成

复合材料一般由基体相和增强相组成。基体相是复合材料的主体，起形成几何形状和粘接作用；增强相均匀地分布在基体相中，起提高强度和韧性的作用。

2. 复合材料的性能特点

（1）**很高的比强度和比模量** 复合材料的比强度（强度/密度）和比模量（弹性模量/密度）都比较大。例如，碳纤维和环氧树脂组成的复合材料，其比强度是钢的7倍，比模量是钢的3倍，这个特点对实现汽车轻量化有着重要意义。

（2）**良好的抗疲劳性能** 复合材料的疲劳极限比较高。例如，碳纤维-聚酯树脂复合材料的疲劳极限是拉伸强度的70%~80%，而金属材料的疲劳极限只有拉伸强度的40%~50%。图4-18所示为三种材料疲劳性能的比较。

（3）**破损安全性好** 纤维增强复合材料在每平方厘米截面上有几千至几万根增强纤维（直径一般为10~100μm），当其中一部分受载荷作用断裂后，应力迅速重新分布，载荷由未断裂的纤维承担起来，所以断裂安全性好。

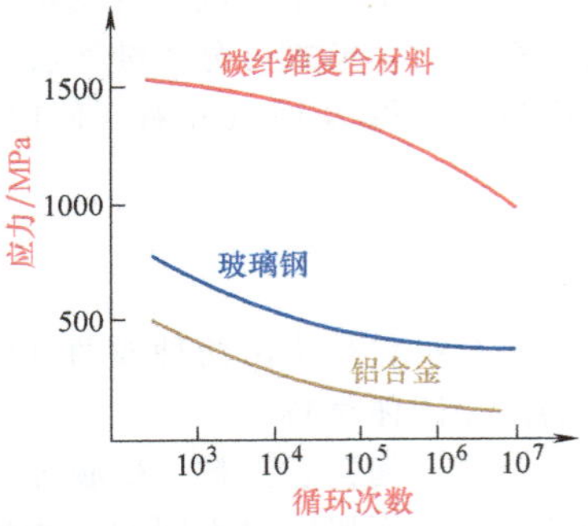

（4）**良好的减振性能** 由复合材料制造的构件即使结构已产生振动，由于复合材料的阻尼特性好（纤维与基体的界面吸振能力强），振动也会很快衰减。复合材料的比模量越大，则其自振频率越高，可避免在工作状态下产生共振及由此引起的早期破坏。

图4-18 三种材料疲劳性能的比较

（5）**良好的耐高温性能** 由于各种增强纤维一般在高温下仍可保持高的强度，所以用它们增强的复合材料的高温强度和弹性模量均较高，特别是金属基复合材料。例如：7075铝合金在400℃时的弹性模量接近于零，强度值也从室温时的500MPa降至30~50MPa。而碳纤维或硼纤维增强组成的复合材料，在400℃时，其强度和弹性模量可保持接近室温下的水平。碳纤维增强的镍基合金也有类似的情况。

（6）**具有可设计性** 复合材料的物理性能、化学性能、力学性能都可以通过合理选择原材料的种类、配比、加工方法和纤维含量等进行设计，由于基体、增强体材料种类很多，故其选材设计的自由度很大。

（7）**独特的成型工艺** 复合材料可整体成型，这样可以减少零部件的紧固和接头数目，简化结构设计，减轻结构质量。在中等批量生产的车型中，用树脂基复合材料取代铝材可降低40%左右的成本。

（8）**其他性能特点** 许多复合材料都有良好的化学稳定性、隔热性以及特殊的电、光、磁等性能。

二、复合材料的分类

1. 按基体相类型分类

按基体材料的种类可分为金属基复合材料、高分子基复合材料和陶瓷基复合材料。

2. 按增强相的物理形态分类

按增强相的物理形态可分为层叠复合材料、纤维增强复合材料、颗粒复合材料和短切纤维复合材料，如图4-19所示。

（1）**层叠复合材料** 这类复合材料是由两层或两层以上不同材料复合而成的，如铝箔、双金属滑动轴承等。

（2）**纤维增强复合材料** 纤维增强复合材料是以有机纤维、无机纤维等为增强相，复合于塑料、树脂、橡胶或金属等为基体相的材料中制成的。常用的有机纤维有尼龙纤维、芳纶纤维等；

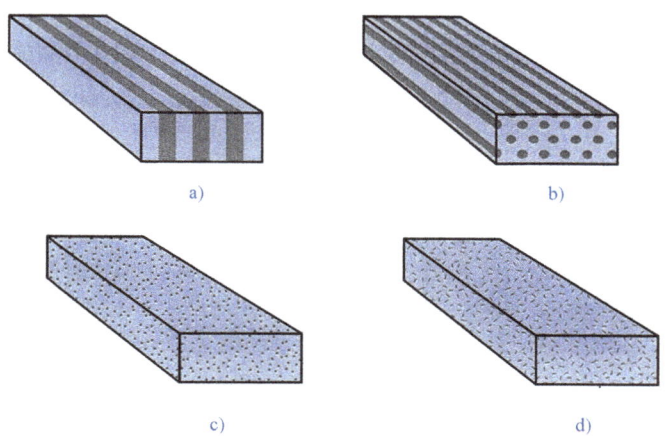

图4-19 不同增强相特征的复合材料
a) 层叠复合材料 b) 纤维增强复合材料 c) 颗粒复合材料 d) 短切纤维复合材料

无机纤维有玻璃纤维、碳纤维、碳化硅纤维、硼纤维、金属纤维等。例如，轮胎、玻璃钢等就是纤维增强复合材料。

（3）颗粒复合材料　这类材料由一种或多种颗粒均匀分布在基体相内而制成。按其颗粒的化学性质不同分为金属颗粒和陶瓷颗粒。不同金属颗粒起着不同的作用，例如：加入银粉、铜粉可使复合材料具有导电、导热性；加入Fe_2O_3、磁粉后复合材料具有导磁性等。陶瓷颗粒金属基体复合材料具有强度高、硬度高，耐热性、耐磨性、耐蚀性好等特点，用来制造高速切削刀具、重载轴承、高温工作零件等，如硬质合金就是颗粒复合材料。

（4）短切纤维复合材料　短切纤维复合材料由一种或多种不均匀的弥散状的颗粒分布在基体相内而制成。

三、常见的复合材料

目前常用的复合材料主要有以下几种类型：高分子基复合材料、金属基复合材料、陶瓷基复合材料等。

1. 高分子基复合材料

高分子基复合材料常称为玻璃纤维增强复合材料。纤维增强复合材料是复合材料中发展最快、应用最广的一种材料。汽车上常用的高分子基复合材料主要有以下几种。

（1）玻璃纤维-树脂复合材料　这种复合材料是将玻璃纤维作为增强相，树脂作为基体相，俗称玻璃钢。

以尼龙、聚烯烃类、聚苯乙烯类等热塑性树脂为基体相制成的玻璃钢，同普通塑料相比，其抗拉强度、抗弯强度和疲劳强度均提高2～3倍以上，冲击韧性可提高2～4倍，蠕变抗力可提高2～5倍，达到或超过了某些金属材料的性能。

以环氧树脂、酚醛树脂、不饱和聚酯树脂等热固性树脂为基体相的玻璃钢，具有密度小（为钢的1/6～1/4）、强度高，耐蚀性、电绝缘性及绝热性好，成形工艺性好等优点，但是其刚度差、耐热性差、易老化，常用于制作船体、直升机的旋翼、风扇叶片、石油管道等。

（2）碳纤维-树脂复合材料　这种材料是以碳纤维及其制品为增强相，以环氧树脂、酚醛树脂、聚四氟乙烯树脂等为基体相结合而成的。它不仅保持了玻璃钢的众多优点，且许多性能优于玻璃钢。其密度小于玻璃钢，强度和弹性模量超过铝合金而接近于钢。此外，它具有优良的耐磨性、减摩性及自润性、耐蚀性、耐热性等。因此，碳纤维-树脂复合材料常用来制造承载件和耐磨件，如连杆、齿轮、轴承、机架、人造卫星天线构架等。

2. 金属基复合材料

金属基复合材料的基体大多采用铝、铜、铝合金、铜合金、镁合金和镍合金。增强材料一般为纤维状、颗粒状和晶须状的碳化硅、硼、氧化铝和碳纤维。金属基复合材料具有高的强度和弹性模量（抵抗变形及断裂），高的耐磨性（防止表面损伤）与化学稳定性（防止与空气和基体发生反应）。

3. 陶瓷基复合材料

陶瓷具有耐高温、抗氧化、弹性模量高和抗压强度高等优点。但由于其脆性大，经不起冲击，因而限制了陶瓷的使用。20世纪80年代以来，通过在陶瓷材料中加入颗粒、晶须和纤维等得到的陶瓷基复合材料，使陶瓷的韧性大大提高。

陶瓷基复合材料具有高强度、高模量、低密度、耐高温性、高的耐磨性和良好的韧性，目前已用在高速切削工具和内燃机部件上。

4. 摩擦材料

摩擦材料是用粉末冶金方法制成的、具有高摩擦因数和高耐磨性能的金属和非金属复合材料。粉末冶金工艺过程示意图如图4-20所示。

摩擦材料广泛用于各种交通运输车辆和各种机器设备的制动器、离合器及摩擦传动装置中，汽车摩擦材料在汽车制造中虽然用量不大，但却有特殊的重要地位，对汽车的安全性、使用性能及操作稳定性起着十分重要的作用。

摩擦材料按摩擦特性分为低摩擦因数材料及高摩擦因数材料。低摩擦因数材料又称减摩材料或润滑材料，其作用是减少机械运动中的动力消耗，降低机械部件的磨损，延长其使用寿命。按工作功能不同，摩擦材料分为传动摩擦材料和制动摩擦材料。传动摩擦材料是通过离合器总成中离合器摩擦面的贴合与分离将汽车发动机产生的动力传递到驱动轮上，使车辆开始运动的。制动摩擦材料是通过车辆制动机构，将制动片紧贴在制动盘（鼓）上，使行驶中的车辆减速或停下来的。

汽车上常用的摩擦材料有金属基摩擦材料、非石棉有机摩擦材料、半金属基摩擦材料。

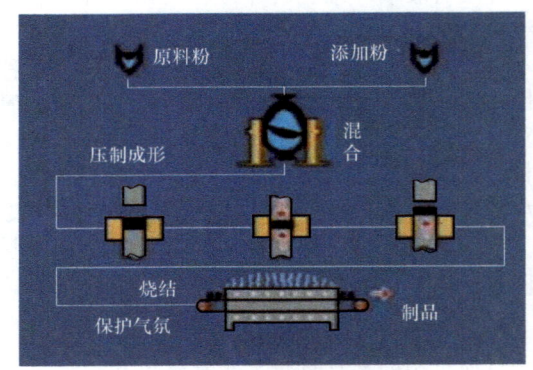

图4-20 粉末冶金工艺过程示意图

其中半金属基摩擦材料是在有机摩擦材料与常规粉末冶金摩擦材料的基础上发展起来的一种新型的非石棉摩擦材料。其主要优点是耐磨性好，耐磨性比石棉片提高25%以上；导热性好，在400℃以下时摩擦因数非常稳定，且制动噪声低；但它的生产成本稍高，材料密度稍大。

四、复合材料在汽车上的应用

复合材料是一种新型的、具有很大发展前途的工程材料，近年来在汽车工业中的应用也越来越广泛。用复合材料制造汽车零件，可以减轻汽车质量，从而有效地减少汽车能耗，达到环保的要求。

1. 高分子基复合材料在汽车上的应用

高分子基复合材料在汽车上的应用较为广泛，主要用于制造发动机系统中的推杆、连杆、摇杆、水泵叶轮；传动系统中的传动轴、离合器片、加速装置及其罩等；底盘系统中的悬置件、弹簧片、框架、散热器等；车体上的车顶内外衬、地板、侧门等；在轿车、厢式车及载货车上用于制作一些小的功能件，如锁体防护罩、保险楔块、嵌装螺母、加速踏板、上下护架、防护罩和开启手柄等；还有各种支架，如多功能支架、仪表板托架、座椅骨架、发动机护板、蓄电池托架等。高分子基复合材料还用来制造汽车车身、轴承、齿轮、空调叶片、汽车仪表壳罩、汽车灯壳等。例如：车顶导流板、风窗玻璃框等车身外装板件用高分子基复合材料制造，具有质量小、耐冲击、便于加工异形曲面、美观等优点；发动机气缸盖用玻璃纤维复合材料制造，比用铸铁制造质量减小45%。高分子基复合材料在汽车上的典型应用如图4-21所示。

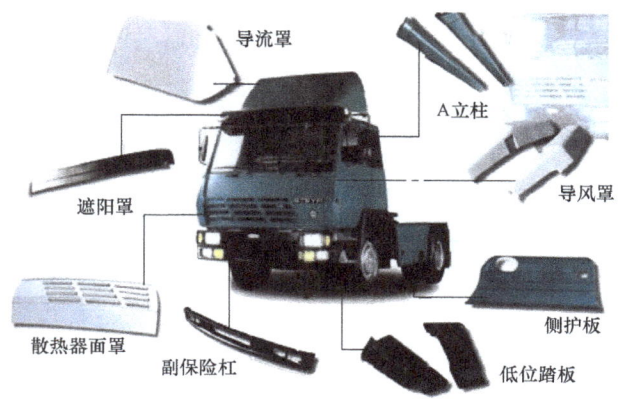

图4-21 高分子基复合材料在汽车上的典型应用

2. 金属基复合材料在汽车上的应用

金属基复合材料在汽车上主要用于制造活塞、活塞环、连杆、气缸体、活塞销、汽车制动部件等。在金属基复合材料中，碳化硅颗粒-铝合金基复合材料发展最快，它的强度比中碳钢好，耐磨性也比钛合金、铝合金好，密度只有钢的1/3，与铝相近。

3. 陶瓷基复合材料在汽车上的应用

陶瓷基复合材料目前已用于发动机部件及整机，不仅可以提高热效率、无需水冷，而且比用金属材料制造的质量小得多。例如，用氧化硅陶瓷复合材料制造发动机的涡轮增压器比用镍基合金制造增压器的质量减小了34%。

4. 摩擦材料在汽车上的应用

汽车用摩擦材料是汽车上的主要消耗材料之一，主要起到传递动力、制动减速、停车制动等作用，是汽车制动系统与行驶系统的重要组成部分。采用摩擦材料制造的汽车零部件主要有汽车制动摩擦片、汽车离合器摩擦片以及驻车制动摩擦片等。汽车离合器和制动器的典型结构如图4-22所示。

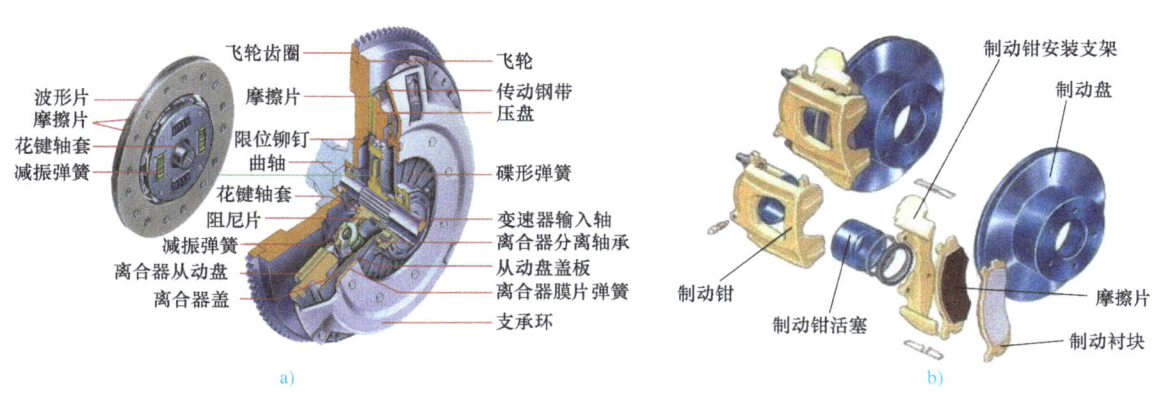

图4-22 汽车离合器和制动器的典型结构
a) 汽车干式摩擦离合器的结构 b) 汽车盘式制动器的结构

学习单元五
汽车零件的选材

汽车上的各零部件是由上千种不同的材料加工制造出来的,为了满足不同零件的使用性能,在生产加工过程中还要穿插不同的热处理工艺。如果材料选择不当、热处理方法选择不合理,或者热处理工序安排不妥,都将影响汽车的使用性能,增加零件的制造成本。

汽车是复杂的机械,又是品种多、产量大的商品。一辆汽车是由几百种、上万个零件组成的,而大多数汽车的总体结构及其主要构造和作用原理基本上是一致的。常用汽车的总体构造基本上由以下四个部分组成:发动机、底盘、车身、电器,如图5-1所示。本单元将从汽车零件的失效形式入手,按汽车各组成部分的功能及结构和各主要零件的工作条件、性能要求,介绍汽车典型零件选材的基本原则及热处理工艺。

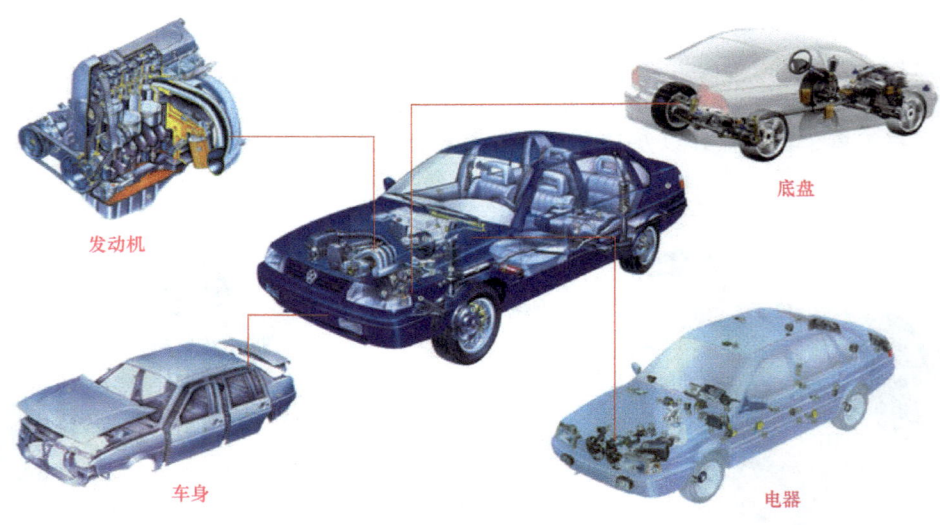

图5-1 汽车的构成

学习目标
1. 了解零件失效的概念及失效的基本形式。
2. 掌握汽车零件的选材原则。
3. 掌握典型汽车零件的选材方法。

学习单元五　汽车零件的选材

课题一　零件选材的基础知识

汽车上每个零件都有一定的功能和使用寿命，不同的零件应选择不同的材料制造。选择零件材料时，首先应了解常见零件的失效形式，在满足零件使用性能的前提下，还要考虑加工条件和制造方便，使零件的制造成本最经济。

一、零件失效的概念及常见的失效形式

1. 零件失效的概念

各种汽车零件具有一定的功能，零件由于某种原因丧失原设计所规定的功能称为零件失效。零件未达到预期寿命的失效称为早期失效。

判定一个汽车零件失效与否，主要从以下几个方面进行考虑：

1）零件已被完全破坏，不能继续工作。
2）零件受到严重损伤，已不能安全工作。
3）零件虽然仍能安全工作，但不能完成规定的功能。

以上三种情况中只要有一种情况发生，即可认为零件已经失效。

2. 常见的失效形式

根据零件损坏的特点、所受载荷类型的不同，零件失效的类型可归纳为变形、断裂与表面损伤三种，常见零件的失效形式、失效原因及特征见表 5-1。

表 5-1　零件的失效形式、失效原因及特征

类型	名称	失效原因及特征
过量变形失效	弹性变形失效	由于材料的刚性不足，使零件在受力过程中产生过量弹性变形或弹性失稳而使零件失效
	塑性变形失效	多发生在零件的实际工作应力超过其屈服强度时，而产生了过量的塑性变形而引起的失效
	蠕变变形失效	在固定载荷下，随着时间的延长，变形不断增加，最终导致变形过大而引起的失效
断裂失效	韧性断裂失效	材料在断裂前发生了明显的宏观塑性变形引起的失效
	低应力脆性断裂失效	在低温、冲击载荷作用下或在有缺陷的部位以及产生应力集中的零件上容易发生
	疲劳断裂失效	失效事先无征兆，突然发生断裂
	蠕变断裂失效	蠕变断裂失效是蠕变变形失效的进一步发展
	介质加速断裂失效	零件在腐蚀性介质的环境下工作，同时受到应力作用和介质的腐蚀，从而造成断裂失效
表面损伤失效	磨损失效	相互接触的、具有相对运动的一对摩擦副零件，在接触表面不断发生损耗或产生塑性变形，使零件表面产生损伤或尺寸减小的失效形式
	表面疲劳失效	两个接触面做滚动时，在交变接触应力的作用下，材料的表面因疲劳而产生材料损失，如麻点、剥落等现象
	腐蚀失效	材料受环境介质的化学或电化学作用而产生的表面损耗

在选材之前，应了解零件的失效形式，找出零件失效的原因，提出防止或推迟失效的措施，这对于零件的合理选材显得尤为重要。不同的失效形式有不同的失效机理，可以通过失效分析来判断零件失效属于哪一种类型，失效的原因是什么，从而选取相应的材料，采用适当的热处理方法使零件达到使用要求。

二、零件选材的基本原则及方法

选择合适的材料是设计和制造汽车零件的必要条件，选择时应遵循以下三个原则。

1. 使用性能原则

零件的使用性能主要是指零件在使用状态下应具有的力学性能、物理性能和化学性能。满足使用性能是保证零件完成规定功能的必要条件，它是选材时首先要考虑的问题。

由于工况不同，零件的工作条件是复杂的。从载荷性质来分析，有静载荷、冲击载荷和交变载荷；从受力状态来分析，有拉、压、弯、扭和交变应力；从工作温度来分析，有低温、室温、高温、交变温度等；从环境介质来看，有加润滑剂的，有接触酸、碱、盐、海水、粉尘的等。此外，有时还要考虑物理性能方面的要求，如导电性、导磁性、导热性、热膨胀性、辐射等。

2. 工艺性能原则

材料的工艺性能表示材料加工的难易程度，包括铸造性能、锻造性能、焊接性能、切削加工性能及热处理性能。在选材时，同使用性能相比较，材料的工艺性能一般处于次要地位，但在某些特殊情况下，工艺性能也可成为选材时考虑的主要依据。如在大批量切削加工生产中，为保证材料的切削加工性，往往选用易切削钢。

在金属材料选材时，若是采用铸造成形，则最好选用共晶或接近共晶成分的合金；若是锻造成形，则最好选用呈固溶体的合金；若是焊接成形，则最适宜的材料是低碳钢或低碳合金钢。

一般的汽车零件根据性能要求不同，其工艺路线大致可分为三类：

（1）**性能要求不高的汽车零件** 性能要求不高的一般零件的工艺路线为：毛坯→正火或退火→切削加工→零件。

采用这种工艺的零件多用普通的铸铁和碳钢制造，它们的工艺性能较好。

（2）**性能要求较高的汽车零件** 性能要求较高的零件，其工艺路线为：毛坯→预备热处理（正火或退火）→粗加工→最终热处理（淬火、回火，固溶时效或渗碳）→精加工→零件。

采用这种工艺路线的零件多是采用合金钢制造的轴、齿轮等，其制造工艺较复杂，其中的预备热处理是为了改善零件的切削加工性能，为最终热处理做好准备。

（3）**性能要求较高的精密汽车零件** 性能要求较高的精密零件的工艺路线为：毛坯→预备热处理（正火、退火）→粗加工→最终热处理（淬火、低温回火、固溶时效或渗碳）→半精加工→稳定化处理或氮化→精加工→稳定化处理→零件。

3. 经济性原则

材料的经济性是选材的基本原则。采用便宜的材料，把总成本控制至最低，取得最大的经济效益，使产品在市场上具有竞争力，始终是零件设计要遵循的重要原则。

材料的成本为直接成本，在产品的总成本中占有相当的分量。在以强度为主要指标进行选材时，常常根据强度和成本来比较材料。例如，在轿车零件选材中，要求质量轻、强度高，可根据材料的比强度（强度/密度）来比较候选材料。在满足使用要求的前提下，应尽量选用成本低的材料，并把必须使用的贵重金属材料减少到最低限度。值得一提的是，许多性能优异的高分子材料在一些场合中可以替代金属材料，既降低了成本，又减小了质量。例如：利用高密度聚乙烯替代钢板制造油箱；采用玻璃纤维增强材料替代钢板制造车身外板件，具有相当的竞争力；采用聚甲醛替代轴承钢制造的4t载重汽车用底盘衬套轴承，可在10000km以上不用加油保养。

三、常用典型零件的工作条件、失效形式及所要求的主要力学性能分析

汽车上常用的典型零件主要有紧固螺栓、传动轴、传动齿轮、滚动轴承和弹簧等。这些零件的工作条件、失效形式及所要求的主要力学性能见表5-2。

表5-2　汽车上常用零件的工作条件、失效形式及所要求的主要力学性能

零件	工作条件			常见失效形式	要求的主要力学性能
	应力类型	载荷性质	受载状态		
紧固螺栓	拉、剪	静载		过量变形断裂	强度、塑性
传动轴	弯、扭	循环、冲击	轴颈摩擦、振动	疲劳断裂、过量变形、轴颈磨损	综合力学性能
传动齿轮	压、弯	循环、冲击	摩擦、振动	齿折断、磨损、疲劳断裂、表面疲劳磨损	表面高强度及疲劳强度、心部强度、韧性
滚动轴承	压	循环	摩擦	过度磨损、点蚀、表面疲劳磨损	抗压强度、疲劳极限
弹簧	扭、弯	交变、冲击	振动	弹性失稳、疲劳破坏	弹性极限、屈服强度、疲劳强度

课题二　发动机部件中主要零件的选材

发动机是汽车的动力装置，是一辆汽车的"心脏"，也是汽车的核心总成。汽车发动机上主要零件的工作环境都比较恶劣，对材料的力学性能要求都比较严格，选材是否合理，关系到发动机的性能、质量以及汽车的使用寿命。

一、发动机的主要功能及构成

1. 发动机的主要功能

发动机是一个能量转换机构，它是把自然界中某一种形式的能量转变成机械能，并拖动某些机械进行工作的机器。现代汽车所使用的发动机多为内燃机，内燃机是把液体燃料或气体燃料和空气混合后直接输入机器内部燃烧产生热能，热能再转变为机械能，最后通过底盘的传动系统驱动汽车行驶。

2. 发动机的主要构成

典型发动机的结构如图 5-2 所示。

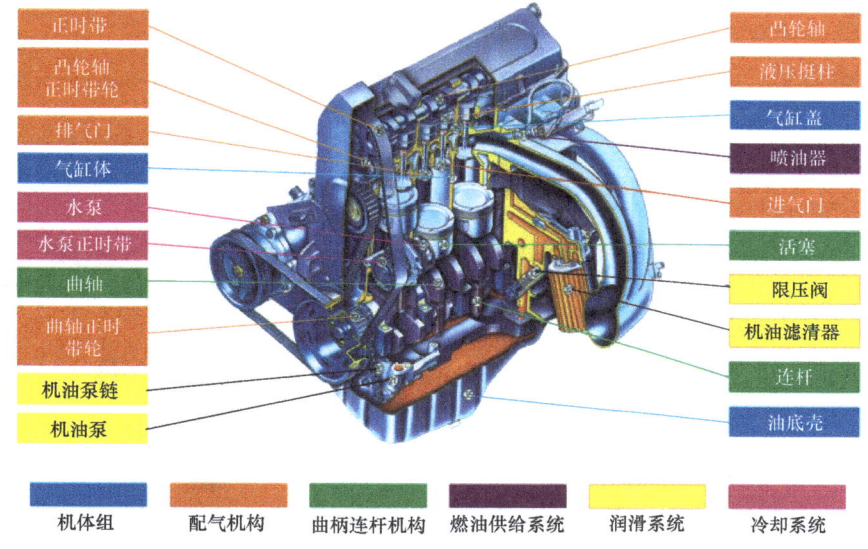

图 5-2　汽车发动机的构成

（1）**机体组**　机体组的主要作用是作为发动机中的曲柄连杆机构、配气机构、发动机各系统主要零部件的装配基体，是构成发动机的支架，主要由气缸体、气缸盖、气缸垫和油底壳等组成，如图 5-3 所示。

（2）**曲柄连杆机构**　曲柄连杆机构是发动机实现工作循环、完成能量转换的主要运动零件。其作用是将燃料燃烧所产生的能量转化为动能从而对外输出动力。曲柄连杆机构由机体组、活塞连杆组和曲轴飞轮组等组成，如图 5-4 所示。在做功行程中，活塞承受燃气压力在气缸内做直线运动，通过连杆转换成曲轴的旋转运动，并从曲轴对外输出动力。而在进气、压缩和排气行程中，飞轮释放能量，又把曲轴的旋转运动转化成活塞的直线运动。

（3）**配气机构**　配气机构的作用是使可燃混合气体及时充入气缸并及时从气缸排出废气。它主要由凸轮轴、凸轮轴正时齿轮、进气门、排气门、气门弹簧、挺柱、推杆、摇臂及气门传动件等组成，如图 5-5 所示。

（4）**燃料供给系统**　燃料供给系统的作用是把汽油和空气混合为成分比例合适的可燃混合气

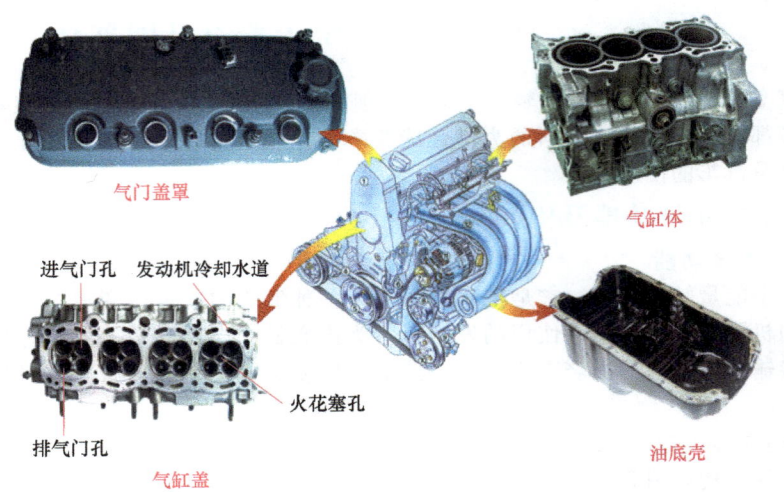

图 5-3　汽车发动机机体组的构成

供入气缸，以供燃烧，并将燃烧生成的废气排出发动机。燃料供给系统主要由空气滤清器、燃油喷射装置、进气管、排气管、消声器、汽油泵、汽油箱等组成。

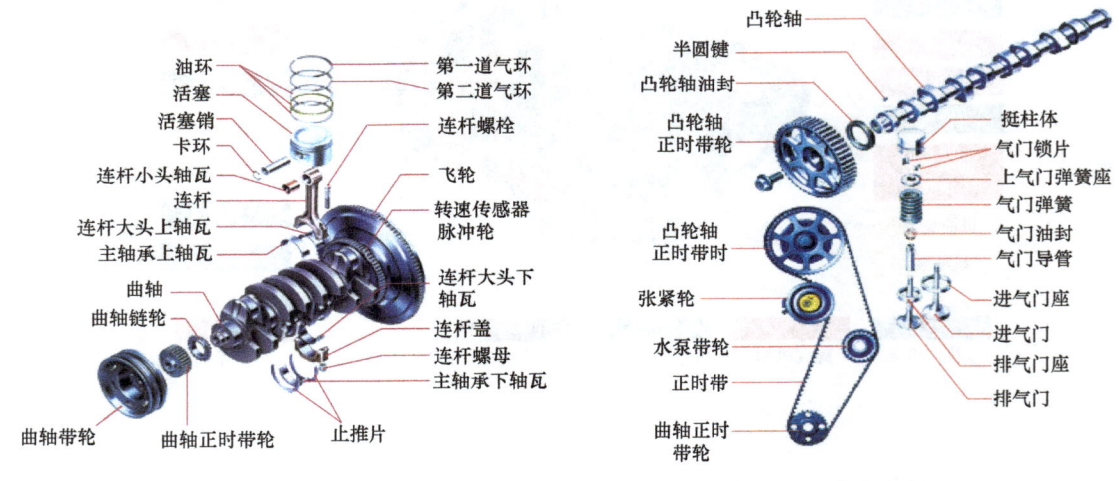

图 5-4　曲柄连杆机构　　　　　　　图 5-5　配气机构

（5）润滑系统　润滑系统的功用是将润滑油供给做相对运动的零件，以减少它们之间的阻力，减轻部件的磨损，并部分冷却摩擦零件，清洗摩擦表面。润滑系统主要由机油泵、机油冷却剂、机油滤清器等组成。

（6）冷却系统　冷却系统的功用是把受热部件产生的热量散到大气中，以保证发动机正常工作。冷却系统主要由水泵、风扇、散热器、节温器、冷却水道等组成。

（7）点火系统　点火系统的功用是保证按规定时刻点燃气缸中被压缩的混合气体，主要由蓄电池、点火开关、分电器总成、点火线圈、高压线、火花塞、传感器等组成。

（8）起动系统　起动系统的功用是使静止的发动机起动，并转入自行运转，主要由蓄电池、起动电动机、起动开关等组成。

二、汽车发动机部件中主要零件的选材

1. 气缸体材料的选择

(1) 工作条件　发动机的气缸体和曲轴箱常铸成一体，称为气缸体-曲轴箱，简称气缸体。气缸体是发动机中体积最大、结构最复杂的零部件，具有不规则的外形、内腔，且壁厚不均。

气缸体是构成发动机的骨架，其内外安装着发动机的所有主要零部件，由它来保持发动机各运动件相互之间的准确位置关系，其典型结构如图5-6所示。

(2) 性能要求　气缸体零件受力不大，其性能要求主要是应具有足够的强度和刚度。

(3) 材料选用　气缸体常用的材料有铸钢、球墨铸铁、灰口铸铁和铝合金等。

鉴于气缸体零件的结构特点和使用要求，通常以铸造件为毛坯，且以铸造性能良好、价格低廉，并有良好的耐压、耐磨、减摩性的灰铸铁为主，小型发动机则采用铝合金制造。

(4) 热处理方法　对铸铁气缸体应进行去应力退火或时效处理；对铝合金气缸体应根据成分不同，进行退火或淬火+时效处理。

图 5-6　汽车发动机气缸体

2. 气缸盖材料的选择

(1) 工作条件　一般内燃机的气缸盖安装在气缸体的上面，从上部密封气缸，并与活塞顶部和气缸一起构成燃烧室。水冷发动机的气缸盖内部有冷却水套，缸盖下端面的冷却水孔与缸体的冷却水孔相通。气缸盖上有进、排气门座及气门导管和进、排气门通道等。气缸盖在工作中承受气体压力和紧固气缸盖螺栓所造成的机械负荷，同时，还由于与高温燃气接触而承受很高的热负荷。

(2) 性能要求　要求材料具有足够的强度和刚度，导热性好、热强度高，还应具有良好的耐蚀性和铸造性能。

(3) 材料选择　气缸盖材料一般采用灰铸铁、合金铸铁、铝合金等。铸铁发动机缸盖具有高温强度、铸造性能好，价格低等优点。铝合金发动机缸盖具有铸造性能好、质量轻、导热性好、强度高等优点，但其价格高。

(4) 热处理方法　对铸铁气缸盖应进行去应力退火或时效处理；对铝合金气缸盖应根据成分不同，进行退火或淬火+时效处理。

3. 活塞材料的选择

(1) 工作条件　活塞是发动机中工作条件最为严酷的运动零件之一，其功用是承受燃烧气体压力，并通过活塞销将压力传给连杆以推动曲轴旋转。活塞顶部与气缸盖、气缸壁、气缸共同组成燃烧室，在发动机工作时，活塞直接与瞬时温度为2200℃左右的高温气体接触，其顶部温度达300~400℃，且温差大，温度分布不均匀；在做功行程时，活塞顶部承受着很大的气体压力，汽油机达4~5MPa，柴油机高达8~9MPa；此外，活塞在气缸内往复运动的线速度可达11~16m/s。由此可见，活塞工作时承受着高温、高压的热负荷和交变的拉伸、压缩、弯曲载荷的作用。

(2) 性能要求　活塞作为汽车发动机中传递能量的一个非常重要的构件，对其材料有特殊的要求：应具有足够的强度和刚度，以承受燃烧气体产生的压力；活塞的质量要小，这样可以减小惯性力；线胀系数要小，以减小受热时的变形；导热性好，防止活塞过热而损坏；耐磨性好，防止在往复运动中产出大量磨损；应具有足够的高温强度、耐蚀性能、尺寸稳定性，以减小由于高温、腐蚀等因素引起的尺寸变化。

(3) 材料选择　活塞材料常选用铝硅合金、耐热钢。铝合金的特点是导热性好、密度小；硅的作用是使线胀系数减小，耐磨性、耐蚀性、硬度、刚度和强度提高。

（4）热处理方法　铝硅合金活塞需进行固溶处理及人工时效处理，以提高表面硬度。

4. 连杆材料的选择

（1）工作条件　连杆是发动机中活塞连杆组中的主要零件，是汽车发动机的连接件和传力件，通过活塞销将活塞和曲轴连接起来，并将活塞上的惯性力和燃气压力传递给曲轴，由曲轴转换成旋转运动对外输出，其结构如图5-7所示。

（2）性能要求　连杆工作时受到复杂的拉、压应力的作用，还要承受气体做功时的冲击载荷，工作温度高。因此，要求连杆材料必须具有良好的综合力学性能及高的抗疲劳强度。

图5-7　汽车发动机连杆

（3）材料选择　连杆材料常选用综合性能好的中碳钢或中碳合金钢，一般采用45钢、40Cr、40MnB等调质钢锻造。

（4）热处理方法　因连杆所使用的材料都属于中碳钢，所以采用调质的热处理方法能够满足综合力学性能的要求。

5. 气门材料的选择

（1）工作条件　气门的主要作用是打开和关闭进、排气道。气门工作时，需要承受较高的机械负荷和热负荷，尤其是排气门的工作温度高达650~850℃。另外，气门头部还承受气体压力及落座时惯性力而产生的较大冲击。

（2）性能要求　气门材料应选用耐热、耐蚀、耐磨的材料，以保证燃烧室的气密性。

（3）材料选择　气门有进气门和排气门之分。进、排气门的工作条件不同，材料的选择也不同。进气门一般可用40Cr、35CrSi、38CrSi、35CrMo、42Mn2V等合金钢制造；而排气门则要求用高铬耐热钢制造，采用40Cr10Si2Mo作为排气门材料时，可承受的工作温度为550~650℃，采用45Cr14Ni14W2Mo作为排气门材料时，可承受的工作温度为650~900℃。

6. 曲轴材料的选择

（1）工作条件　曲轴是汽车发动机零件中形状复杂的重要零件之一，其典型结构如图5-8所示。曲轴的作用是输出动力，并带动其他部件运动。曲轴在工作中受到周期性变化的弯曲、扭转、剪切、拉压、冲击等交变应力；曲轴的形状极不规则，其上的应力分布极不均匀；曲轴颈与轴承还发生滑动摩擦。曲轴的主要失效形式是疲劳断裂和轴颈严重磨损两种。

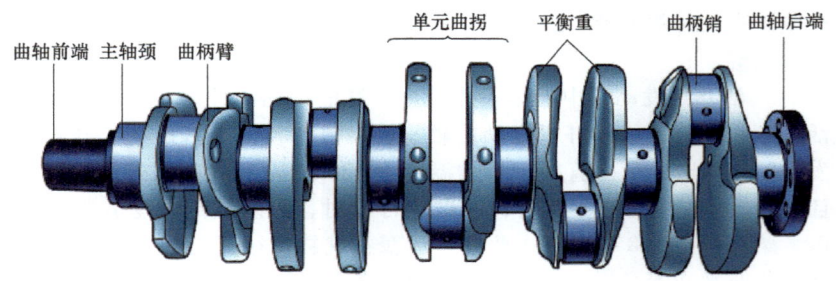

图5-8　汽车发动机曲轴

（2）性能要求　曲轴材料应具有良好的综合力学性能，足够的强度、塑性和一定的韧度，以防止过载断裂、冲击断裂；高的疲劳强度，对应力集中敏感度低，以防疲劳断裂；足够的淬透性，热处理后表面要有高硬度、高耐磨性，以防磨损失效；良好的切削加工性能，且价格便宜。

（3）材料选择　按照制造工艺不同，将曲轴分为锻钢曲轴和铸造曲轴。锻钢曲轴一般采用优质中碳钢和中碳合金钢制造，如45、35Mn2、40Cr、35CrMo等；铸造曲轴主要用铸钢、球墨铸铁、珠光体可锻铸铁及合金铸铁等制造，如ZG230-450、QT600-3、KTZ550-04等。

(4) **热处理方法** 锻钢曲轴一般采用调质处理,主轴颈和曲柄销工作表面均需高频淬火或氮化;铸造曲轴热处理一般采用高温正火、淬火后高温回火,主轴颈和曲柄销工作表面均需高频淬火或氮化,再经过精磨。

7. 凸轮轴材料的选择

(1) **工作条件** 凸轮轴是气门传动组中最主要的零件。其作用是驱动和控制发动机各缸气门的开启和关闭,并符合发动机的工作顺序和配气要求,保证气门有足够的升程。凸轮轴工作时,受到气门间歇性开启的周期性冲击载荷,易产生弯曲变形和磨损。

(2) **性能要求** 要求凸轮轴有足够的韧性和刚度,以承受冲击;凸轮表面要有足够的硬度和耐磨性,以保证尺寸稳定性好。

(3) **材料选择** 凸轮轴一般选用优质钢模锻而成,也可以用合金铸铁或球墨铸铁铸造。

(4) **热处理方法** 凸轮轴各轴颈的工作表面都要经过热处理。锻钢凸轮轴一般采用调质,铸造凸轮轴热处理一般采用高温正火、淬火后高温回火。

8. 气缸套材料的选择

(1) **工作条件** 发动机的工作循环是在气缸内完成的,活塞与气缸套的内壁面接触,气缸套内壁承受燃气的冲刷和与活塞相对高速运动,使内壁面受到强烈的摩擦,造成磨损。气缸套的结构如图5-9所示。

(2) **性能要求** 气缸套材料的性能要求:线胀系数小,具有足够的高温强度和刚度,耐磨和耐蚀性能好,尺寸稳定性好。

(3) **材料的选择** 缸套材料为耐磨合金铸铁,主要有高磷铸铁、硼铸铁、钒钛铸铁等。其中用硼铸铁制成的气缸套比高磷铸铁气缸套的使用寿命提高了50%~70%。

(4) **热处理方法** 为了提高缸套的耐磨性,可用镀铬、表面淬火、喷镀金属钼或其他耐磨合金等方法对缸套进行表面处理。

9. 活塞销材料的选择

(1) **工作条件** 活塞销是装在活塞裙部的圆柱形销子,它的中部穿过连杆小头孔,用以连接活塞和连杆,把活塞承受的气体作用力传给连杆,其结构如图5-10所示。活塞销在高温条件下承受很大的周期性冲击载荷,且由于活塞销在销孔内摆动角度不大,难以形成润滑油膜,故润滑条件较差。

图5-9 气缸套

图5-10 活塞销

(2) **性能要求** 活塞销必须有足够的刚度、强度和耐磨性,质量应尽可能小,销与销孔应该有适当的配合间隙和良好的表面质量。在一般情况下,活塞销的刚度尤为重要,如果活塞销发生弯曲变形,可能使活塞销座损坏。

(3) **材料的选择** 活塞销的材料一般为低碳钢或低碳合金钢,如20、20Mn、15Cr、20Cr或20MnV等,为了减轻重量,活塞销一般做成空心的。

(4) **热处理方法** 活塞销的外表面渗碳淬硬,再经精磨和抛光等精加工,这样既提高了表面硬度和耐磨性,又保证有较高的强度和冲击韧性。

三、汽车发动机部件中其他典型零件的选材

汽车发动机部件中其他典型零件的使用性能要求及材料选择见表5-3。

表5-3　汽车发动机部件中其他典型零件的使用性能要求及材料选择

零件名称	材料种类及牌号	使用性能要求
飞轮、正时齿轮	灰铸铁：HT200	刚度、强度、尺寸稳定性
缸套、排气门座	合金铸铁	耐磨性、耐热性
连杆盖、连杆螺栓	调质钢：45、40Cr、40MnB、42CrMo	强度、冲击韧性、疲劳强度
各种轴承、轴瓦	轴承钢、轴承合金	耐磨性、疲劳强度
气门弹簧	弹簧钢：65Mn、50CrVA	疲劳强度
活塞环	灰铸铁、合金铸铁、球墨铸铁、可锻铸铁等	一定的耐磨性、韧性，良好的耐热性、导热性，良好的可加工性能
支架、挡板、油底壳等	钢板：Q235、08、20、Q345	刚度、强度

课题三　底盘部件中主要零件的选材

底盘是接收发动机的动力，使汽车正常行驶。底盘将汽车各总成、部件连接成一个整体，并具有转向、制动、传动等功能，并承受汽车自身的重量及乘坐人员和货物的重量，汽车运行时，还要承受冲击中载荷的作用，其受力复杂，对材料力学性能的要求都比较严格，它的选材是否合理，关系到汽车质量的好坏及行驶的安全。

一、底盘的主要功能及构成

1. 底盘的主要功能

底盘的作用是支承、安装汽车发动机及其各部件和各总成，形成汽车的整体造型，接受发动机的动力，使汽车产生运动，并保证汽车能够按照驾驶人的操作而正常行驶。汽车底盘还具有传动、转向和制动等功能。

2. 底盘的主要构成

汽车底盘主要由传动系统、行驶系统、转向系统和制动系统四大系统组成，如图5-11所示。

(1) 传动系统　汽车传动系统是从发动机到驱动车轮之间所有动力传递装置的总称，其功用是将发动机的动力按需要传给驱动车轮，使路面对驱动车轮产生一个牵引力，以满足汽车行驶的需要。传动系统主要由离合器、变速器、万向节、主减速器、差速器、半轴、桥壳和传动轴等组成。

(2) 行驶系统　行驶系统是汽车的基础，其主要作用是将传动系统传来的转矩转化为汽车行驶的驱动力；支承汽车的总重量，承受并传递路面作用于车轮上的力和力矩；减少振动，缓和冲击，保证汽车平稳行驶。汽车行驶系统一般由车架、悬架、车桥和车轮与轮胎等组成。车轮通过轴承安装在车桥两边，车桥通过悬架与车架（或车身）连接，车架（或车身）是整车的装配基体。

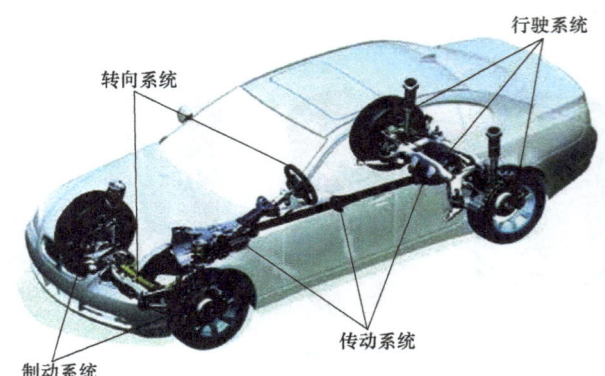

图5-11　汽车底盘结构示意图

车桥与车轮负责汽车的行驶，悬架装置将车桥安装于车架上，起到传力、导向和缓冲减振的作用。行驶系统除影响汽车的操纵稳定性外，还对汽车的乘坐舒适性有重要影响。

(3) 转向系统　转向系统的功用是保证汽车能够按照驾驶员选定的方向行驶，它是通过使前

轮相对于汽车纵向平面偏转一定的角度来实现转向的,主要由转向操纵机构、转向器和转向传动机构等组成。

(4) 制动系统　制动系统的功用是使汽车减速、停车并能可靠地驻停,由驾驶人通过制动踏板来操纵。汽车制动系统包括行车制动系统和驻车制动系统两套相互独立的制动系统,每套制动系统都包括制动器、控制装置和制动传动机构。

二、汽车底盘部件中主要零件的选材

1. 汽车变速器齿轮材料的选择

变速器齿轮是利用齿轮的啮合传动来传递转矩和改变转速的,其典型结构如图5-12所示。

(1) 工作条件　汽车变速器齿轮主要用于传递转矩和改变车速。工作时,其承受很大的交变弯曲应力,换档、起动或啮合不均匀时,齿部受力较大,受冲击频繁。其耐磨性、疲劳强度、心部强度以及冲击韧性等均比一般齿轮高。

(2) 主要失效形式　按照工作条件的不同,汽车变速器齿轮的失效形式见表5-4。

图5-12　汽车变速器齿轮组

表5-4　汽车齿轮的主要失效形式

失效形式	失效表现
疲劳断裂	主要从根部发生,这是齿轮最严重的失效形式,常常一齿断裂会引起数齿甚至所有齿的断裂
齿面磨损	由于齿面接触区存在摩擦,使齿厚变小
齿面接触疲劳破坏	在交变接触应力作用下,齿面产生微裂纹,微裂纹的发展引起点状剥落(或称麻点)
过载断裂	主要是冲击载荷过大造成的断齿

(3) 性能要求　根据对工作条件及失效形式的分析,汽车变速器齿轮材料应具备以下性能:具有高疲劳强度,尤其是弯曲疲劳;齿心应有足够的冲击韧性,以防止齿轮受冲击过载时断裂;齿面应具有高硬度和耐磨性,热处理性能好,热处理变形小。

(4) 材料选择　我国制造齿轮应用最多的材料是合金渗碳钢20Cr或20CrMnTi。

(5) 热处理方法　20Cr和20CrMnTi属于低碳合金钢,需经渗碳、淬火和低温回火处理。渗碳后表面碳含量大大提高;淬火后可得到高硬度,提高耐磨性和接触疲劳抗力,合金元素可提高淬透性。淬火后再经低温回火,可使心部获得较高的强度和足够的冲击韧性。

为了进一步提高齿轮的使用寿命,经渗碳、淬火、回火后,还要进行喷丸处理,以增大表层压应力,并清除氧化皮,有利于提高齿轮的疲劳强度。

2. 汽车驱动桥壳材料的选择

(1) 工作条件　汽车驱动桥壳是汽车传动系统中重要的支承件。其功用是支承并保护主减速器、差速器和半轴等,使左、右驱动轮的轴向位置固定;与驱动桥一起支承车架及其上各总成的质量;汽车行驶时,承受由车轮传来的反作用力和力矩,并经悬架传给车架。

(2) 性能要求　驱动桥壳应具有足够的强度和刚度,尺寸稳定性好,质量小。

(3) 材料选择　桥壳一般用可锻铸铁KTH350-10、球墨铸铁QT400-10或铸钢铸造,或用优质钢板冲压后焊接而成。

3. 汽车半轴的选材

(1) 工作条件　汽车半轴是驱动车轮转动的直接驱动零件,是汽车后桥中重要的受力件。汽车运行时,发动机输出的转矩经过变速器、减速器、差速器传递给半轴,再由半轴传递给车轮,驱动汽车行驶。汽车半轴的结构如图5-13所示。

(2) 性能要求　根据半轴的工作条件,要求半轴材料具有高的抗弯强度、疲劳强度和较好的韧性，即要求其具有良好的综合力学性能。

(3) **材料选择** 因汽车半轴是要求综合力学性能较高的零件，通常选用调质钢制造。中、小型汽车的半轴一般用 45 钢、40Cr 制造，而重型汽车用 40MnB、40CrNi 或 40CrMnMo 等淬透性较高的合金钢制造。

(4) **热处理方法** 半轴加工中常需经调质、渗碳、淬火和低温回火处理、喷丸处理及滚压凸缘根部圆角等强化方法来增大表层压应力，这样有利于提高疲劳强度。

4. 汽车传动轴材料的选择

传动轴总成是万向传动装置中的主要传力部件，传动轴则是传动轴总成中连接变速器与驱动桥之间的一个主要零件。

图 5-13 汽车半轴

(1) **工作条件** 当汽车高速旋转时，由于离心力的作用，传动轴将产生剧烈的振动。当传动轴很长时，易产生共振，所以传动轴一般分为两段，并加设中间支承，其中前段称为中间传动轴，后端称为主传动轴。

(2) **性能要求** 要求传动轴材料具有高的疲劳强度、好的抗弯强度和刚度，并且具有一定韧性，即要求其具有良好的综合力学性能。

(3) **材料选择** 传动轴有实心轴和空心轴之分。为了减轻传动轴的质量，节省材料，提高轴的强度、刚度，传动轴多为空心轴，一般用厚度为 1.5～3.0mm 的薄钢板卷焊而成，超重型货车则直接采用无缝钢管。

5. 汽车板簧的选材

汽车板簧是汽车悬架中的主要弹性元件，其结构如图 5-14 所示。汽车板簧由若干片长度不等的弹簧钢片叠加而成，构成一个近似等强度的弹性梁。

(1) **工作条件** 在汽车行驶过程中，汽车板簧用于缓冲和吸振，使车架（或车身）与车桥（或车轮）之间保持弹性联系。它在工作中承受很大的交变应力和冲击载荷，其质量好坏，对车辆平稳性、安全性有着重要影响。

图 5-14 汽车板簧的结构

(2) **失效形式** 汽车板簧的主要失效形式为刚度不足引起的过度变形或疲劳断裂。

(3) **性能要求** 高的弹性极限和高的屈强比，高的疲劳强度和耐磨性，好的材质和表面质量，还应具有良好的耐蚀性和耐热性。

(4) **材料选择** 汽车板簧一般选用弹性高的合金弹簧钢来制造，如 65Mn、65Si2Mn 钢等。对于中型或重型汽车，板簧可采用 50CrMn、55SiMnVB 钢；对于重型载货汽车用的大截面积板簧，则采用 55SiMnMoV、55SiMnMoVNb 钢制造。

(5) **热处理方法** 汽车板簧一般选用热轧钢板，其热处理方法常用淬火→中温回火→喷丸强化。喷丸强化也是表面强化的手段，其目的是提高板簧的疲劳强度。

6. 车轮材料的选择

汽车车轮总成是汽车行驶系统中的重要部件，它由车轮和轮胎两大部分组成，如图5-15所示。

(1) **工作条件** 车轮是介于轮胎和车桥之间承受负荷的旋转组件，其作用是安装轮胎，承受轮胎与车桥之间的各种载荷的作用。轮胎的主要功用是减振、缓冲，与汽车悬架一起吸收、缓和路面的各种振动与冲击，以保证汽车具有良好的乘坐舒适性和行驶平顺性，以利于节约燃料、延长汽车使用寿命；传递发动机的力和力矩；保证车轮与路面有良好的附着能力，以提高汽车的动力性、制动性和通过性。

（2）**失效形式**　车轮的主要失效形式是辐条弯曲和车轮变形，轮胎的主要失效形式是橡胶老化和胎面磨损。

（3）**性能要求**　车轮要用足够的强度和刚度，质量稳定可靠；轮胎要有足够大的摩擦因数，抗老化、耐磨。

（4）**材料选择**

1) 车轮材料。车轮的外部装轮胎，中心装车轴，通常由轮辋和辐板（或辐条）等组成。轿车车轮的轮辋和辐板一般用钢板冲压而成，或者将轮辋与辐板铸造成一体，也有用铝合金铸造的车轮。

2) 轮胎材料。汽车轮胎按胎体结构不

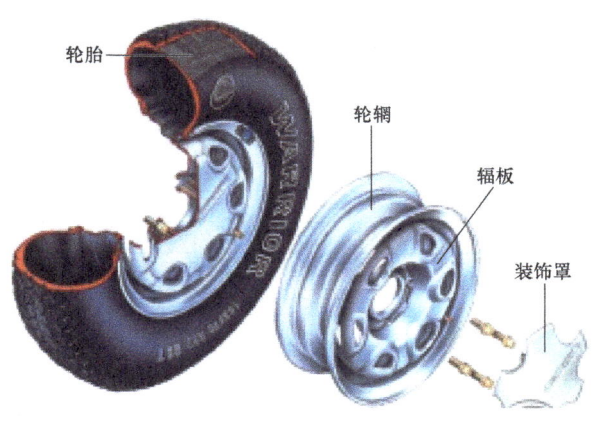

图 5-15　汽车车轮的结构

同分为充气轮胎和实心轮胎，现代汽车广泛采用充气轮胎。充气轮胎可按不同的方法进行分类：按轮胎内空气压力的大小，轮胎分为高压胎、低压胎和超低压胎三种；按轮胎有无内胎，轮胎分为有内胎轮胎和无内胎轮胎（俗称真空胎）两种；按胎体帘布层结构的不同，轮胎分为斜交轮胎和子午线轮胎。

有内胎充气轮胎的组成如图5-16所示，外胎的结构5-17所示。

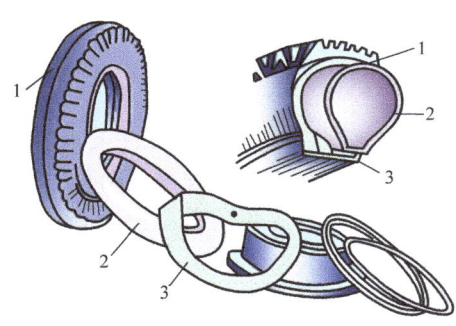

图 5-16　有内胎充气轮胎的组成
1—外胎　2—内胎　3—垫带

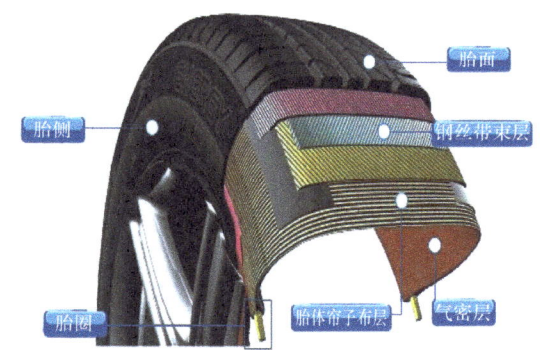

图 5-17　外胎的结构

内胎和外胎的胎面、胎侧是由耐磨性能好的天然橡胶和合成橡胶制成的。帘线布层是外胎的骨架，一般由成双数的多层帘布用橡胶贴合而成。带束层位于胎面与帘线层之间，可由天然橡胶的胶片制成或由胶片和挂胶的缓冲层帘布组成。

三、汽车底盘部件中其他典型零件的选材

汽车底盘部件中其他典型零件的使用性能要求及材料选择见表5-5。

表 5-5　汽车底盘部件中其他典型零件的使用性能要求和材料选择

零件名称	材料种类及牌号	使用性能要求
纵梁、横梁、保险杠钢圈等	钢板：25、Q345	强度、刚度、韧性
前桥（前轴）、万向节臂（羊角）、半轴等	调质钢：45、40Cr、40MnB	强度、韧度、疲劳强度
变速器齿轮、后桥齿轮等	渗碳钢：20CrMnTi、40MnB、20MnTiB、12Cr2Ni4 等	强度、耐磨性、接触疲劳强度、断裂强度

（续）

零件名称	材料种类及牌号	使用性能要求
传动轴	一般采用合金钢 40Cr、42CrMo	强度、刚度、韧性
悬架弹簧	55SiCr、55SiCrV、60SiCrA、60Si2MnA、55CrMn、55SiVB、60CrMnB 等	耐回火性、松弛抗力、疲劳寿命、淬透性
驾驶室、车厢罩	08钢板、20钢板	刚度、尺寸稳定性
分泵活塞、油管	非铁金属：铝合金、纯铜	耐磨性、强度、耐蚀性
差速器壳、变速器壳	灰铸铁：HT200	强度、刚度、尺寸稳定性
前桥壳	调质钢：45、40Cr	强度、抗疲劳性、韧性
后桥壳等	可锻铸铁：KTH350-10 球墨铸铁：QT400-10	刚度、尺寸稳定性、强度
万向节臂	40Cr、40MnB	强度、抗疲劳性、韧性等
轮辋	钢制轮辋、铝合金轮辋、钢铝复合轮辋。	刚度、强度、塑性、疲劳强度

课题四 汽车车身材料的选材

汽车车身承受乘坐人员和货物的重量，汽车运行时还要承受空气的阻力和冲击载荷的作用，受力比较复杂，对材料的力学性能也有一定的要求。其选材是否合理，关系到汽车的自重和行使安全以及乘坐人员的舒适度。

汽车车身常用材料有金属材料和非金属材料两大类。金属板料是基本的车身材料，并以薄板或型材为主；非金属材料如塑料、橡胶、玻璃等，也是制造汽车车身不可缺少的用材。

一、车身的主要功能及构成

1. 车身的主要功能

车身是驾驶人工作的场所，也是乘客乘坐和运载货物的空间。所以车身应为驾驶人提供方便的操作条件，为乘客提供舒适安全的乘坐环境，保护驾驶人和乘客免受汽车行驶时的振动、噪声、废气的侵袭以及外界恶劣气候的影响，并保证运载的货物完好无损，且装卸方便。

2. 轿车车身的基本构成

无论是轿车车身，还是客车车身，或者是货车车身，不同的生产厂家、不同系列的车身，其结构和构成是不同的。按照受力情况不同，车身一般分为非承载式和承载式两种，如图5-18所示。

(1) 非承载式车身　非承载式车身也称为有车架式车身，其结构如图5-18a所示。车身下面

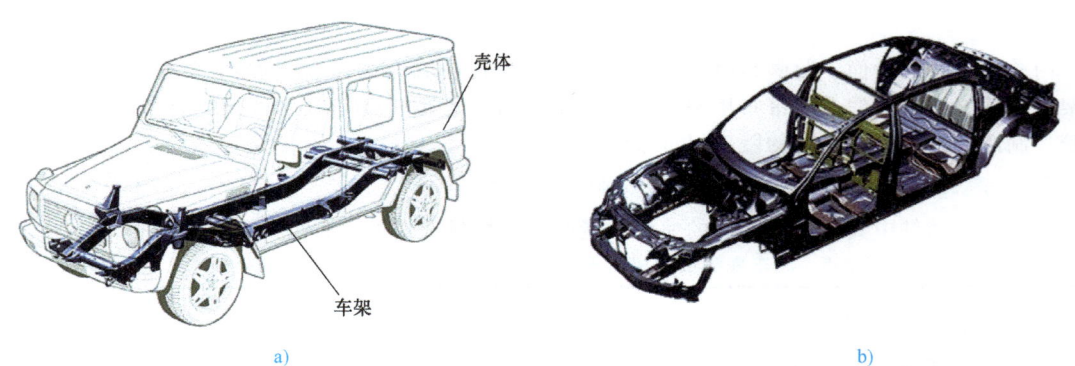

图 5-18　车身主要结构
a）非承载式车身　b）承载式车身

有足够强度和刚度的独立车架,又称底盘大梁架。车身通过橡胶软垫或弹簧与车架构成柔性连接。车架是支承全车的基础,承受着在其上所安装的各个总成的各种载荷,车身只承受所装载的人员和货物的重量及惯性力。

(2) 承载式车身 承载式车身的结构如图5-18b所示,车身没有车架,所以也称整体式车身。因为没有车架,车身就作为发动机和底盘各总成的安装基体,车身兼有车架的作用并承受全部载荷。

虽然汽车的用途、形式是多种多样的,但现代典型的承载式轿车车身一般都由车身壳体、车身外装件、车身内装件和车身电器组成。典型车身的主要结构件和覆盖件如图5-19所示。

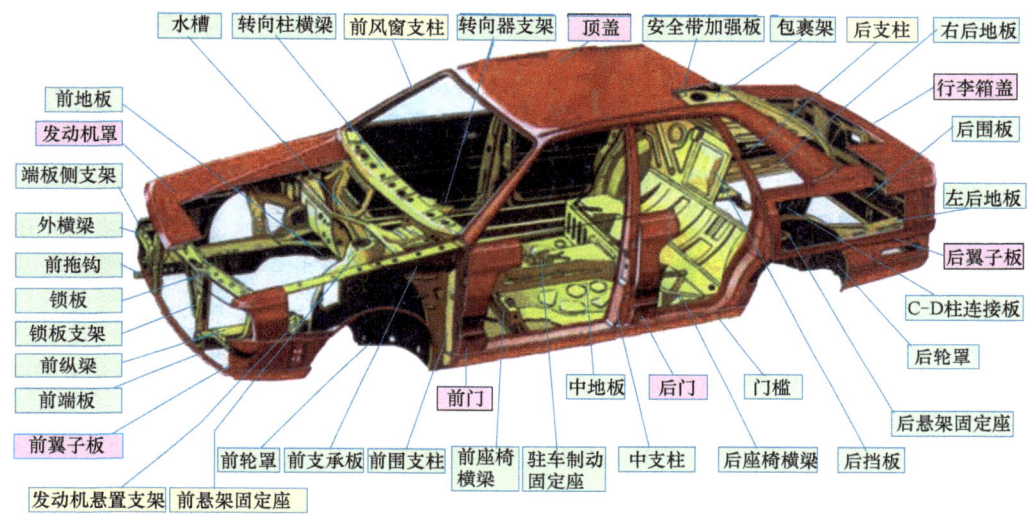

图5-19 承载式车身的主要结构件和覆盖件

1) 车身壳体结构件。车身结构件是其他车身部件的安装基础,由纵梁、横梁、立柱和加强板等组成。

2) 车身外装件。车身外装件是指车身外部起保护或装饰作用的一些部件以及实现某种功能的车外附件,主要包括前后车门、顶盖、发动机罩和前后翼子板等钣金覆盖件;还包括保险杠、密封条、车外后视镜、散热器罩、天窗及其附件等。

3) 车身内装件。车身内装件是指对人体起保护作用或起内部装饰作用的部件,主要包括各种仪表及开关、座椅及安全装置、安全气囊、遮阳板、车内后视镜、车门内饰、底板内饰以及车内其他内饰件等。

4) 车身电器。车身电器是指除了用于发动机和底盘以外的所有电气及其电子装置、主要包括各种仪表及开关、各种照明设备、灯光信号装置、风窗刮水器、洗涤器、除霜装置、防盗装置及全球定位系统等。

二、车身材料的性能要求

轿车车身的外表展示了整车的造型艺术和整车的特征。因此,车身材料既要满足车身设计、生产制造、装配、维护方面的要求;还要满足使用、安全等方面的要求,即满足强度、刚度、耐蚀、焊接性好、易加工成形等方面的要求。

1. 良好的力学性能

汽车在工作中经常处于高速、重载、频繁振动的状态,所以要求汽车车身材料必须具有足够的强度、适宜的硬度、良好的韧性以及良好的抗疲劳性能,以保证汽车在正常运行中不变形、不损坏,以满足正常运输的需要。

2. 良好的工艺性能

在汽车制造与修理中，许多车身结构件和覆盖件的形状复杂，要求车身材料必须有良好的工艺性能。

(1) 良好的压力加工性能 因车身上的大部分零件都是用压力加工的方法获得的，因此，车身材料要有在外力作用下产生永久变形而不被破坏的能力。对于冷作零件来讲，要有良好的冷塑性，如汽车车身冲压件；对于热作零件来讲，要有良好的热塑性，如热锻件、热铆铆钉等。

(2) 良好的焊接性能 许多车身零件是通过点焊、弧焊或气体保护焊等方式熔焊在一起的，所以要求车身材料必须有良好的焊接性能，焊接性能好的材料焊接强度高、开裂倾向小。

(3) 具有一定的加工硬化性能 加工硬化是指金属材料在常温下加工时，随着加工变形程度的增加，材料的硬度提高，使继续加工变得困难的现象。加工硬化是汽车车身零件冲压成形过程中经常发生的现象，在汽车维修过程中，因不断施加外力，使钢板产生塑性变形，也会造成加工硬化。在加工硬化局部用火焰加热进行退火处理，温度达到700℃左右后缓慢冷却，便可恢复材料的加工性能。

3. 良好的化学稳定性

汽车覆盖件大都是在露天环境中工作的，与水、水蒸气、空气中的腐蚀介质等接触，还受到发动机高温的影响和日晒雨淋。这就要求车身材料必须具有良好的化学稳定性，既要求在常温下耐蚀、防锈能力强，又要求在高温或太阳暴晒下不被腐蚀、不变形。

4. 良好的板材尺寸精度和内在质量

板材的尺寸精度和内在质量对钣金加工影响极大，特别是对模压件影响更大，具体要求是：

1）板材尺寸精度高、厚度均匀、无变形。
2）表面平整、光滑，无气泡、缩孔、划痕、裂纹等缺陷。
3）无严重锈蚀及氧化皮等附着物。
4）组织均匀，晶体组织及硬度无明显差异。

三、车身材料的选材

对于汽车车身的选材，应在满足工作条件的情况下，考虑其经济性。能用钢铁材料的，不用非铁金属；能用非铁金属的，不用贵重金属。汽车车身零件的寿命应该与汽车其他构件的寿命相适应，主要零件的选材方法如下。

1. 车架材料的选择

(1) 工作条件 车架也称大梁，一般有两根纵梁和连接两根纵梁的若干根横梁组成，如图5-20所示。车架的作用是支承、连接汽车的各零部件，并承受来自车内外的各种载荷。车架是非承载式汽车的装配基体，汽车的发动机、传动系统、悬架、转向系统、驾驶室、货箱等绝大多数部件和总成都是通过车架来固定其位置的。

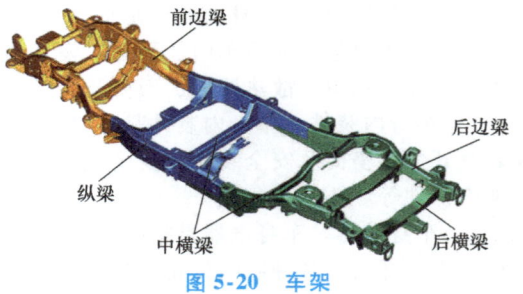

图5-20 车架

(2) 失效形式 车架的主有失效形式是腐蚀失效、扭转变形和弯曲变形。

(3) 性能要求 车架应具有足够的强度，以保证车架在各种复杂受力的情况下不致被破坏；具有合适的刚度，以承受汽车的载荷和从车轮传来的冲击，从而有效地减小和防止扭转变形和弯曲变形。

(4) 材料选择 车架一般选用低合金高强度热轧钢板冲压而成；也可以选用酸洗耐腐蚀钢板、防锈钢板制造，以提高其耐蚀性。

2. 车身结构件材料的选材

(1) 工作条件 车身结构件是指承载式车身中的"梁"和"支柱"。车身结构件隐藏在车身覆盖件之下，对车身起到支承和抗冲击的作用，分布在车身各处的钢梁都是车身结构件。车身结构件作为发动机和底盘各总成的安装基体，其作用是支承、连接汽车的各零部件，并承受来自车内外的各种载荷。

（2）失效形式　车身结构件的主有失效形式是扭转变形和弯曲变形。

（3）性能要求　车身结构件应具有足够的强度，以保证汽车在各种复杂受力的情况下不致被破坏；具有合适的刚度，可以有效地减小和防止扭转变形和弯曲变形。

（4）材料选择　车身结构件根据不同的受力部位，选用不同强度的低合金高强度钢板或铝合金板冲压后焊接成一整体。图5-21所示为某汽车车身结构件材料的选材，图中的不同颜色代表不同强度的钢板。

3. 车身底板材料的选择

（1）工作条件　车身底板是车身的基础，通常是一大块钢板冲压成形以后，再利用焊接组合成整体，是乘坐舱底部的主要构成部分。它承受车内人员和货物的重量以及轿车行驶过程中的冲击载荷。

（2）失效形式　底板的主要失效形式是腐蚀、磨损、弯曲变形。

（3）性能要求　底板应具有足够的强度和刚性，高的耐磨性，良好的隔声效果。

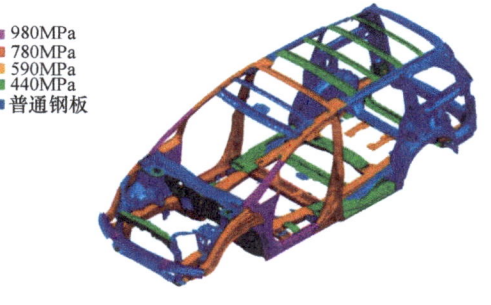

图5-21　某汽车车身结构件材料的选材

（4）材料选择　底板一般选用低合金钢板或镀锌板冲压成形以后，再利用焊接组合成整体；或者是一大块钢板冲压成形；还可以选用具有防滑、耐磨作用的花纹钢板制成。

4. 保险杠材料的选择

（1）工作条件　汽车保险杠是吸收、缓和外界冲击力，保护车身前后部的安全装置。当汽车前后端与其他物件相撞时，保险杠不仅能有效地保护汽车内部的零部件，还能减轻被撞人和物体的被伤害程度。另外，保险杠作为汽车外部装饰件，起到美化汽车外形的作用。

（2）失效形式　保险杠的主要失效形式是腐蚀、擦伤、变形、弯曲、断裂及其材料的老化。

（3）性能要求　保险杠的材料应具有强度高、塑性和韧性好的特点，以保证汽车在受到撞击时，保险杠可以产生一定的塑性变形，吸收冲击能量，起到缓冲作用，从而保护驾乘人员的安全。

（4）材料选择　目前保险杠的材料主要有金属材料和塑料。

1）金属保险杠。金属保险杠也称为刚性保险杠，它是用2mm厚的钢板冲压而成的，表面进行镀铬处理。

2）塑料保险杠。目前，我国轿车、微型车、轻型车的前后保险杠都采用增韧（改性）聚丙烯（PP）塑料材料作为原料注射而成。作为钢铁件的替代产品，塑料保险杠以其造型美观、重量轻、易成型、耐腐蚀、成本低、综合力学性能良好而得到了广泛的应用。

5. 车身覆盖件材料的选择

（1）工作条件　车身覆盖件就是覆盖在车身表面的部件，从车外看到的部分都属于覆盖件，如发动机罩、车门、车顶、翼子板、前后风窗玻璃、门窗玻璃、天窗玻璃等。它们通常起到遮风挡雨和美观装饰的作用，在汽车行驶时受到空气的摩擦。

（2）失效形式　车身覆盖件的主有失效形式是变形、腐蚀、玻璃的破碎。

（3）性能要求　车身覆盖件应具有良好的塑性及韧性，便于压力加工成型，并应具有良好的耐蚀性能。玻璃应具有良好的透光性和耐撞击性。

（4）材料选择　车身覆盖件一般选用不同强度的低合金酸洗钢板或铝合金钢板冲压而成；玻璃一般选择钢化玻璃。

四、汽车车身部件中其他典型零件的选材

汽车车身部件中主要使用的金属材料为各种钢板,其典型钢板的主要性能及适合制造的零件见表 5-6,某车身主要材料的选用如图 5-22 所示。

表 5-6 汽车车身部件中主要零件的选材

零件名称	主要钢板	主要性能及特点
挡泥板、地板、行李箱铰链、保险杠等	热轧钢板	由低碳钢钢锭经高温(800℃以上)轧制而成的钢板,板厚一般在 1.6~6.0mm 之间,碳的质量分数一般在 0.15% 以下,硬度低、抗拉强度不高
车身外板、零件的外壳、车顶板、行李箱盖、发动机罩、车门内外板、保险杠、挡泥板等	冷轧钢板	热轧钢板再经常温轧制及表面调质处理后的钢板。钢材经冷轧以后,具有冷加工硬化的特性,从而使钢板具有较好的力学性能,且表面平整美观
轿车的副车架、车轮轮辐、前后桥总成、卡车箱板、防护网、汽车大梁以及零配件等	热轧酸洗钢板	以优质热轧薄板为原料,经酸洗去除氧化层、切边、精整后,表面质量和使用要求介于热轧钢板和冷轧板之间的中间产品,是部分热轧钢板和冷轧钢板理想的替代产品,有着良好的市场发展前景
护板、支柱加强件等	高强度钢板	强度高于低碳钢的各种类型的钢材,一般强度在 $340N/mm^2$ 以上
车身上易发生腐蚀的部位,如车门下坎、车轮护罩、车身下护围	镀层钢板,如镀锌钢板、镀锡钢板、镀铝钢板和镀铅钢板	镀层钢板也称表面处理钢板,它是在冷轧或热轧钢板的基础上经过表面处理的方法,在钢板表面镀上一层其他金属的镀层,以提高表面的耐蚀性
气缸罩盖、驾驶室前围板等	夹层滞振钢板	在两层钢板之间夹着一层厚度约为 0.05mm 的高分子阻尼材料,把金属材料和高分子材料的特性有机地结合起来。因此,夹层滞振钢板既具有金属材料的强度、塑性、焊接性和冷加工成形性,又具有高分子材料的阻尼特性
脚踏板、扶梯等	花纹钢板	花纹钢板表面具有高低不平的菱形或扁豆形花纹。
车门、发动机罩、行李箱盖和顶盖等,也可应用于装饰件,如装饰条、侧保险杠等	铝合金板	铝合金板是在纯铝中加入硅、锰、铜、镁等合金元素轧制而成的

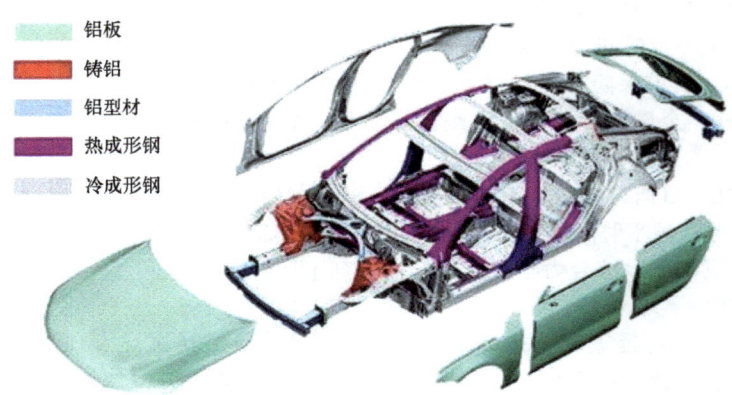

图 5-22 某车身主要材料的选用

第二篇　汽车运行材料

汽车运行材料是指汽车运行过程中，使用周期较短、需要不断补充和更新的消耗性材料。这些材料大都属于石油产品，对汽车的使用性能具有较大的影响，直接关系到汽车动力性、可靠性、安全性、舒适性、耐久性，汽车运行的经济性及环保性能。汽车运行材料主要包括汽车使用的燃料、润滑油料、工作液和冷却液等。

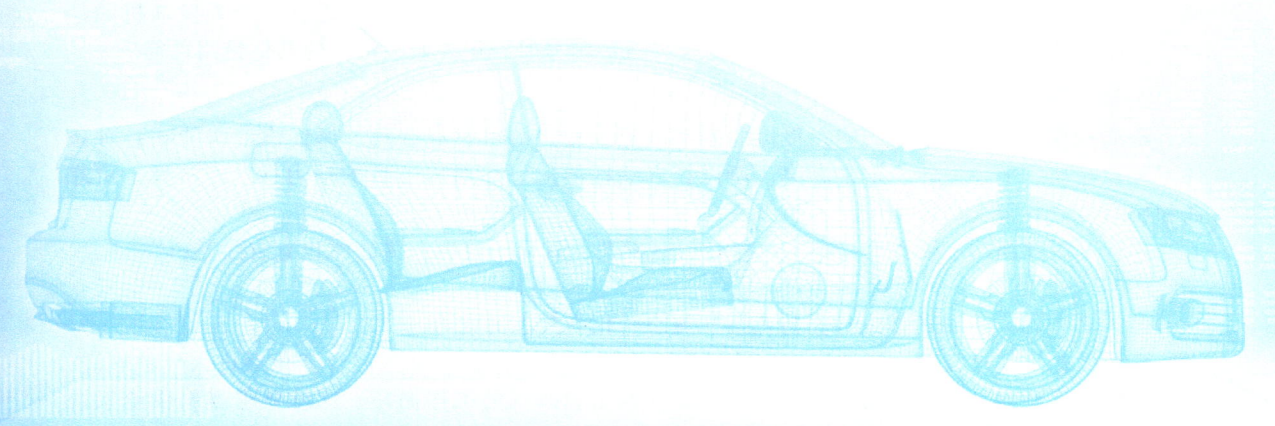

学习单元六

汽车用燃料

6

燃料是指能够将自身储存的化学能通过化学反应（燃烧）转变为热能的物质。燃料的种类繁多，车用燃料主要包括车用汽油、车用柴油、车用环保燃料（如甲醇、乙醇、天然气、氢气、石油气等）。本单元主要介绍车用燃料的类型、使用性能、评价指标以及汽车燃料的选用方法。

学习目标

1. 了解汽油、柴油的使用性能及评价指标。
2. 掌握汽油、柴油的牌号及选用方法。
3. 熟悉各种汽车环保燃料的类型及性能特点。

课题一　车用汽油

汽油机的主要燃料是汽油，汽油是由石油提炼而得到的密度小、易于挥发的液体燃料，其自燃点为 415~530℃。汽油在气缸外的化油器中与空气形成可燃性混合气（化油器式汽油机）或由喷嘴将汽油喷入进气道与空气形成可燃性混合气（电喷式汽油机），进入气缸后，由电火花点燃，故又称为点燃式发动机。本课题主要介绍汽油的使用性能、评价指标以及汽油牌号的选用方法。

图 6-1 所示为某加油站，其中有各种牌号的汽油和柴油，作为汽车用户，应根据自己的车型合理选用汽车燃料。汽油牌号中的数字就是汽油的辛烷值，选择汽油的牌号，就是选择汽油的辛烷值。汽油牌号选择过高，会增加费用；汽油牌号选择过低会使发动机产生爆燃，影响发动机的动力性和经济性，严重时还会使发动机损坏。选择汽油牌号时，还要兼顾汽油的其他使用性能。

一、汽油的使用性能及评价指标

汽油机在工作时，汽油应能在很短的时间内形成良好的可燃混合气，保证汽油机能在各种条件下可靠起动、平稳运转、正常燃烧。所以，汽油性能的好坏对内燃机的动力性、经济性、可靠性和使用寿命有很大的影响。

评价车用汽油的主要性能指标有抗爆性、蒸发性、氧化安定性、腐蚀性和清洁性等。

1. 蒸发性及其评价指标

（1）蒸发性　汽油的蒸发性是指汽油从液态转化为气态的能力。

汽油机在工作过程中，汽油不能直接燃烧，需要与一定比例的空气混合雾化后进入气缸燃烧，使汽油机产生动力，连续完成进气、压缩、膨胀做功和排气的工作循环。这就要求燃料供给系统

图6-1 某加油站

必须在一个工作循环（0.02~0.04 s）内形成均匀的可燃混合气。因此，汽油的蒸发性影响着燃料的雾化质量。

（2）蒸发性对发动机工作的影响　蒸发性好，发动机在低温、冷车情况下起动性能好，燃烧迅速、加速能力强、功率大；蒸发性差，则雾化不良，将有部分汽油以液态进入气缸，使可燃混合气品质变坏，不易点火，发动机起动困难、功率下降、油耗增加，有害气体排放增大，气缸磨损加剧。蒸发性过强，会使燃油系统产生"气阻"，即在油管中形成气泡，使供油中断，并且造成汽油在保管和使用中的蒸发损失增大。

（3）汽油蒸发性的评价指标　通常用馏程和饱和蒸气压来衡量汽油的蒸发性。

1）馏程。馏程是指定量油品在规定条件下蒸馏时，从初馏点到终馏点的温度范围。汽油馏程以初馏点、10%馏出温度、50%馏出温度、90%馏出温度、终馏点和残留量来表示。

初馏点是指对100mL汽油在规定条件下蒸馏时，从冷凝管流出第一滴油时的温度。

10%馏出温度指对100mL汽油在规定条件下蒸馏时，得到10mL汽油馏分的温度。它表示汽油中含轻质馏分的多少。10%馏出温度越低，说明汽油中轻质馏分越多，挥发性越好，发动机易在低温下起动，起动时间短、耗油少。国家有关标准规定各牌号汽油的10%馏出温度不高于70℃。但10%馏出温度过低，在夏季易产生"气阻"，使汽油机功率下降，甚至会导致供油中断。一般认为10%馏出温度应为60~65℃。

50%馏出温度是指对100mL汽油在规定条件下蒸馏时，得到50mL汽油馏分的温度。它表示了汽油的平均蒸发性。该温度低，则汽油容易蒸发成气体，发动机冷起动性、加速性和运行稳定性好；反之，发动机冷起动性、加速性会变差，加速时供油量突然剧增，使汽油来不及蒸发，燃烧不完全。所以，国家标准规定50%馏出温度不高于120℃。

90%馏出温度是指对100mL汽油在规定条件下蒸馏时，得到90mL汽油馏分的温度。它表示汽油中含重质成分的多少。该温度越高，汽油的挥发性就越差，在燃烧过程中易产生燃烧不完全、冒黑烟的现象，耗油量多，对气缸的磨损加剧。因此，国家标准规定各牌号汽油的90%馏出温度不能高于190℃。

终馏点是指对100mL汽油在规定条件下蒸馏时，蒸馏结束时的温度，也叫干点。它的影响与90%馏出温度一样，国家标准规定各牌号汽油的终馏点不能高于205℃。

残留量是指对100mL汽油在规定条件下蒸馏结束后，残留物质的体积分数，是指汽油中最不易蒸发的重质成分和储存过程中生成的氧化胶状物的含量。残留量过多，会影响汽油机的正常工作。因此，对残留量要严格限制。国家标准规定，车用汽油的残留量应不大于1.5%~2%。

2) 饱和蒸气压。饱和蒸气压是指汽油的液、气两相达到平衡时的汽油蒸气压强。汽油饱和蒸气压高，说明含轻质成分多，挥发性、起动性好，但产生"气阻"的倾向大，在储存中的蒸发损耗大。所以，国家汽油质量指标规定，饱和蒸气压不大于67kPa。

2. 抗爆性及其评价指标

(1) 抗爆性　汽油在发动机气缸内燃烧时，抵抗爆燃燃烧的能力称为抗爆性。

汽油发动机工作时，可燃混合气在发动机气缸内被电火花点燃后，火焰中心从火花塞附近形成焰峰以20~50m/s的速度传播，逐渐向火焰前方的未然混合气平稳推进，压力、温度上升得都很均匀。这样的燃烧过程称为正常燃烧。正常燃烧不仅使发动机的动力性得到充分发挥，而且运转平稳柔和。

汽油发动机在某些因素的影响下，会产生不正常的燃烧。即当可燃混合气在缸内被点燃后，一部分未燃混合气因受到正常火焰焰面的压缩和热辐射作用，温度、压力急剧升高，化学反应加剧，在正常火焰焰面尚未到达之前，这部分未燃混合气就已自行燃烧，形成多个新的火焰中心，火焰传播速度剧增至1500~2500m/s，从而使缸内压力骤然上升，产生强烈的冲击波，撞击气缸壁和活塞，同时发出清脆的金属敲击声，引起发动机振动，这种现象称为爆燃燃烧。

发生爆燃燃烧的因素很多，主要有燃料的质量、发动机的压缩比以及燃烧室的结构形式等。抗爆性好的汽油不易发生爆燃燃烧，可用于压缩比较高的发动机，以提高其动力性和经济性。

(2) 抗爆性的评价指标　评价汽油抗爆性的指标有"辛烷值"和"抗爆指数"。

1) 辛烷值。汽油辛烷值是指在规定对比测试条件下，采用和被测汽油具有相同抗爆性能的由异辛烷与正庚烷所组成的标准燃料中，异辛烷所占的体积百分数。

2) 抗爆指数。为反映汽油的灵敏度，有些汽油规格标准采用了抗爆指数这一指标，它可以较为真实地反映汽油在汽车实际使用中的抗爆性，因此又称为实际辛烷值，它是同种汽油研究法辛烷值与马达法辛烷值的平均数。

(3) 提高辛烷值的途径　汽油的抗爆性对发动机工作影响很大，目前提高辛烷值的途径主要有以下三种：

1) 采用先进的汽油炼制工艺，如催化裂化、加氢裂化和催化重整等，生产高辛烷值的汽油。

2) 在汽油中加入抗爆添加剂。

3) 在汽油中调入高辛烷值改善组分，常用的有甲基叔丁醚（简称MTBE）含氧化合物，把它调入汽油中，不仅提高了汽油的辛烷值，而且提高了汽油的抗爆性，可改善发动机的低温起动性和加速性，降低有害物质的排放等。

3. 氧化安定性及其评价指标

(1) 氧化安定性　汽油的氧化安定性是指汽油在储存使用过程中抵抗氧化生胶的能力。

由于受到空气中的氧气，以及光线、温度的影响，安定性差的汽油容易发生氧化反应，生成酸性物质和胶状物质，使颜色变深、酸值增加、辛烷值降低。使用这种汽油易造成燃油供给系阻塞，气阀关闭不严，积炭增加，气缸散热不良和引起爆燃燃烧等。因此，汽油必须具有良好的氧化安定性。

(2) 氧化安定性的评价指标　评价汽油氧化安定性的指标有实际胶质和诱导期。

1) 实际胶质。实际胶质是在规定条件下测得的发动机燃料蒸发后的残留物，用100mL试样中所含毫克数表示。它主要用于判断汽油生成胶质的倾向。国家标准规定车用汽油的实际胶质不大于5mg/100 mL。

2) 诱导期。诱导期是指在规定的加速氧化条件下，油品处于稳定状态所经历的时间周期，其单位为min。它用于判断汽油氧化变质的倾向，诱导期越长，汽油越不易被氧化。国家标准要求车用汽油的诱导期不小于480min。

为了提高汽油的氧化安定性，除在石油炼制时采用催化重整和加氢精制等精炼工艺外，通常在汽油中加入抗氧防胶剂和金属钝化剂。

4. 腐蚀性及其评价指标

（1）**腐蚀性**　汽油的腐蚀性是指汽油阻止其接触的金属被腐蚀的能力。

汽油在储存、使用过程中，不可避免地要与各种金属接触，这就要求汽油不应对机件有腐蚀性。汽油中的各种烃类物质本身并不腐蚀金属，引起金属腐蚀的物质是汽油中的硫及硫化物、有机酸和水溶性酸或碱等物质。

（2）**腐蚀性的评价指标**　评价汽油腐蚀性的指标有以下几个方面：

1）含硫量。含硫量表示油品中硫及其衍生物的含量，用质量分数的百分数表示。汽油中的硫经燃烧后可生成硫的氧化物，遇水即形成亚硫酸和硫酸，对金属有强烈的腐蚀作用，而且一旦流入曲轴箱还会使润滑油过早老化变质。为此，国家标准规定车用汽油中硫的质量分数不大于0.15%，并可用铜片腐蚀试验来测定。

2）硫醇硫含量。汽油中的硫醇和硫化氢属活性硫化物，对金属有强烈的腐蚀作用，其中硫醇还会促进胶质生成，影响汽油的氧化安定性，因此应严格控制其含量。国家标准规定车用汽油的硫醇硫含量不大于0.001%。

3）酸度。酸度是指中和100mL油品中的酸性物质所需要的氢氧化钾的毫克数，用mgKOH/100mL表示。它用于确定油品中有机酸的总含量，国家标准规定车用汽油的酸度不大于3mgKOH/100mL。

4）水溶性酸或碱。用于判断油品中是否存在无机酸、低分子有机酸或水溶性氢氧化物。这些物质是在石油冶炼过程中残留下来的，有很强的腐蚀性，因此国家标准规定车用汽油中不允许其存在，通常采用酸碱指示剂或酸度剂测定。

5. 清洁性及其评价指标

（1）**清洁性**　汽油的清洁性是指汽油是否含有机械杂质或水分。

炼油厂炼制的成品汽油是不含机械杂质和水分的，但在运输、灌注、储存和使用过程中，机械杂质（锈、灰尘、各种氧化物等）和水分会混入汽油中。机械杂质会加速化油器量孔和喷油器的磨损，或堵塞量孔、喷油器和汽油滤清器。机械杂质进入燃烧室，又会使燃烧室积炭增多，引起气缸、活塞和活塞环的加速磨损。水分在低温下易结冰，会堵塞油路，同时还能促进汽油的氧化，加速腐蚀作用。所以，车用汽油中应严格控制机械杂质和水分的混入。

（2）**清洁性的评价指标**　评价汽油清洁性的指标是机械杂质和水分，按 GB/T 511—2010《石油和石油产品及添加剂机械杂质测定法》和 GB/T 260—1977《石油产品水分测定法》进行。简易的判断方法是将汽油注入清洁干燥的 100mL 量筒中沉淀 12~18h，若油色透明且没有悬浮物、沉淀物和水分，则认为合格。

二、汽油的分类及牌号

我国车用汽油的标准执行的是国家质量监督检验检疫总局和中国国家标准化管理委员会于2013年12月18日颁布的 GB 17930—2013《车用汽油》标准。车用汽油（Ⅲ）和车用汽油（Ⅳ）按研究法辛烷值分为90号、93号和97号3个牌号，车用汽油（Ⅴ）按研究法辛烷值分为89号、92号、95号和98号4个牌号。牌号越高，其抗爆性越好，适合高压缩比的发动机使用。自2018年1月1日起，将全面实行国五（Ⅴ）标准。

三、车用汽油的正确选用及注意事项

1. 车用汽油的正确选用

汽油的选用首先应根据汽车使用说明书选择适当的牌号，目前汽车说明书中大多仅限定牌号的下限，在具体选用时以汽车能正常行驶为依据，不要盲目地选择高牌号的汽油。在无说明书时，选用汽油的主要依据是发动机的压缩比。具体选择汽油牌号时应注意以下几点。

（1）**根据汽车使用说明书选择**　根据汽车使用说明书选择时，应注意说明书上要求的辛烷值是研究法辛烷值还是马达法辛烷值。

(2) 根据发动机压缩比选择　根据发动机压缩比进行抗爆性的选择，压缩比越大，汽油的牌号越高。选用的基本选用原则：压缩比在8.0以下的发动机应选用89号车用汽油；压缩比在8.0~9.5之间的发动机应选用92号车用汽油；压缩比在9.5~10.5之间的发动机应选用95号车用汽油。

(3) 推广使用加入有效的汽油清净剂的汽油　汽油清洁剂是一种具有清净、分散、抗氧化和防锈性能的复合汽油添加剂，将其加入车用汽油中，可使汽油变为清洁汽油。同时，汽油清洁剂本身是一种多功能复合燃料添加剂，其燃烧时不会产生任何灰分，对汽车零部件无任何腐蚀、溶胀等不良影响，尤其适用于电控燃油喷射发动机车辆。

(4) 根据季节选择汽油的蒸发性　冬季应选择蒸气压较大的汽油，夏季应选择蒸气压较小的汽油。

(5) 根据使用地区选择　高原地区大气压力小，空气稀薄，汽油机工作时爆燃倾向减小，可以适当降低汽油的辛烷值。一般海拔每上升100m，汽油辛烷值可降低约0.1个单位。

(6) 根据负荷条件选择　经常在大负荷、低转速下工作的汽油机，应选择辛烷值较高的汽油。

(7) 根据发动机使用时间调整汽油牌号　发动机使用时间较长后，由于燃烧室积炭、水套积垢等会使发动机压力增加，此时，再使用原牌号汽油时发动机会有爆燃。因此，这类汽车在维护后应该选用高一级的汽油。

(8) 溶剂汽油和航空汽油不能作为车用汽油使用　汽油根据其用途、品质的不同，分为车用汽油、航空汽油、工业汽油和溶剂汽油等。后面三类汽油的性能与车用汽油是完全不同的，不能作为汽车发动机燃油使用。车用汽油是按照辛烷值来标号的，而溶剂汽油是按98%馏出温度来标号的，其辛烷值只有40~50，只能起溶解、稀释、洗涤和萃取某些物质的作用，所以溶剂汽油掺入车用汽油不可能得到更高标号的车用汽油。

2. 车用汽油使用注意事项

1) 严格按车辆使用说明书规定加注相应牌号的汽油。

2) 使用化油器的车辆，当由低牌号汽油改用高牌号汽油时，应把点火时间适当提前；反之，由高牌号汽油改用低牌号汽油时，应把点火时间适当推迟，以免发动机产生爆燃。

3) 在炎热的夏季或高原地区，为了防止发动机产生"气阻"，应加强发动机的散热，采取隔热降温措施。

4) 油箱要经常加满，尽量减少汽油与氧气的接触，以防止胶质生成，并减少蒸发损失。

5) 不要使用长期存放变质的汽油，因为其结胶严重，会影响发动机的正常工作。

6) 汽油易燃、易爆，易产生静电，使用时要注意安全。

课题二　车用柴油

柴油是柴油机的燃料。柴油发动机是柴油与被压缩的高温空气相遇后自行着火燃烧的，故又称为压燃式发动机。由于柴油发动机具有热效率高、耗油率低、燃料资源较汽油丰富、使用燃料火灾危险性小等特点，因此广泛用于汽车、舰艇、坦克和工程机械，特别是一些大型载重汽车（图6-2），大都使用柴油机作为动力源。

根据柴油机燃料系统的构造特点和柴油机的工作条件，为保证柴油机的正常工作，柴油应满足以下性能要求：良好的燃烧性、蒸发性、低温流动性，适宜的黏度，无腐蚀性，不含机械杂质和水分等。

一、柴油的主要使用性能及评价指标

1. 燃烧性及其评价指标

(1) 燃烧性　柴油的燃烧性是指其自燃能力，也称抗工作粗暴性。高速柴油机在压缩行程终了时，气缸内温度达500~700℃，压力达$3 \times 10^5 \sim 5 \times 10^5$Pa。这时，柴油被高压喷成细雾状进入

图6-2 柴油汽车

燃烧室内,由于燃烧室的温度已超过柴油的自燃点,故柴油喷入即可自行着火燃烧。从柴油喷入燃烧室到柴油自行着火燃烧的这段时间,称为"着火延迟期"。若柴油的着火延迟期短,先期喷入气缸的柴油能迅速完成燃烧前的准备,着火燃烧,并逐步引燃随后进入气缸的燃料,气缸压力上升平稳,柴油机工作柔和,则为正常燃烧。若柴油着火延迟期过长,则在此期间内会使喷入气缸的柴油积存量过多,以致燃烧开始后有过量的柴油一起参加燃烧,使得柴油机的温度和压力急剧增加,气缸头和活塞发生振动和过热,造成柴油机运转不平稳,并产生强烈的振动现象,这种现象即为不正常燃烧,又称柴油机工作粗暴。柴油机工作粗暴与汽油机爆燃燃烧的后果一样,会使功率下降、油耗增大,严重时会使机件损坏。

车用柴油主要是轻柴油(简称柴油),与汽油相比,轻柴油的黏度大,自燃点低(240~400℃),蒸发性不如车用汽油好。

(2) 评价指标　柴油燃烧性的评价指标是十六烷值。

十六烷值是代表柴油在发动机中燃烧性的一个约定数值,在规定条件下的标准发动机试验中,通过与标准燃料进行比较来测定,采用和被测定燃料具有相同着火延迟期的标准燃料中正十六烷的体积百分数表示。

标准燃料由两种碳氢化合物组成:一种是自燃点低、发火性能好的正十六烷,将其十六烷值定为100;另一种是自燃点高,发火性能差的α-甲基萘,将它的十六烷值规定为0。两种化合物按不同的体积混合,就可得到需要的标准燃料十六烷值。

十六烷值高的柴油的燃烧性能好,着火延迟期短,速燃期内压力升高率不致过大,柴油机不易产生工作粗暴;十六烷值低的柴油,其燃烧性能差,着火延迟期长,易产生工作粗暴。

十六烷值除了影响柴油机工作粗暴程度以外,对柴油机的起动性能也有一定的影响。十六烷值高的柴油,即使在较低的气温下也易起动。但十六烷值不宜过高,柴油十六烷值过高、其分子量过大,会使柴油的低温流动性、喷雾和蒸发性受到影响,致使燃烧不完全,降低发动机功率,增加油耗。一般选用十六烷值为40~50的柴油基本可满足工作要求,《城市车用柴油技术要求》(Q/SHR 006—2000)规定轻柴油十六烷值不小于48。

2. 雾化和蒸发性及其评价指标

(1) 雾化和蒸发性　柴油机为了保证动力性和经济性,可燃混合气燃烧过程必须在活塞位于压缩行程上止点附近迅速完成。要求喷油持续时间极为短促,只有15°~30°的曲轴转角,可燃混合气形成时间只有汽油机的1/30~1/20。在已确定的燃烧室的喷油设备条件下,柴油的雾化和蒸发性决定了柴油在燃烧室内形成混合气的质量和速度。因此,要求柴油有良好的雾化和蒸发性能。

(2) 雾化和蒸发性的主要指标　评价柴油的雾化和蒸发性的主要指标是运动黏度、馏程、闪点和密度。

1) 运动黏度。液体受外力作用时,液体分子间所呈现的内部摩擦力称为黏度。运动黏度是表示液体在重力作用下流动时内摩擦力的量度。运动黏度不仅影响柴油的流动性,更主要的是会影响柴油的雾化质量。现代高速发动机内,柴油通过喷油器高压喷射,使喷入燃烧室的柴油被分散成细小的油滴并在气缸内散布开来,形成一团由无数细粒组成、外形与火炬相似的油雾,油雾雾粒平均直径小,说明柴油雾化得好。

实践证明,柴油的黏度不可太大,也不可太小。柴油的黏度过大,则混合气形成不良,燃烧不完全,油耗增加;柴油黏度过小,则实际供油量减少,柴油机功率下降,同时黏度过小又会影响耦合件的可靠润滑,引起磨损加剧。所以在柴油的规格中,对每一种牌号的柴油,其运动黏度都规定了一个范围值。

2)馏程。测定柴油的馏程和测定汽油馏程的方法大致相同,所不同的只是柴油馏程的测定单元有50%、90%和95%馏出温度。

50%馏出温度越低,柴油中轻质馏分含量越多,喷入气缸的柴油蒸发得越快,易引起全部柴油迅速燃烧,造成压力剧增,使柴油机工作粗暴。

90%和95%馏出温度越低,说明柴油中重质馏分含量越少,使混合气燃烧完全,不仅可以提高柴油机的动力性,减少机械磨损,还可避免发动机过热,降低油耗。

3)闪点。在规定条件下,加热油品所逸出的蒸气和空气组成的混合物与火接触,发生瞬间闪火的最低温度,叫闪点,单位是℃。闪点根据测定方法和仪器不同,可分为开口闪点和闭口闪点两种。闭口闪点用于测定低闪点的油品,如柴油;开口闪点用于测定高闪点的油品,如内燃机油、车辆齿轮油。

柴油的闪点既是控制柴油蒸发性的指标,也是保证柴油安全性的指标。闪点低,说明柴油中轻质馏分多,蒸发性能好,但闪点不能过低,以防轻质馏分过多、蒸发过快,造成气缸内压力突然上升,引起柴油机工作粗暴,而且在使用中也不安全。

在柴油的馏程指标中,只规定了50%馏出温度不高于300℃,以保证柴油有较强的蒸发性,但没有规定不低于多少。为了控制柴油的蒸发性不至于过强,《城市车用柴油技术要求》(Q/SHR 006—2000)规定了各牌号柴油的闪点应不低于某一数值。这样用闭口闪点和馏程两个指标互相配合,就可控制柴油的馏分不致过重或过轻。

4)密度。柴油的密度大,其黏度也大,**雾化质量差**,不能形成质量良好的混合气,使燃烧条件变坏,它将导致柴油机的工作粗暴现象,排气将冒黑烟。

3. 低温流动性及其评价指标

(1) 低温流动性　柴油的低温流动性是指柴油在低温条件下具有一定的流动状态的性能。柴油的低温流动性能直接影响到柴油能否可靠地供给气缸,发动机能否正常工作。

(2) 低温流动性的评价指标　评价柴油低温流动性能的指标有凝点、浊点、冷滤点。

1)凝点。凝点是将柴油装在规定的试管内,冷却到预期的温度,将试管倾斜45°,若经过1min液面不移动,则此时的温度便是柴油的凝点。我国的轻柴油按凝点划分牌号。

2)浊点。浊点是柴油中开始析出石蜡晶体、柴油失去透明时的最高温度。柴油达到浊点后虽然未失去流动性,但在燃料供给系统中易造成油路堵塞,使供油减少以致逐步中断供油。

3)冷滤点。冷滤点是指在规定的冷却条件下,柴油在1.96 kPa压力下进行抽吸试油,1min内通过缝隙宽度为45μm金属滤网的柴油体积少于20mL的最高温度。由于冷滤点测定的条件近似于使用条件,所以冷滤点与柴油的实际使用最低温度有良好的对应关系,可作为根据气温选择柴油牌号的依据。

对于低温流动性的评价,各国所用的指标不同,我国用冷滤点和凝点,而美国、欧洲使用冷滤点。

4. 安定性及其评价指标

(1) 安定性　安定性是指柴油的储存安定性和热安定性。

1)储存安定性。储存安定性是指柴油在储存、运输过程中保持其外观颜色、组成和性能不变的能力。安定性差的柴油最明显的表现是颜色变深和生成胶质。使用颜色变深的柴油，易导致滤清器堵塞，喷油器喷孔被粘接堵死，活塞组零件表面上形成积炭和漆状沉积物，从而影响柴油机的正常工作。

2）热安定性。热安定性是指在高温及溶解氧的作用下，柴油发生变质的倾向。夏季油箱中的温度很高，柴油进入供油系统受柴油机温度影响，温度会进一步提高。另外在汽车行驶时，油箱中的柴油不断地振荡，加剧了柴油与空气的混合，使柴油溶解的氧气达饱和程度。在这种条件下，柴油中的不安定组分就会在金属的催化作用下，急剧地氧化而生成氧化缩合物，在喷油器的针阀上生成漆状沉积物，将会造成针阀黏滞，或形成积炭，使喷雾恶化，甚至中断供油。这些生成物在喷油器上、燃烧室壁、气门和活塞环处生成积炭，将使柴油机磨损加剧。

影响柴油安定性的主要因素是柴油中所含的不安定组分二烯烃、烯烃等不饱和烃。柴油的馏分过重，环烷芳烃和胶质含量增加，安定性也差。

(2) 安定性的评价指标　评价柴油安定性的指标是碘值、色度、氧化安定性、实际胶质和10%蒸余物残炭。

1）碘值。为了增加柴油的产量，商品柴油多是直馏柴油与裂化柴油组成的调和柴油，因而必须控制不饱和烃的含量，其控制指标为碘值。以碘的乙醇溶液与试样产生作用后，用硫代硫酸钠溶液滴定剩余的碘，以100g试样所能吸收碘的克数表示碘值；再根据碘值的平均分子量计算出试样中不饱和烃的含量。

2）色度。柴油颜色的深浅（用色号表示）可直观反映其馏分的轻重和安定性的好坏。测定方法按 GB/T 6540—1986《石油产品颜色测定法》的规定进行；将试样注入试样容器内，用一个标准光源照射，将试样的颜色与标准的比色板进行比较，相等的色号即为试样的色号。标准色板从 0.5～8.0 共 16 个色号（每 0.5 为一级），颜色从浅到深，柴油要求色号不深于 3.5 号。

3）氧化安定性。氧化安定性是指 100mL 柴油在规定条件下氧化后所形成总不溶物的毫克数，用 mg/100mL 表示。测定时按 SH/T 0175—2004《馏分燃料油氧化安定性测定法（加速法）》的规定进行，不溶物含量应不大于 2.5mg/100mL。

4）10%蒸余物残炭。将柴油在馏程试验中馏出 90% 以后的蒸余物作为试样，所测得的油品在裂解中所形成的残余物用质量百分数表示，称为 10%蒸余物残炭。测定时按 GB/T 268—1987《石油产品残炭测定法（康氏法）》的规定进行：把称重的试样置于残炭测定仪的坩埚内，进行加热分解蒸馏，在规定的加热时间结束后，将盛有炭质残余物的坩埚置于干燥器内冷却并称重，计算其质量百分数，即为 10%蒸余物残炭。

柴油的馏分越轻，精制程度越深，10%蒸余物残炭值越小，在柴油机燃烧室中生成积炭的倾向越小。国家标准中规定 10%蒸余物残炭一般不大于 0.3%。

5. 腐蚀性及其评价指标

(1) 腐蚀性　柴油中含有硫及硫化物、水分及酸性物质，它们不仅会对零件产生腐蚀作用，燃烧后污染空气，还能促进柴油沉积物的生成，所以要求柴油具有无腐蚀性。

元素硫和硫化物在燃烧后都生成 SO_2 和 SO_3，不仅直接腐蚀气缸中高温区的零件，而且会对气缸壁上的润滑油和尚未燃烧的柴油起催化作用，加速烃类的聚合反应，使燃烧室、活塞顶和排气门等部位的漆状物和积炭增加。积炭层中有硫时会变得更加坚固，很难清除，从而加剧零件的磨损。当气态氧化硫从气缸窜入曲轴箱低温区时，遇冷凝水生成亚硫酸和硫酸，会强烈地腐蚀零件，特别是柴油机的铜轴承，同时使润滑油的某些成分变成磺酸、酸性硫醇脂和胶质，加速润滑油老化变质。

(2) 腐蚀性的评价指标　腐蚀性可用硫含量、酸度等指标评价。其测定标准与汽油相同，但柴油中的硫和硫化物含量高，对柴油机的使用影响更大。

1）硫含量。柴油中硫含量高，不仅会加剧柴油机机件的磨损，还会使柴油机内的沉积物增加，排放污染严重。国家标准规定各号车用柴油中硫的质量分数不大于 0.05%。

2）有机酸。柴油中有机酸对机件有腐蚀作用，还会使喷油器头部和燃烧室积炭增多，导致气缸活塞组机件磨损加剧，功率下降。要求轻柴油中酸度不大于 7mgKOH/100 mL。

6. 清洁性及其评价指标

（1）**柴油的清洁性**　柴油的清洁性是指柴油中是否含有灰分、水分和机械杂质。

柴油机燃料供给系统中的精密偶件依靠柴油润滑，若柴油机中混入坚硬的机械杂质，就会堵塞油路并使柴油机机件产生磨料磨损。同样，水分和灰分的存在，能增加硫化物对金属零件的腐蚀作用。因此，对柴油的清洁性有一定的要求。

（2）**柴油清洁性的评价指标**

1）灰分。不能燃烧的机械杂质和溶于燃料中的有机酸、无机酸和盐类经过燃烧后所剩余的物质，称为灰分。这些物质沉积在燃烧室中能起磨料作用，会加快气缸壁与活塞环的磨损。所以国家有关标准规定商品柴油灰分不大于 0.01% ~ 0.02%。

2）水分。柴油中含有水分过多时，不仅在冬季会冻冰引起供油系统堵塞，还会加速有机酸对金属的腐蚀，所以应当严格控制水分。国家有关标准规定商品柴油水分不大于 0.03%（体积百分数）。

3）机械杂质。柴油中含有机械杂质，除引起供油系统堵塞外，还将加剧喷油泵的柱塞和柱塞套、喷油器针阀与针阀座等精密偶件的磨损，甚至造成喷油泵柱塞和喷油器的针阀卡死。因此，柴油中绝不允许存在机械杂质。

二、车用柴油的牌号

目前，我国车用柴油采用 GB 19147—2013《普通柴油》标准。该标准将柴油按凝点分为 10、5、0、-10、-20、-35 和 -50 七种牌号，最新标准规定车用柴油中硫的质量分数不大于 0.05%，氧化安定性总不溶物不大于 2.5/100mL，十六烷值不小于 48。

三、柴油机的特点

与汽油机相比，柴油机的主要优点如下：

1）具有较好的经济性。柴油机的压缩比可达 14 ~ 22，热功率高，其单位功率燃料消耗量比汽油机低 30% ~ 40%，因此功率大、油耗少。

2）所用燃料的沸点高、馏程宽、来源多、成本低。

3）具有良好的加速性能，不需经过预热阶段即可转入全负荷运转。

4）柴油闪点比汽油高，使用管理中着火危险性小，使用保管较为方便。

柴油机的不足之处：结构比汽油机复杂，转速较低，最高约为 3000r/min，而汽油机可达 4000r/min，柴油机较为笨重，单位功率所需金属比汽油机多。

四、柴油牌号的正确选用及柴油使用中的注意事项

柴油牌号中的数字就是柴油的冷凝点，选择柴油的牌号，就是选择柴油的冷凝点。柴油牌号选择过低，会增加费用；柴油牌号选择过高，则会使柴油失去流动性，影响发动机的动力性和经济性，严重时会使发动机不能起动运行。选择柴油牌号时，还要兼顾柴油的其他使用性能。

1. 柴油牌号的正确选用

车用柴油用于柴油发动机汽车，特别是在城市行驶的柴油发动机汽车时，其选用方法同样是根据使用地区的气温选用不同牌号的车用柴油。

（1）**按所在地区季节气温来选择柴油牌号**　所选柴油应保证最低气温时，不发生凝固而失去流动性，造成油道堵塞。因此，所选柴油牌号（凝点）要比当地当月最低气温还低 3 ~ 5℃，气温高选用高牌号油，气温低选用低牌号油。高温地区若选低牌号柴油，会造成使用成本升高。为了充分利用资源与降低成本，不同牌号的柴油可以掺兑使用。例如，将 50% 的 0 号与 50% 的 -10 号柴油混合，其凝点为 -4 ~ 5℃，适合于冬天最低气温在 0℃ 以下而在 -3℃ 以上的地区使用。

（2）对照当地当月风险率为 10% 的最低气温选择柴油牌号　为了安全起见，GB 252—2011 规定了部分地区风险率为 10% 的最低气温，见表 6-1。该表中的最低温度是由我国各地气象台根据多年气温记录分析得出的，风险率为 10% 最低气温反映最低气温低于该值的概率为 10%。例如，河北省一月份风险率为 10%，最低气温为 −14℃，指一个月按 30 天计算，可能有 3～4 天气温低于 −14℃。

各牌号柴油一般可按照下列情况选用：

10 号普通柴油：适合风险率为 10% 的最低气温在 12℃ 以上的地区使用。

5 号普通柴油：适合风险率为 10% 的最低气温在 8℃ 以上的地区使用。

0 号普通柴油：适合风险率为 10% 的最低气温在 4℃ 以上的地区使用。

−10 号普通柴油：适合风险率为 10% 的最低气温在 −5℃ 以上的地区使用。

−20 号普通柴油：适合风险率为 10% 的最低气温在 −14℃ 以上的地区使用。

−35 号普通柴油：适合风险率为 10% 的最低气温在 −29℃ 以上的地区使用。

−50 号普通柴油：适合风险率为 10% 的最低气温在 −44℃ 以上的地区使用。

表 6-1　我国部分地区风险率为 10% 的最低气温表　　　　　　　　（单位:℃）

省（区、市）	一月	二月	三月	四月	五月	六月	七月	八月	九月	十月	十一月	十二月
河北省	−14	−13	−5	1	8	14	19	17	9	1	−6	−12
山西省	−17	−16	−8	−1	5	11	15	13	5	−2	−9	−16
内蒙古自治区	−43	−42	−35	−21	−7	−1	1	1	−8	−19	−32	−41
黑龙江省	−44	−42	−35	−20	−6	1	7	4	−6	−20	−35	−43
吉林省	−29	−27	−17	−6	1	8	14	12	2	−6	−17	−26
辽宁省	−23	−21	−12	−1	6	12	18	15	6	−2	−12	−20
山东省	−12	−12	−5	2	8	14	19	18	11	4	−4	−10
江苏省	−10	−9	−3	3	11	15	20	20	12	5	−2	−8
安徽省	−7	−7	−1	5	12	18	20	20	14	7	0	−6
浙江省	−4	−3	1	6	13	17	22	21	15	8	2	−3
江西省	−2	−2	3	9	15	20	23	23	18	12	4	0
福建省	−4	−2	3	8	14	18	21	21	15	8	1	−3
广东省	1	2	7	12	18	21	23	23	20	13	7	2
广西壮族自治区	3	3	8	12	18	21	23	23	19	15	9	4
湖南省	−2	−2	3	9	14	18	22	21	16	10	4	−1
湖北省	−6	−4	0	6	12	17	21	20	14	8	1	−4
河南省	−10	−9	−3	4	10	15	20	18	11	4	−3	−8
四川省	−21	−17	−11	−7	−2	1	2	1	0	−7	−14	−19
贵州省	−6	−6	−1	3	7	9	12	11	8	4	−1	−4
云南省	−9	−8	−6	−3	1	5	7	7	5	−1	−5	−8
西藏自治区	−29	−25	−21	−15	−9	−3	−1	0	−6	−14	−22	−29
新疆维吾尔自治区	−40	−38	−28	−12	−5	−2	0	−2	−6	−16	−25	−34
青海省	−33	−30	−25	−18	−10	−6	−3	−4	−6	−16	−28	−33
甘肃省	−23	−23	−16	−9	−1	3	5	5	0	−8	−16	−22
陕西省	−17	−15	−6	−1	5	10	15	12	6	−1	−9	−15
宁夏回族自治区	−21	−20	−10	−4	2	6	9	8	3	−4	−12	−19

2. 柴油使用中的注意事项

1）柴油加入油箱前要充分沉淀，沉淀时间应不少于 48h，然后用麂皮、绸布或细布仔细过滤，除去杂质。

2) 不同牌号的柴油可根据当地气温的高低调整，可以混合使用，但应注意混合后的柴油凝点不是按比例计算的，一般比按比例计算高 2℃。例如，用 -10 号与 -20 号柴油各以 50% 混合，其凝点约为 -13℃。

3) 柴油不能与汽油混合，因为汽油的自燃点高，加入汽油会导致柴油机起动困难，甚至无法起动。

4) 在低温起动困难时可适当预热，提高发动机温度；还可用起动燃料帮助起动。例如，用乙醚与航空煤油按体积比 1∶1 配成的燃料很容易自行着火。

5) 在寒冷地区，缺乏低凝点柴油时，可向高凝点的轻柴油中掺入 10%~40% 裂化煤油以降低凝点，掺兑后应注意搅拌均匀。

6) 冬季使用桶装高凝点柴油时，不得用明火加热，以免爆炸。

课题三　汽车环保燃料

石油燃料是汽车的主要能源，据统计，全世界的石油产品约 46% 为汽车所消耗，但随着汽车用量的增加，汽车对环境的污染也日趋严重。而随着石油储量的逐渐减少，能源危机日益加剧。根据有关预测资料，石油资源只能供给全世界使用到 2040~2050 年。因此，如何降低油耗和开发新的能源已成为汽车技术发展的重要课题。为保护环境和节约能源，各国科学家们投入了大量的精力和时间来研究、开发各种汽车环保燃料。图 6-3 所示为典型的环保燃料加油、加气站。

图 6-3　环保燃料加油、加气站

醇类燃料、压缩天然气、液化石油气、氢气及电能都是汽车的代用能源，也称为汽车环保燃料。使用环保燃料是解决空气、水质、土壤污染以及石油供应中断和石油储藏最终枯竭问题的最有效的途径之一。现阶段常用的环保燃料主要有车用乙醇的燃料、压缩天然气、液化石油气、电能、太阳能、氢气及合成燃料等。这些燃料有的可单独使用，有的则可与汽油、柴油等混合使用。本课题主要介绍汽车环保燃料的有关知识。

一、醇类燃料

1. 醇类燃料及其特点

(1) 醇类燃料　醇类燃料主要是指甲醇（CH_3OH）和乙醇（C_2H_5OH）。

甲醇是一种无色易挥发的液体，有毒，饮后能致失明。甲醇自燃点为 464℃，热值较汽油低，辛烷值较高。

乙醇俗称酒精，其在常温下是液体，很容易挥发燃烧。乙醇的相对密度为 0.789，自燃点为 423℃，热值较汽油低，辛烷值较高，其使用方法与甲醇类似。

(2) 醇类燃料的类型　汽油机中应用的醇类燃料主要有两大类：纯醇燃料和掺醇燃料。

1）纯醇燃料。纯醇燃料是指单纯燃烧甲醇或乙醇的燃料。从弥补石油资源短缺的角度来看，纯醇燃料用于发动机燃烧比掺醇燃料，尤其是低比例掺醇燃料更具有实际意义。但使用纯醇燃料需对发动机进行较大改动，如调整供油系统、加大油泵供油量、改善零部件的耐蚀性能等，如今对纯醇燃料的使用仍在进行着大量的研究。

2）掺醇燃料。把甲醇或乙醇以不同比例掺入汽油中形成掺醇燃料，当使用掺醇燃料时，发动机无需做大的改进。甲醇或乙醇与汽油的混合燃料分别用 M（Methanol）或 E（Etha-nol）加一数字表示，其后的数字表示混合燃料中甲醇或乙醇的体积分数，如 M15 表示甲醇体积分数为 15% 的混合燃料，E10 表示乙醇体积分数为 10% 的混合燃料。

3）车用乙醇汽油。车用乙醇汽油是将一定量的乙醇（一般是 10%，称为 E10）加入不添加含氧化合物的汽油组分中，同时加入改善其使用性能的添加剂调和而成的新型环保燃料。

(3) 醇类燃料的特点　与车用汽油相比，车用醇类燃料有以下特点：

1）排放污染低。使用车用乙醇汽油，在不进行发动机改造的前提下，动力性能基本不变，尾气排放的一氧化碳及氮氧化物平均减少 30% 以上，同时车用乙醇汽油的含氧量可达 35%，燃料燃烧更加充分，故可有效地降低和减少有害尾气的排放。

2）动力性好。乙醇的研究法辛烷值为 121，可采用高压缩比提高发动机的热效率和动力性。加上其蒸发潜热大，可提高发动机的进气量，从而提高发动机的动力性。

3）积炭减少。车用乙醇汽油燃烧时，能够有效地消除火花塞、燃烧室、气门、排气管消声器等部位积炭的形成，从而避免了因积炭引起的故障，延长了部件的使用寿命。

4）使用方便。乙醇在常温下是液体，储运和使用都很方便，与传统的发动机技术有继承性，特别是使用乙醇汽油混合燃料时，发动机结构变化不大。

5）醇类燃料可以再生，且燃烧产物中基本没有炭烟，氮氧化物的排放浓度也很低，对环境污染小。醇类燃料的来源是非常丰富的，甲醇可从天然气、煤、石蜡油、重质燃料、木材和垃圾等物质中提炼。乙醇可利用发酵的方法，从甘蔗、玉米、薯类等农作物及木质纤维素中提取，这些原料不仅储量较大，而且可以再生。

总之，推广使用车用乙醇汽油不仅可以缓解石油供求矛盾，还能够有效降低汽车尾气中有害气体的排放，解决粮食深加工的转化问题。

2. 车用乙醇汽油的牌号

按 GB 18351—2015《车用乙醇汽油（E10）》规定，我国车用乙醇汽油国四（Ⅳ）有三个牌号，分别是 90 号、93 号、97 号，国五（Ⅴ）有四个牌号，分别是 89 号、92 号、95 号、98 号。与车用汽油一样，其牌号是按研究法辛烷值大小来划分的，数值越大，表示车用乙醇汽油的抗爆性越好。国四的三个牌号将于 2016 年底废止。

二、车用压缩天然气

天然气主要来源于油田，是地表下岩石中自然存在的、以轻质碳氢化合物为主体的气体混合物的统称。天然气具有无色、无味、无毒、无腐蚀性等特点，其主要成分是甲烷（CH_4）。

天然气通常是经压缩后使用，故也称压缩天然气（CNG，Compressed Natural Gas），是世界公认的"环保燃料"，受到越来越多国家的重视。车用压缩天然气具有以下特点。

(1) 抗爆性能好　天然气中甲烷的研究法辛烷值为 130，比汽油高得多，抗爆性非常好。研究表明，燃烧天然气的专用发动机采用的合理压缩比为 12，通过提高压缩比可大幅度提高发动机的热效率，增大汽车的动力性能，从而使天然气汽车获得更好的动力性和经济性。

(2) 燃烧完全　天然气本身是气态的，燃烧完全，不结炭，可提高热效率 10% 以上。

(3) 对环境污染小　汽车中使用天然气做燃料与使用汽油做燃料相比，一氧化碳减少 97%，碳氢化合物减少 72%，氮氧化物减少 39%，二氧化碳减少 24%，二氧化硫减少 90%，噪声降低 40%。

(4) 资源丰富　我国天然气地质资源量估计超过 55 万亿 m^3，预测天然气可采资源量为 12 万亿 m³，储量非常丰富，可采 100 年以上，因此，其应用前景十分广阔。

(5) **经济性好**　使用天然气燃料的汽车，其燃料费用是汽油的 2/3，可提高使用天然气汽车的燃料经济性。加上燃料燃烧完全，无结炭、无爆燃，大大延长了汽车的使用寿命，其维修费用仅为汽油车的 70%。

三、电能

以电能为动力的汽车称为电动汽车，如图 6-4 所示。电动汽车的电动机相当于传统汽车的发动机，蓄电池相当于原来的油箱。由于电能是二次能源，可以来源于风能、水能、热能、太阳能等。

目前，电动汽车可分为三类：纯电动汽车、燃料电池汽车和混合动力电动汽车。

图 6-4　电动汽车及其充电站

1. 纯电动汽车

纯电动汽车是由蓄电池的能量使电机驱动车轮前进的，主要由蓄电池、电动（发电）机、管理系统等组成。蓄电池向电动机提供电能来驱动汽车，在制动或减速时，电动机作为发电机来回收能量。

纯电动汽车的优点：不排放污染大气的有害气体，即使按所耗电量换算为发电厂的排放，除硫和微粒外，其他污染物也显著减少。由于电力可以从多种一次能源获得，如煤、核能、水力等，解除了人们对石油资源日见枯竭的担心。电动汽车还可以充分利用晚间用电低谷时富余的电力充电，使发电设备日夜都能得到充分利用，大大提高了其经济效益。此外，电动汽车电能来源方式多，直接污染及噪声很小，结构简单，维修方便。

纯电动汽车的主要缺点：蓄电池能量密度小，汽车的行驶里程短，动力性较差；蓄电池质量大，寿命短，价格高，充电时间长，制造和处理存在污染。

2. 氢燃料电池汽车

氢燃料电池汽车是以氢燃料电池和电动机取代普通的发动机。

氢燃料电池与普通电池的区别主要在于：干电池、蓄电池是一种储能装置，是把电能储存起来，需要时再释放出来；而氢燃料电池严格地说是一种发电装置，它像发电厂一样，是把化学能直接转化为电能的发电装置。

氢燃料电池汽车的主要优点是不产生有害排放物，减少了机油泄漏带来的水污染，氢的热值高、辛烷值高，发动机燃烧效率高、运转平稳、噪声小。主要缺点是氢气生产成本高，气态氢密度小且储运不便，液态氢技术难度大，需要开发专用发动机。

3. 混合动力汽车

混合动力汽车（即复合动力汽车）是指汽车上装有两种以上动力源，当前，混合动力汽车一般是指内燃机车发电机再加上蓄电池的汽车。

混合动力汽车的优点：采用复合动力后可按平均需用的功率来确定内燃机的最大功率，因为有了电池，可以十分方便地回收下坡、急速时的能量；在繁华的市区，可关停内燃机，由电池单独驱动，实现"零"排放；可以利用现有的加油站（或加气站），不需要额外建设新的能源补充基础设施。混合动力汽车的主要缺点：有两套动力装置，再加上两套动力的管理控制系统，故结构复杂，与普通汽车相比价格较高。

四、其他燃料

除了上面介绍的几种环保燃料以外，还有太阳能、沼气等。太阳能是取之不尽的能源，直接利用太阳能驱动汽车是最经济的方法。但目前开发的太阳能电池效率低、体积大、成本高，驱动的汽车容量小，短期内难有实用价值。

沼气属于一种生物质能源，是再生能源，应大力发展。生产沼气的原料十分广泛，城市污水，垃圾，乡村各种动物养殖场的粪料，植物的叶、杆等都可以产生沼气。据资料介绍，在城市居民生活污水的发酵处理中，一般每千人每天可产沼气 $15\sim 22 m^3$。沼气的主要成分与天然气一样为甲烷，其应用前景也十分广阔。

学习单元七

润滑油料

汽车在正常行驶过程中，许多零部件之间将产生相对运动，会引起零部件的磨损，磨损是车辆发生故障的主要原因。为减缓零部件的磨损，减少故障，延长车辆的使用寿命，最大限度地发挥车辆的应有功率，最主要的措施和有效的途径就是润滑。汽车润滑油料根据其组成组分和润滑部位不同，可分为发动机润滑油、汽车齿轮油、液力传动油和润滑脂等。

学习目标
1. 了解发动机润滑油、汽车齿轮油、液力传动油和润滑脂的作用。
2. 了解发动机润滑油、汽车齿轮油、液力传动油和润滑脂的类型及性能特点。
3. 掌握发动机润滑油、汽车齿轮油、液力传动油和润滑脂的牌号及选用方法。

课题一　发动机润滑油

汽车在正常行驶过程中，发动机内许多零部件之间将产生相对运动，加之受载荷和温度的作用，会加剧发动机零部件的磨损。为减缓其磨损，减少故障，延长发动机的使用寿命，要正确选择和使用发动机润滑油。

发动机润滑油是由石油中的重油经精制加工并加入各种添加剂而制成的，图 7-1 所示为市场上常见的几种发动机润滑油。

一、发动机润滑油的作用和工作环境

1. 发动机润滑油的作用

（1）润滑作用　润滑是润滑油的主要作用。发动机工作时许多部件处于高速运转中，如活塞、活塞环与气缸壁之间，连杆的大头与曲柄、连杆小头与活塞销之间承受着高速的摩擦。如果这些摩擦副间得不到适当的润滑，就会使金属之间形成干摩擦。干摩擦不仅会引起摩擦表面的剧烈磨损、消耗动力，而且其产生的热量在很短的时间内便可使摩擦表面的金属熔化，造成机件损坏。润滑油通过自流、飞溅和压力循环等方式能够在摩擦表面形成牢固的油膜，使金属之间的干摩擦变成润滑油层间的液体摩擦，显著减少摩擦力，从而减少机件的磨损。

（2）冷却作用　燃料在发动机内燃烧产生的热量大约有 30% 转化为机械功，其余的热量一部分消耗在配合副的摩擦上，另一部分则随废气排出和使发动机发热。发动机发热量的 60% 由发动机的冷却系统带走，剩余部分热量就要靠润滑油来传导。发动机工作时，润滑油不断地流动，从气缸、活塞、曲轴等摩擦表面上吸取热量并传递到温度较低的零件上，由冷却液带走，从而保护

图 7-1　市场上常见的几种发动机润滑油

发动机不会因过热而烧坏。

（3）密封作用　发动机各机件之间都有一定的间隙，有些间隙对发动机正常工作影响很大，如气缸、活塞和活塞环之间的间隙。这些间隙的存在会造成漏气，降低发动机功率，并使废气和燃料下窜曲轴箱，污染润滑油。因此，润滑油必须在这些间隙中形成油膜阻止漏气，起密封作用。

（4）清洗作用　发动机工作时，燃料燃烧产生的积炭、润滑油高温氧化形成的胶质、相互配合的运动部件摩擦产生的金属屑、空气中的灰尘等将在发动机零部件上形成沉积物和漆膜，这些沉积物如不及时清除将加剧零部件的磨损，严重时会卡死活塞环，影响发动机正常运转。发动机润滑油不断地循环流动，及时将油泥和杂质运载走，经过机油滤清器过滤掉，使干净的润滑油不断洗涤摩擦表面，保证发动机正常工作。

（5）防锈作用　进入发动机内部的空气、水分及燃烧以后产生的腐蚀性气体，都会对机件产生腐蚀，使机件的表面产生腐蚀性磨损。而润滑油黏附在机件表面上，避免了腐蚀介质与机件的直接接触，从而可防止和减少它们对机件的腐蚀。

此外，汽车行驶中，当机件受到冲击载荷作用时，载荷需要通过机件间的润滑油传递出去，发动机润滑油便起到了缓冲和消振作用。

2. 发动机润滑油的工作环境

由于发动机工作过程中温度变化大，压力高，零部件的相对运动速度快等原因，使发动机润滑油的工作环境非常苛刻，主要表现在以下几个方面。

（1）金属的催化　发动机润滑油通过自流、飞溅、压力循环等方式对运动机件进行润滑，这些润滑方式要求润滑油不断地流动。发动机正常工作时，润滑油每小时循环次数达 100 次以上，频繁地与各种金属零件、空气等接触，在金属的催化作用下，润滑油会逐渐老化变质。

（2）高温的影响　发动机工作时许多机件处于很高的工作温度，如活塞头部为 205～300℃，气缸上部为 180～270℃，曲轴箱中的温度为 85～95℃，润滑油在经过这些部位时会加速氧化变质。

（3）燃烧废气的侵蚀　发动机工作时，燃烧室中的废气及混合气在气缸密封不良时会窜入曲轴箱。这些气体冷凝后形成的酸性物质和水会腐蚀润滑油，导致润滑油变质。

（4）杂质的污染　发动机工作时，空气中的尘埃和机件磨损下来的金属屑以及燃料燃烧后产生的炭颗粒都会严重污染润滑油。

二、发动机润滑油的主要性能指标

因为发动机润滑油的工作条件十分恶劣，为了保证发动机在复杂的环境中能够正常工作，使各运动系统得到正常润滑，对发动机润滑油的使用性能提出了更高的要求。

1. 黏度

液体在外力作用下移动时，液体分子间产生的内摩擦力称为黏度。黏度是润滑油的主要性能指标，它是润滑油分类和使用的主要依据。对于发动机来说，润滑油的黏度直接关系到发动机的起动性能，机件的磨损、燃料和油料的消耗以及功率损失。

表示润滑油黏度的指标主要有动力黏度、运动黏度和条件黏度。我国润滑油规格中采用动力黏度和运动黏度。

动力黏度是液体在一定的剪切应力下流动时内摩擦力的量度，其单位为 $Pa \cdot s$。动力黏度在润滑油规格中主要用于评定油的低温黏度。

运动黏度是液体在重力作用下流动时内摩擦力的量度，其值为相同温度下液体动力黏度与其密度的比值，单位为 m^2/s。划分润滑油黏度等级通常采用100℃时的运动黏度。

2. 黏温性

润滑油的黏温性是指润滑油随发动机温度变化而改变的特性。对发动机油来说，它是一项重要的指标。润滑油的黏度是随温度变化而变化的，温度升高，黏度变小。而当黏度太小时，润滑油膜容易破坏，密封作用不好，使发动机油耗增加，同时还会导致发动机部件磨损。温度降低，黏度增大，流动性不好，使发动机发动以后不易形成油膜，摩擦金属表面长时间得不到充分润滑，从而会使发动机零件的磨损加剧。

润滑油的黏温性用黏度指数（VI）表示，黏度指数越大，表明黏度受温度的影响越小，黏温性越好。要提高润滑油的黏温性，通常是在低黏度的油中添加黏度指数改进剂（增稠剂），使之能适应在较宽温度范围内的使用要求，这种油称为多级油。

3. 氧化安定性

润滑油在使用和储存过程中，一旦与空气接触，在适当条件下，便会发生化学反应，引起润滑油变质，尤其是在高温时，氧化速度明显加快。

氧化物集聚在润滑油中会使其颜色变暗、黏度增加、酸性增大，引起机件磨损，破坏发动机正常工作条件，还会加速润滑油老化变质。所以，要求润滑油具有良好的抗氧化能力，特别是在高温下的抗氧化能力，为减缓润滑油氧化变质，延长其使用寿命，通常在油中要加各种性能良好的抗氧添加剂。

4. 抗腐蚀性

发动机润滑油抵抗腐蚀性物质对金属腐蚀的能力，称为抗腐蚀性。发动机油应具有良好的抗腐蚀性。发动机润滑油在高温、高压的工作条件下，被氧化生成各种有机酸，在有水分时，这些有机酸会对金属产生腐蚀作用。特别是高速柴油机使用的铜铅、镉银和镉镍轴承，其耐蚀性差，润滑油中含有少量的酸性物质就会引起它们的严重腐蚀，使其表面出现斑点、麻坑，甚至造成整块金属剥落。

提高润滑油抗腐蚀性的途径是提高润滑油的精炼程度，以减小酸值，同时添加防腐剂。常用的防腐剂多为硫、磷的有机盐，它们能在轴承表面形成防腐保护膜，使轴承不受腐蚀，同时可抑制润滑油被氧化。

5. 清净分散性

发动机润滑油抑制积炭、漆膜和油泥生成或清除这些沉积物的能力，称为清净分散性。润滑油在使用过程中，因受到废气、燃气、高温和金属催化作用，会生成各种氧化物，它们与金属磨屑等机械杂质混在一起，在油中形成胶状沉积物，这些沉积物黏附在活塞、活塞环槽上，形成积炭和漆膜或沉积下来形成油泥，堵塞油孔，从而使发动机散热不良、活塞环黏着、供油不畅、润滑不良、加剧机件磨损，导致油耗增大、功率下降等。因此，润滑油应有良好的清净分散性。

清净分散性能良好的润滑油，能使这些氧化物悬浮在油中，通过机油滤清器将其过滤掉，从而减少发动机气缸壁、活塞及活塞环等部件上的沉积物，防止由于机件过热烧坏活塞环而引起气缸密封不严、发动机功率下降、油耗增加的故障。

润滑油的清净分散性通常是通过在油中添加清净分散剂来提高的。目前，常用的有金属型清净分散剂和无灰型清净分散剂,它们不仅具有良好的清净分散效果,还有良好的抗氧化性能。

除此之外,发动机润滑油还应具有良好的耐磨性和抗泡性等。

三、发动机润滑油的分类和规格

1. 发动机润滑油的分类

我国发动机润滑油按发动机的类型分为汽油机润滑油(简称汽油机油)和柴油机润滑油(简称柴油机油),每一类润滑油又按使用性能和黏度分成若干等级。

(1) **按使用性能分类** 国家标准 GB/T 28772—2012《内燃机油分类》参照国际通用的 API(美国石油学会)使用分类法,根据使用场合和使用对象将发动机润滑油分为汽油机油系列(S系列)和柴油机油系列(C系列)两类,每一系列又按油品特性和使用场合不同分为若干等级。其中汽油机油系列共有六级,分别为 SC、SD、SE、SF、SG 和 SH;柴油润滑油分为 CC、CD、CD-Ⅱ、CE、CF-4 共五个等级。各类油品级号越靠后,性能越好。

除上述汽油机油和柴油机油单独分类外,国家标准还规定了三个品种的汽油机/柴油机通用油的使用等级,即 SD/CC、SE/CC、SF/CD 级。所谓通用油是指该品种的润滑油不但适用于汽油机,还可用于柴油机。例如,SF/CD 级内燃机油既可用于要求使用 SF 级的汽油机,也可用于要求使用 CD 级的柴油机。

(2) **按照黏度分类** 按黏度分类,就是以一定温度下的黏度范围来划分内燃机油的牌号。国家标准 GB/T 14906—1994《内燃机油黏度分类》是参照美国汽车工程师学会《发动机润滑油黏度分类》(SAEJ 300—1987)制定的,该分类标准中将润滑油分为冬季用油(含字母 W)和非冬季用油(不含字母 W)两组黏度等级系列,见表 7-1。冬季用油按低温黏度和低温泵送性划分,有 0W、5W、10W、15W、20W 和 25W 共六个等级。级号越小,其低温黏度越小,低温流动性越好,适应的温度越低。非冬季用油按 100℃ 时的运动黏度分级,有 20、30、40、50 和 60 共五个等级。它的级号越大,黏度越大,适应温度越高。

上面 11 个级号的油品均为单级油,只能满足低温或高温条件使用,有着明显的区域性和季节的限制。为增宽润滑油对季节和气温的适应范围,还规定了多级油的黏度级号,如 5W/20,5W/30,10W/30,20W/40 等。多级油在油中添加了黏度指数改进剂,能同时满足某一 W 级和非 W 级的黏度要求,有较宽的温度使用范围。例如,10W/30 既符合 10W 级油的黏度要求,又符合 30 级油的黏度要求,在一定地区可冬夏季通用。

2. 发动机润滑油的规格

发动机润滑油的产品规格是由品种(使用等级)与牌号(黏度等级)两部分构成的。每一特定品种都附有规定的牌号,国产发动机润滑油的品种与牌号见表 7-1。产品按统一的方法命名,例如,SD30 是指使用等级为 SD 级、黏度等级为 SAE30 的汽油发动机;SJ5W/40 为使用等级为 SJ 级,并且既符合 SAE5W 级油黏度要求,又符合 SAE40 级油黏度要求的多级汽油机油;SF/CD5W/30 则为多级汽油机/柴油机通用油,它符合 SF 级汽油机油和 CD 级柴油机油的使用性能,并且既符合 SAE5W 级油黏度要求,又符合 SAE40 级油黏度要求。

表 7-1 国产发动机润滑油的品种与牌号

品种	黏度牌号
SC	5W/20,10W/30,15W/40,30,40
SD(SD/CC)	5W/30,10W/30,15W/40,30,40
SE(SE/CC)	5W/30,10W/30,15W/40,20W/20,30,40
SF(SF/CD)	5W/30,10W/30,15W/40,30,40
CC	5W/30,5W/40,10W/30,10W/40,15W/40,20W/40,30,40,50
CD	5W/30,5W/40,10W/30,10W/40,15W/40,20W/40,30,40

四、发动机润滑油的选用及使用注意事项

发动机润滑油选择得好坏,直接影响发动机使用性能的发挥,影响发动机工作状态和发动机

主要零部件的磨损及其使用寿命。润滑油使用得当，发动机的动力性强、经济性好、使用寿命长。否则，既不能满足发动机使用要求，还会造成发动机过早损坏。

1. 发动机润滑油的选用

（1）**根据发动机工作条件的苛刻程度选用润滑油质量等级** 由于汽油发动机与柴油发动机工作条件的差异，所使用的润滑油也不相同。选用发动机润滑油时，应严格按照说明书的规定进行。若无说明书，可根据发动机性能和使用地区的气温情况，兼顾质量等级与黏度等级两个方面。

1）汽油机润滑油质量级别的选用。汽油机润滑油的质量级别应根据发动机工作条件的苛刻程度和发动机的结构及其运行条件等选择。汽油机工作条件的苛刻程度与汽车生产的年份有关。早期生产的汽车工作条件较温和，可使用较低级别的发动机油；近期生产的汽车工作条件较苛刻，一般要求使用级别较高的发动机润滑油。

2）柴油机润滑油质量等级的选用。柴油机油使用性能级别主要根据发动机的平均有效压力、活塞平均速度、机油负荷、使用条件和柴油的硫含量等选择。

柴油机工作条件的苛刻程度用柴油机的强化系数表示。柴油机的热负荷和机械负荷是影响润滑油质量变化的主要因素。柴油机负荷越大，工作温度也越高，工作强度越剧烈，柴油机的工作条件就越苛刻，要求使用的柴油机油的质量也越高。

柴油机的强化系数与柴油机使用性能级别的关系见表7-2。当使用硫含量高的柴油或运行条件苛刻时，选用的柴油机润滑油的使用性能级别要相应提高。

表7-2 柴油机的强化系数与柴油机使用性能级别的关系

柴油机的强化程度	强化系数	要求的柴油机油使用性能级别
高强化	大于50	CD 或 CE
中强化	小于50	CC

例如，解放CA1091K$_2$型载重货车装用的发动机为CA611A型柴油机，其强化系数为36，小于50，可选用CC级柴油。

（2）**根据季节气温、工况和发动机技术特性选用黏度等级**

1）根据使用地区季节和气温选用黏度等级。润滑油黏度等级的选用首先应根据发动机工作的环境温度来决定。冬季寒冷地区选用黏度小的单级或多级润滑油，以保证发动机在低温条件下容易起动；夏季或全年气温较高的地区应选用黏度较高一些的润滑油，以保证其在热状态下能维持足够的黏度，具体选用方法见表7-3。

表7-3 黏度等级与使用环境温度范围的参考值

黏度等级	适用环境气温/℃	黏度等级	适用环境气温/℃
5W	-30 ~ -50	5W/20	-30 ~ 25
10W	-25 ~ -5	10W/30	-25 ~ 30
20	-10 ~ 30	10W/40	-25 ~ 40
30	0 ~ 30	15W/40	-20 ~ 40
40	10 ~ 50	20W/40	-15 ~ 40

2）根据工况选择黏度等级。重载、低速和高温下应选用黏度较高一些的润滑油，轻载、高速时应选用黏度小的润滑油。

3）根据发动机的技术性能特性选择黏度等级。新发动机应选用黏度相对较小的润滑油，以保证在磨合期以内正常磨合；而使用较久、磨损较大的发动机，则应选用黏度相对较大的润滑油，以维持所需的润滑油压力，保证正常润滑。

2. 润滑油使用注意事项

机油为汽车的发动机提供润滑，其更换得合理、及时，对发动机中各部件的使用性能和寿命有很大的影响，使用时应注意以下几点：

1）正确选择润滑油的使用等级，对发动机正常运行至关重要。遇到下列情况之一者，使用等级应酌情提高一级：汽车长期处于停停开开的使用状态；长期低温、低速行驶；长时间高温、高速行驶；灰尘大的场所、满载拖挂车长时间行驶。

2）一般使用等级较高的油可代替使用等级较低的油，但绝不能用使用等级较低的油代替使用等级较高的油，否则会导致发动机早期磨损和损坏。

3）应注意用油的地区或季节的变化，及时换用适宜的黏度级别。使用中应尽量选用多级油，不同黏度等级的油不能混用，以免发生化学反应。

4）一定要定期检查与更换机油，否则发动机油将变质，严重时将导致发动机烧瓦抱轴，发动机将需要大修才能使用。油位的检查使用图 7-2 所示的机油尺，麻点区域为机油刻度。检查油位的同时，也要注意检查机油的污染程度，必要时应缩短换油周期。

5）换油时应采用热机放油方法，并将废油放净，同时必须注意严防水分、杂质的混入。

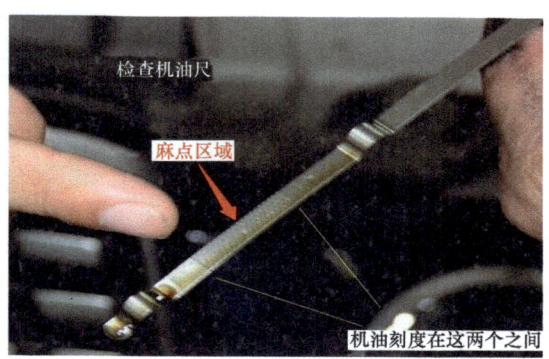

图 7-2 润滑油的油位检查

课题二 汽车齿轮油

通常把用于汽车手动变速器齿轮油、后桥齿轮传动机构及转向机构的润滑油称为汽车齿轮油，齿轮的润滑情况如图 7-3 所示。和其他润滑油一样，汽车齿轮油在齿轮传动中的主要作用是减少摩擦、降低磨损、冷却零部件，同时还可缓和振动、减少冲击、防止锈蚀以及清洗摩擦面脏物。本课题主要介绍汽车齿轮油的性能、类型、规格及选用方法。

市场上常见的几种汽车齿轮油如图 7-4 所示。

一、汽车齿轮油的工作条件及性能要求

1. 汽车齿轮油的工作条件

汽车齿轮油与发动机润滑油相比，其工作条件有两大特点。

图 7-3 齿轮的润滑情况

（1）承受压力大 齿轮在啮合过程中，齿与齿间的接触为线接触，因而啮合部位的接触压力很高，一般汽车齿轮的接触压力达 2000～3000MPa，而双曲面齿轮因相对滑动速度大，齿面接触压力就更高，可达 3000～4000MPa。所以，齿轮啮合部位的油膜极易破裂，这将导致摩擦和磨损。

（2）工作温度不高 齿轮油基本不受发动机热源影响，油温的升高主要是由传动机构摩擦产生的热量引起的，并且随周围环境气温和行驶中外部空气冷却强度的变化而变化。一般齿轮油的工作温度最高不超过 100℃，双曲面齿轮由于滑动速度大，工作油温相对高些，通常国产车辆油温在 120℃ 左右，车速较高时可达 160～180℃。

2. 汽车齿轮油的性能要求

（1）良好的极压抗磨性 为满足现代汽车在设计制造上不断提高功率和车速的要求，一些高级小轿车和越野汽车多采用双曲线齿轮，目的是降低车身的高度以适应高速行驶。双曲线齿轮在传动时，齿面压力高达 3000～4000MPa，滑动速度高达 450m/min。在这样的高压、高速下，双曲

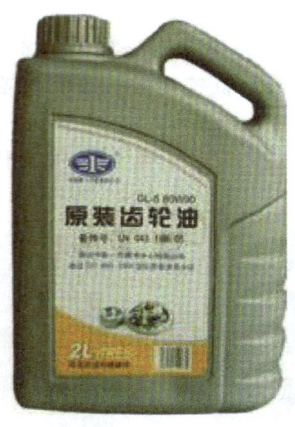

图7-4 市场上常见的几种汽车齿轮油

线齿轮处于边界润滑状态,当汽车在重载荷起动、爬坡或遇到冲击载荷时,齿面接触区中有相当一部分处于边界润滑状态。这就要求齿轮油在较高的负荷下仍能保持有足够厚的油膜,齿轮油的黏度大有利于承载能力的提高。但黏度过大会增加摩擦损失,所以在汽车齿轮油中一般都加有极压抗磨添加剂。

(2) 良好的热氧化安定性　车辆齿轮油的热氧化安定性是指齿轮油在空气、水分、金属的催化作用和热作用下抵抗氧化变质的能力。氧化会使油的黏度增大,生成油泥,影响车辆齿轮油的流动;氧化产生的腐蚀性物质会加速车辆齿轮油对金属的腐蚀和锈蚀。

齿轮油氧化生成的极性沉淀物会吸附极性添加剂,使添加剂随沉淀一起从油中析出。沉淀会影响密封件,使橡胶老化变硬,沉淀覆盖于金属零件表面时,又会影响其散热。所以,车辆齿轮油中还应加入抗氧化剂,使其具有良好的热氧化安定性。

(3) 适宜的黏度及良好的黏温性　黏度与黏温性是齿轮油的重要使用性能。黏度大的齿轮油可以有效防止齿轮和轴承磨损,减少机械运动的噪声和漏油现象;而黏度低的齿轮油可以提高传动效率,加强散热和清洗的作用。因此,适宜的黏度既能保证发动机在低温时顺利起动,又能使齿轮和轴承在高温时得到良好的润滑。

齿轮油的黏度是随温度的变化而变化的,变化幅度越小,其黏温性就越好。汽车在冬季起动时的温度在0℃以下,而运行时的温度为80~100℃,有时高达150~170℃,若黏温性不好,则起动时会由于黏度大而增加阻力,运行时因温度升高而黏度下降,从而削弱了润滑性。所以,齿轮油应具有良好的黏温性。

(4) 较强的防腐性能　在车辆齿轮传动装置工作条件下,齿轮油防止齿轮、轴承腐蚀生锈的能力,称为齿轮油的防腐性能。汽车齿轮油中所含的极性添加剂会与零件表面金属反应生成有机膜,以防止在重负荷时油膜破裂引起擦伤,增加极压性能。但极性添加剂又会造成铜或铜合金的腐蚀,为此,车辆齿轮油还需加入防腐剂,保证汽车齿轮油兼有极压性和抗腐蚀性。

(5) 良好的抗泡沫性　抗泡沫性是指齿轮油在强烈搅动的条件下,抵抗泡沫生成和及时消失的能力。如果齿轮油生成的泡沫能及时消除,则不会影响正常工作;如果形成较多的泡沫并且不能及时消失,则会发生溢流或磨损等现象。因此,齿轮油应具有良好的抗泡沫性能。

二、汽车齿轮油的分类及规格

1. 汽车齿轮油的分类

车辆齿轮油的分类和发动机润滑油一样,根据使用性能和黏度分类。

(1) 按使用性能分类　美国石油协会（API）的使用性能分类是根据齿轮的承载能力和使用条件不同,将车辆齿轮油分为3类:GL-3、GL-4、GL-5。我国车辆齿轮油按使用性能分类与API

相似，分为普通车辆齿轮油、中负荷车辆齿轮油和重负荷车辆齿轮油。各品种齿轮油的特点和使用部位见表 7-4。

表 7-4　各品种齿轮油的特点和使用部位（GB/T 7631.7—1995）

名称	对应 API 规格	组成、特性和使用说明	使用部位
普通车辆齿轮油	GL-3	精制矿物油加抗氧剂、防锈剂、抗泡剂和少量极压剂等组成。适用于中等速度和负荷比较苛刻的手动变速器和弧齿锥齿轮的驱动桥	汽车的手动变速器、弧齿锥齿轮的驱动桥
中负荷车辆齿轮油	GL-4	精制矿物油加抗氧剂、防锈剂、抗泡剂和少量极压剂等组成。适用于在低速高转矩、高速低转矩下操作的各种齿轮，特别是客车和其他各种车辆用的准双曲面齿轮	汽车的手动变速器、弧齿锥齿轮和使用条件不太苛刻的准双曲面齿轮的驱动桥
重负荷车辆齿轮油	GL-5	精制矿物油加抗氧剂、防锈剂、抗泡剂和少量极压剂等组成。适用于高速冲击负荷、低速高转矩和高速低转矩下操作的各种齿轮，特别是客车和其他各种车辆用的准双曲面齿轮	操作条件缓和或苛刻的准双曲面齿轮及其他各种齿轮的驱动桥，也可用于手动变速器

（2）按黏度分类　目前，我国车辆齿轮油的黏度分类国家标准是 GB/T 17477—2012《汽车齿轮润滑剂黏度关系》，其分类方法与美国汽车工程学会（SAE）的车辆齿轮油黏度分类相同。按齿轮油黏度为 150Pa·s 时的最高温度和 100℃ 的运动黏度，将齿轮油分为 70W、75W、80W、85W、90、140 和 250 七个黏度牌号，见表 7-5。表中凡带"W"级号的为冬季用油，数字后不带"W"的表示常温和高温下使用的齿轮油。

另外，为了节能，方便四季及寒暖地区通用，还设计了三个多级油的牌号：80W/90，85W/90，85W/140。例如，80W/90 的含义是低温黏度符合 80W 要求，高温黏度符合 90 要求的多级油。

2. 齿轮油的规格

我国现行的车辆齿轮油规格包括：SH/T 0350—1992（1998）《普通车辆齿轮油》、JT/T 224—2008《中负荷车辆齿轮油》、GB 13895—1992《重负荷车辆齿轮油（GL-5）》。

（1）普通车辆齿轮油　普通车辆齿轮油以石油润滑油、合成润滑油及它们的混合组分为原料，并加入抗氧化剂、防锈剂、抗泡剂和少量的极压剂制成，具有较好的抗氧防锈性和一定的极压抗磨性，与 API 中 GL-3 的质量水平相当，其黏度分为 80W/90、85W/90 和 90 三个牌号。普通车辆齿轮油适用于一般车辆的锥齿轮、手动变速器的润滑，但不能用于双曲线齿轮装置的润滑。

表 7-5　我国车辆齿轮油的黏度分类

黏度牌号（SAE）	黏度为 150Pa·s 时的最高温度/℃	100℃ 运动黏度/(mm²/s)	
		最小值	最大值
70W	-55	4.1	—
75W	-40	4.1	—
80W	-26	7.0	—
85W	-12	11.0	—
90	—	13.5	<24.0
140	—	24.0	<41.0
250	—	41.0	

（2）中负荷车辆齿轮油　中负荷车辆齿轮油是由精制矿物油加抗氧化剂、防锈剂、抗泡剂和极压剂等制成的，它具有好的极压抗磨性、氧化安定性和防锈性等性能，与 API 中 GL-4 的质量水平相当。其黏度分为 90、85W/90、80W/90 三个牌号。中负荷车辆齿轮油适用于高速低转矩、低速高转矩条件下工作的各种齿轮和使用条件不太苛刻的双曲线齿轮，以及要求使用 GL-4 齿轮油的进口车辆。

（3）重负荷车辆齿轮油　重负荷车辆齿轮油是由精制矿物油加抗氧化剂、防锈剂、抗泡剂和极压剂等制成的。与中等负荷车辆齿轮油相比，其添加剂品种一样，但剂量要增加一倍。它具有很好的极压抗磨性、氧化安定性和防锈性等性能，与 API 中 GL-5 的质量水平相当。重负荷车辆齿轮油适用于高速冲击负荷、高速低转矩和低速高转矩条件下工作的各种齿轮，特别是客车和其他车辆的双曲线齿轮减速器、手动变速器以及要求使用 GL-5 齿轮油的进口车辆。重负荷车辆齿轮油有 75W、80W/90、85W/90、85W/140、90 和 140 共六个黏度牌号。

三、齿轮油的选用及使用注意事项

1. 齿轮油的选用

车辆齿轮油的选择包括使用性能和黏度牌号的选择。使用性能应根据齿轮类型和工作条件来选择；黏度牌号应根据其工作的最低环境温度和传动装置的运行最高温度来选择。

（1）**根据齿轮的工作环境选择使用性能**　通常进口轿车、中外合资生产的轿车及大负荷货车的驱动桥是双曲面齿轮，其接触压力在 3000MPa 以上，滑动速度超过 10m/s，油温可达 120 ~ 130℃，工作条件十分苛刻，必须使用重负荷车辆齿轮油（GL-5）；而接触压力在 3000MPa 以下、滑动速度在 1.5 ~ 8m/s 之间的驱动桥双曲面齿轮，因工作条件不太苛刻，应选用中负荷车辆齿轮油（GL-4），如东风 EQ1092、北京 BJ2023S 等汽车的驱动桥；弧形锥齿轮因齿轮接触压力和滑动速度较低，可选用普通车辆齿轮油，负荷较大的车辆可选用中负荷车辆齿轮油，如解放 CA1091、跃进车等的驱动桥。

手动变速器、分动器和转向器等的工作负荷较小，如无特殊要求，可与驱动桥使用同一种齿轮油。对含铜机件的变速机构，因齿轮油中的硫对其有腐蚀作用，可采用柴油机油。

（2）**根据季节、气温选择黏度等级**　齿轮油的低温黏度决定了传动机构在低温下的操作性能。因此，可以将齿轮油黏度达 150Pa·s 时的最高温度作为使用的最低温度，对照当地气温来选用。通常长江流域及其他冬季气温不低于 -10℃ 的地区，全年可使用 90 号油；长江以北，冬季气温不低于 -26℃ 的寒区，全年可用 80W/90 号油；黑龙江、内蒙古、新疆等冬季最低气温在 -26℃ 以下的严寒区，冬季应使用 75W 号油，夏季应换用 90 号油；其他地区全年可用 85W/90 号油。

2. 使用注意事项

1）质量等级高的齿轮油可以用于要求较低的车辆上，但绝不能将质量等级低的油用于要求高的车辆上，否则会使齿轮产生严重的磨损和损坏。

2）在保证润滑的前提下，应选用黏度等级较低的齿轮油，尽可能选用多级油，以避免季节换油造成的浪费。

3）严防水分混入，防止极压抗磨添加剂失效。

4）不同品牌的齿轮油不要混存混用。

5）齿轮油的换油期一般为 (4 ~ 5)×10km 一次，换油时应将废油放尽。

课题三　润　滑　脂

润滑脂是石油产品中的一大类，它是一种稠化了的润滑油。即在润滑油中加入了稠化剂，外形呈黏稠状的半固体油膏，所以俗称黄油，如图 7-5 所示。

本课题主要介绍润滑脂的使用性能、分类、规格等相关知识。市场上常见的润滑脂如图 7-6 所示。

一、润滑脂的特点及组成

1. 润滑脂的特点

与润滑油相比，润滑脂具有良好的黏附性，能附着在摩擦表面上，在垂直表面上也不会流失，并可保持在敞开的以及密封不良的摩擦部件的表面上工作。其承压

图 7-5　润滑脂

抗磨性强，在大负荷和冲击载荷下，仍能保持良好的润滑性能；使用周期长，无需经常补充，减少了维护工作量；具有更好的密封和防护作用，并且使用温度范围较宽。

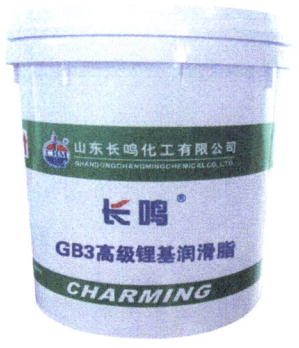  

图 7-6　市场上常见的几种润滑脂

润滑脂的缺点是散热能力差，不能像润滑油那样对摩擦表面进行冷却，流动性差，内摩擦阻力大，运转时功率损失也大，当固体杂质混入其中时不易清除。这些都使得润滑脂在使用范围上受到一定的限制。

2. 润滑脂的组成

润滑脂由基础油、稠化剂和添加剂三部分组成，一般基础油含量为 75%～90%，稠化剂含量为 10%～20%，其余为添加剂。

（1）基础油　基础油为液体，在润滑脂中，它被保持在稠化剂所形成的结构骨架内，失去了流动性。在常温时，润滑脂呈半固体，其形态介于液体和固体之间，兼有二者的优点。在升高温度和运动状态下，润滑脂中的基础油受到热的作用和机械作用会变稀，像液体一样流动来润滑摩擦表面。当热的作用和机械作用逐渐变小乃至消失时，润滑脂中的基础油又会逐渐变稠，成为塑性状物质。

基础油是润滑脂中起润滑作用的主要成分，对润滑脂的性能有较大影响。常用的基础油有矿物油和合成油两类，目前使用较多的是矿物油，约占 98% 以上，只有对高温和低温性能都有特别要求时，才使用合成油。

（2）稠化剂　稠化剂是润滑脂的固体组分，它能在基础油中分散和形成骨架结构，并且使基础油被吸附和固定在骨架结构之中，它的性质和含量决定了润滑脂的黏稠程度以及抗水性和耐热性。

常用的稠化剂有皂基稠化剂、烃基稠化剂、有机稠化剂、无机稠化剂。稠化剂的种类不同，润滑脂的基本性能也不同，使用较广泛的是皂基稠化剂。

（3）添加剂　添加剂是添加到润滑脂中以改进其使用性能的少量物质，它可以改进基础油本身固有的性质或增加其原来不具有的性质，其含量占润滑脂质量的 5% 以下。润滑脂添加剂的主要种类有稳定剂、抗氧剂、防锈剂、防腐剂和极压抗磨剂等。

二、润滑脂的主要使用性能指标

润滑脂具有许多其他润滑剂所不具有的特殊使用性能，其主要使用性能指标如下。

1. 稠度

稠度是指润滑脂在受力作用时抵抗变形的程度，其评价指标是锥入度，单位为 1/10mm。

锥入度是指在规定温度（25℃）下，将标准锥沉入润滑脂内保留 5s，然后测量锥的沉入深度，即得到润滑脂的锥入度。锥入度是选用润滑脂的重要依据，负荷较大、速度较低的摩擦机件，应选用锥入度较小的润滑脂；反之，则应选用锥入度较大的润滑脂。

表 7-6 中所列为我国润滑脂的稠度等级，它是用锥入度来划分的，表中稠度牌号越大，锥入度值越小。其中 2 号、3 号润滑脂因软硬程度适合汽车和工程机械的使用要求，所以用途广泛。

表 7-6　按锥入度划分的润滑脂级号

级号	000	00	0	1	2	3	4	5	6
工作锥入度范围(25℃)/(1/10mm)	445~475	400~430	355~385	310~340	265~295	220~250	175~205	130~160	85~115
状态	液状	几乎呈液状	极软	非常软	软	中	硬	非常硬	极硬或固体

2. 滴点

润滑脂在规定的试验条件下，由半固态变为液态时的温度称为滴点。通过滴点可以粗略地估计润滑脂的最高使用温度，为了使润滑脂能在润滑部位长期工作而不流失，滴点应高于润滑部位的工作温度 15~30℃。滴点越高，其耐热性越好。

3. 胶体安定性

胶体安定性是指润滑脂在一定温度和压力下保持胶体结构稳定，防止基础油从润滑脂中析出的性能。胶体安定性差的润滑脂在受热、压力等作用下，易发生油皂分离，使润滑脂稠度改变和流失。

4. 抗水性

润滑脂在水中不溶解，也不从周围介质中吸收水分，不乳化的能力称为润滑脂的抗水性。烃基润滑脂的抗水性特别好，皂基脂中除钠基脂和钙钠基脂外，其他皂基脂的抗水性都较好。

5. 防腐性

润滑脂的防护作用是吸附在金属表面上，隔绝外界各种腐蚀介质与金属的接触，以达到防腐的目的。因此，润滑脂本身对金属不应有腐蚀作用，这就要求润滑脂不能含有过量的游离酸或碱，并且不应含游离水。

此外，对润滑脂的蒸发性、低温性能、抗磨性、氧化安定性、与橡胶材料的适应性等都有评价指标。

三、润滑脂的分类

润滑脂按基础油分为矿物油润滑脂和合成油润滑脂；按用途分为减摩润滑脂、防护润滑脂、密封润滑脂；按特性分为高温润滑脂、耐寒润滑脂、极压润滑脂；按稠化剂的类别分为皂基润滑脂和非皂基润滑脂。

皂基润滑脂又分为单皂基润滑脂（钠基、锂基、钙基润滑脂）、混合皂基润滑脂（钠钙基润滑脂）和复合皂基润滑脂（复合钙、复合锂、复合铝基润滑脂等）；非皂基润滑脂分为烃基润滑脂、无机润滑脂和有机润滑脂。

四、汽车常用润滑脂的规格和使用范围

汽车常用润滑脂主要有钙基润滑脂、钠基润滑脂、汽车通用锂基润滑脂、石墨钙基润滑脂。

1. 钙基润滑脂

钙基润滑脂俗称"黄油"，它是由动植物油与石灰制成的脂肪酸钙皂稠化中等黏度矿物油，并以水为胶溶剂而制成的润滑脂。按锥入度大小，钙基润滑脂分为1、2、3、4四个牌号，号数越大，脂越硬，滴点也越高。

钙基润滑脂的特点是不溶于水，抗水性较强且润滑、防护性能较好，但其耐热性较差，在高温、高速部位润滑时易造成油皂分离。所以，钙基润滑脂的最高使用温度一般不高于60℃，且使用寿命较短。

钙基润滑脂主要用于汽车、拖拉机底盘的摩擦部位、水泵轴承、分电器凸轮、电动机等各种工农业机械的滚动轴承和易与水或潮湿接触部位的润滑。其使用温度范围为 -10~60℃，转速在 3000r/min 以下的滚动轴承都可使用。

2. 钠基润滑脂

钠基润滑脂是以天然脂肪酸钠皂稠化中等黏度矿物润滑油制成的，外观为深黄色至暗褐色的

纤维状均匀油膏，按锥入度的大小，分为 2、3 两个牌号。钠基润滑脂的特点是滴点较高（160℃），耐热性好，可在 120℃下较长时间内工作，并有较好的承压抗磨性能，可适应较大的负荷。但它的耐水性很差，遇水易乳化变质，因此不能用于潮湿和易于与水接触的摩擦部位，适合用于离发动机很近、温度较高的风扇离合器等部位。

3. 汽车通用锂基润滑脂

汽车通用锂基润滑脂是由天然脂肪酸锂皂稠化低凝点的矿物油，并加入抗氧、防锈剂制成的，其黏度牌号为 2 号和 3 号。它的特点是滴点高（180℃），使用温度范围广，可以在 -30~120℃ 范围内长期使用，而且还具有良好的胶体安定性、抗水性和防锈性。

汽车通用锂基润滑脂广泛用于汽车轮毂轴承、底盘、水泵和发电机等各摩擦部位的润滑，其换油周期为 15000km。目前，进口汽车和国产汽车普遍使用这种润滑脂。

4. 石墨钙基润滑脂

石墨钙基润滑脂由动、植物脂肪酸与石灰制成的钙皂稠化中等黏度的矿物油，加 10% 的鳞状石墨制成。它具有良好的抗水性和抗碾压性能，滴点高（80℃），主要用于汽车钢板弹簧、半拖挂货车转盘等承压部位的润滑。

五、润滑脂的选用及使用注意事项

1. 润滑脂的选用

润滑脂的品种多，性能各异，润滑脂选用得是否得当，将直接影响汽车使用的可靠性。选用润滑脂的主要依据是润滑部位的工作温度、承载负荷和工作环境。

（1）按工作温度选用　若对润滑脂影响最大的是工作温度，就应选用合适滴点指标的润滑脂。工作温度越高，选用的滴点也越高，工作温度低，选用的滴点就越低。工作温度越高，使用寿命越短。一般轴承温度升高 10~15℃，润滑脂的寿命下降 1/2。温度高的部位一定要选用抗氧化安定性好、热蒸发损失少、滴点高的润滑脂；温度较低的部位，则一定要选用低温起动性能好、相似黏度小的润滑脂。例如，水泵轴承、离合器分离轴承、轮毂轴承、发电机轴承等均可选用复合钙基润滑脂。

（2）按承载负荷选用　对重负荷机械，应采用稠度大一些的润滑脂，比如选择加极压添加剂、二硫化铝或石墨的润滑脂。当承载负荷对润滑脂的影响最大时，在规格选定后，就应选用合适锥入度指标的润滑脂；承载负荷较小的摩擦机件，应选用锥入度较大的润滑脂；承载负荷较大的摩擦机件，应选用锥入度较小的润滑脂。

（3）按工作环境选用　选择润滑脂时还应考虑润滑部位的湿度、灰尘、腐蚀性等因素，特殊环境下选用特殊性能的润滑脂。若润滑脂的工作环境较差，直接与水接触，就应选用耐水性能强的润滑脂。例如，汽车的钢板弹簧可选用石墨钙基润滑脂，传动轴中间支承轴承和十字轴承的工作温度虽不太高，但容易与水接触，故应选用钙钠基润滑脂。

2. 使用注意事项

1）不同种类的润滑脂不得混用，否则易使润滑脂变软和胶体安定性下降。换用新的润滑脂时，须将原润滑脂擦净，不然将加速新润滑脂的氧化变质。

2）润滑脂一次加入量不要过多，否则会使运转阻力增加、工作温度升高。

3）一般情况下，润滑脂与润滑油不能混用。

4）润滑脂应储存在阴凉干燥的地方，不要露天存放，并需防止日晒、雨淋和灰、砂的侵入。

5）应按使用说明书规定及时向各润滑部位注润滑脂。货车每行驶 2000km 要求向水泵轴承、离合器踏板轴、制动踏板轴、传动轴各点前后钢板弹簧销、转向节主销、转向拉杆等处注脂。润滑脂一般使用专门的滑脂枪来加注，其外形如图 7-7 所示。

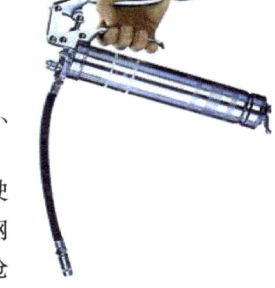

图 7-7　润滑脂枪

课题四　液力传动油

液力传动油又称汽车自动变速器油（ATF）。通用型液力传动油呈紫红色（图7-8），也有些呈淡黄色。它是汽车自动变速器和助力转向系统中的工作介质，不仅对液力变矩器、液力耦合器和机械变速器所组成的自动变速器起到传递动力的作用，还对齿轮、轴承等摩擦副起到润滑和冷却的作用，同时在伺服机构中还起着液压自动控制的作用。

市场上常见的液力传动油如图7-9所示。

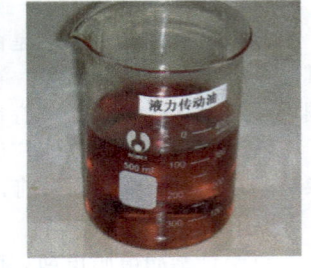

图7-8　通用型液力传动油

一、液力传动油的使用性能

1. 适宜的黏度和黏温性

自动变速器功能的好坏与液力传动油的黏度关系密切，而组成自动变速器的各部件对液力传动油的黏度要求不同。从提高液力变矩器的传动效率、控制系统动作的灵敏度角度看，黏度低有利；为满足齿轮和轴承的润滑要求，减少液压控制系统和油泵泄漏，确保换挡正常，液力传动油的黏度不能过低。但黏度也不宜过高，因为黏度过高不仅会使变矩器的传动效率下降，而且会造成低温起动困难。综合考虑传动效率、低温起动性和润滑要求，对于轿车和轻型载货汽车要求100℃运动黏度在7.0～8.5 mm^2/s（厘斯）；对重负荷功率转换器用油，其100℃运动黏度可从3.8 mm^2/s 到16.33 mm^2/s（厘斯）。

图7-9　市场上常见的几种液力传动油

液力传动油的使用温度范围很宽，一般为-40～170℃，要求液力传动油在高、低温条件下都能正常工作，所以，液力传动油必须具有适当的黏度和良好的黏温性。

2. 良好的热氧化安定性

热氧化安定性是液力传动油的重要指标之一。汽车在行驶中，汽车液力传动油的温度在苛刻的条件下运行时，最高油温可达150～170℃，使油品氧化的倾向增大。如果液力传动油的热氧化安定性不好，则会生成油泥、漆膜或酸性物质，从而造成离合器和制动器打滑，控制系统失灵等故障发生。在液力传动油中加入抗氧剂来增强液力传动油的热氧化安定性。

3. 良好的抗泡沫性

液力传动油在高速流动中会产生泡沫，泡沫对液力传动系统的危害极大。泡沫的可压缩性会导致系统压力波动较大，严重时会造成供油中断，影响控制系统的准确性。泡沫还会使液力变矩器传动效率下降，破坏正常的润滑条件，造成离合器打滑、烧坏等故障。泡沫的形成主要是气体的掺入和油品中少量的水分在一定温度下蒸发造成的。为防止泡沫的产生，液力传动油中要加入抗泡沫添加剂，以降低油品表面张力，使气泡迅速从油中溢出。

4. 良好的抗磨性

为确保自动变速器的行星齿轮机构、轴承、垫圈和油泵等长期正常工作，要求液力传动油润滑的抗磨性强。为提高液力传动油的抗磨性，油中通常都加有抗磨添加剂。

5. 与橡胶材料的适应性

液力传动油不应使自动变速机构中使用的丁酯橡胶、丙烯橡胶和硅橡胶等密封材料过分膨胀、收缩和硬化，否则将会产生漏油和其他危险。此外，还要求液力传动油具有良好的防腐蚀、防锈性能等。

二、液力传动油的分类及选用

1. 液力传动油的分类

我国的液力传动油目前尚未制定详细分类的国家标准，现行标准是中石油的企业标准（Q/SY RH 2042—2001），该标准将液力传动油分为6号、8号和8D号三种。这三种传动油都是以轻质矿物油或合成油为基础油，加入抗氧化剂、防锈剂、抗磨剂和油性剂等调制而成的。其中8D号液力传动油的各项技术指标中，除凝点比8号液力传动油低（8号的凝点为－25℃，8D号凝点为－50℃）以外，其他均与8号相同。

2. 液力传动油的选用

液力传动油一般按照车辆使用说明书的规定来选择。8号液力传动油具有良好的粘温性、抗磨性和较低的摩擦因数，适用于轿车和轻型货车的自动变速系统。6号液力传动油比8号液力传动油具有更好的抗磨性，但粘温性稍差，适用于内燃机车和重型货车以及工程机械的多级变矩器和液力耦合器。8D号传动油因其凝点较低，专用于严寒地区液力传动系统的润滑。

三、液力传动油的使用注意事项

（1）**保持正常的工作油温** 因为油温过高会加速液力传动油的氧化变质，引起故障。所以若发现油温高，应立即停车检查维修或更换液力传动油。

（2）**定期检查油面高度** 通常车辆每行驶10000km应检查一次。检查时，将车辆停放在平坦路面上，并使发动机保持运转状态，此时油平面应在自动变速器油尺的上、下刻线之间，过低时应及时补给。若发现油面下降得过快，则可能漏油，应及时予以检查排除。

（3）**及时更换液力传动油** 液力传动油都有一定的使用期限，当达到这个期限时，油品就不能很好地起到润滑作用，所以应定期更换。货车正常行驶0.8万~1万km，轿车正常行驶2万~4万km，或者停车超过1年时，均应全部更换液力传动油，以延长传动系统的使用寿命。

（4）**不能混用** 不同牌号、不同品种的液力传动油不能混用，同牌号不同厂家生产的液力传动油也不宜混用。

学习单元八 车用工作液

车用工作液是指汽车正常工作中所使用的液态工作介质,它在汽车发动机、制动系统、传动系统以及悬架系统中得到了广泛的应用,其对汽车行驶的安全性、舒适性等都有显著的影响。车用工作液主要包括汽车制动液、汽车冷却液、减振器油、制冷剂和防冻液等。本项目主要介绍车用工作液的类型、特点及其正确使用方法等知识。

学习目标
1. 了解汽车制动液、汽车冷却液、减振器油、制冷剂的性能、种类、规格及特点。
2. 掌握汽车制动液、汽车冷却液、减振器油、制冷剂和防冻液的使用方法及选用方法。

课题一 汽车制动液

汽车制动液是制动系统中采用的传递压力的工作介质,是液压油中的一个特殊品种,其性能直接影响到行驶的安全性。驾驶人踩下制动踏板时,施加到踏板上的力量,由制动总泵的活塞通过制动液传递能量到车轮各泵,使摩擦片张开,达到停车的目的。

市场上常见的几种汽车制动液如图8-1所示。

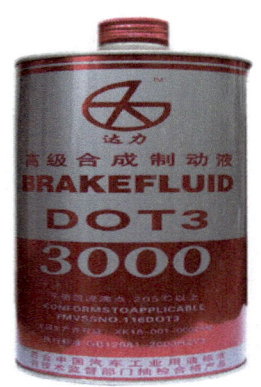  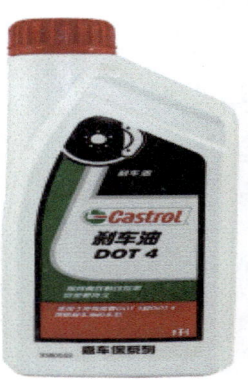 

图8-1 市场上常见的几种汽车制动液

一、汽车制动液的使用性能要求

为保证在严寒、酷暑的气温条件下和高速、重负荷、大功率及频繁制动的操作条件下,有效、可靠地保证汽车制动灵活，确保行车安全，要求汽车制动液具有良好的高温抗气阻性、吸湿性、低温流动性和黏温性、与橡胶材料的适应性、抗腐蚀性等。

1. 高温抗气阻性

高温抗气阻性是指制动液在高温时抵抗气阻产生的能力。车辆在行驶时由于经常频繁制动，在制动过程中由于摩擦而产生的热会使制动液的温度显著增加，有时可达150℃以上。如果制动液的沸点低，则其会在高温作用下蒸发成蒸汽，使制动系统产生"气阻"，从而导致制动失灵。为保证车辆行车安全可靠，要求制动液必须具有较高的沸点。

评定汽车制动液高温抗气阻性的指标是平衡回流沸点和蒸发性。所谓平衡回流沸点，是指制动液在平衡回流状态下液态部位的温度，简称沸点。

2. 吸湿性

吸湿性是指制动液吸水以后能与水互溶，不会产生分离或沉淀的性能。制动液吸收周围的水分以后会使沸点下降，如原来平衡回流沸点为193℃的制动液，当吸湿后含水量达2.0%时，其沸点会下降至150℃。评定制动液吸湿性的指标是湿平衡回流沸点，它是对一定容积的制动液，按一定方法增湿后所测得的平衡回流沸点，称为制动液的湿平衡回流沸点。湿沸点低的制动液同样会产生气阻，因此，要求制动液不仅沸点要高，而且吸湿性要小。

3. 低温流动性

因为制动液的工作温度范围宽，如冬季制动液的最低温度接近最低气温，而在制动过程中，由于摩擦发热可使制动系统工作温度达70~90℃，有时高达150℃。为保证制动液在低温下制动油缸活塞能随踏板的动作灵活移动，在高温时又有适宜的黏度而不影响油缸的润滑和密封，使制动可靠，要求制动液有良好的低温流动性和黏温性。为此，在制动液的使用技术条件中规定了各级制动液在-40℃和100℃时的运动黏度。

4. 与橡胶材料的适应性

汽车液压制动系统中有橡胶皮碗等橡胶制品用于密封。若制动液对这些橡胶制品有溶胀作用，则其体积和质量会发生变化，出现渗漏，使制动压力下降，严重时将导致制动失灵。因此，要求制动液能通过皮碗试验，即在120℃下经70h和在70℃下经120h浸泡后，皮碗外观无发黏、无鼓泡、不析出炭黑，其根径增值在规定范围内。

5. 抗腐蚀性

汽车液压制动系统中的缸体、活塞、复位弹簧、导管和阀等零件，多数采用铸铁、铜、铝和钢等金属材料制成，它们长期与制动液接触，极易被腐蚀，使制动失灵。为减少对金属的腐蚀，在制动液使用技术条件中，要求制动液能通过金属腐蚀试验。其方法是将镀锡铁皮、钢、铝、铸铁、黄铜、铜等金属片置于温度为100℃的制动液中浸泡120h，然后观察其质量变化情况，要求不超过各自的规定值。

此外，制动液还应具有良好的氧化安定性、稳定性等。

二、制动液的种类及规格

1. 制动液的种类

制动液按其组成和特性不同，分为醇型制动液、矿油型制动液、合成型制动液三大类。其中醇型制动液沸点低，易挥发，容易产生"气阻"；矿油型制动液因与水混合后易产生气阻，对天然橡胶有溶胀作用，所以这两类已不再生产和使用。目前，汽车都使用合成型制动液。

合成型制动液是由基础液、稀释剂和添加剂组成的。基础液是制动液成分中最重要的组成部分，对制动液的性能起着决定性的作用，按基础液不同，常用的合成型制动液有醇醚型、酯型和硅油型三种。

（1）醇醚型制动液　醇醚型制动液的基础液主要有乙二醚类、甘醇醚类化合物或聚醚等。常用的润滑剂有聚乙二醇、聚丙二醇、环氧乙烷和环氧丙烷共聚物等，润滑剂约占总量的

20%。添加剂主要有抗氧化剂、抗腐蚀剂、抗橡胶溶胀剂和pH值调整剂等。醇醚型制动液的平衡回流沸点较高、性能稳定、成本低，是目前用量最大的一种制动液；其缺点是吸湿性强，湿沸点较低。

(2) 酯型制动液　　这类制动液是为了克服醇醚型制动液吸湿性强的缺点而发展起来的一种制动液，其基础液通常采用羧酸酯与硼酸酯，它能保持醇醚的高沸点，同时吸湿性小或基本不吸湿，适合在湿热环境下使用。

(3) 硅油型制动液　　基础液主要为硅氧烷或硅酯等，稀释剂为芳香油和高沸点酯，并加有橡胶抗溶胀剂和其他添加剂。这类制动液的黏温性好、沸点高、吸湿性低、化学稳定性和抗氧化性好，但价格昂贵。

2. 制动液的规格

(1) 国外汽车制动液的典型规格

1) 美国联邦政府运输安全部（DOT）制定的联邦机动车辆安全标准（FMVSS）的规格具体是 FMVSS No.116 的 DOT3、DOT4、DOT5、DOT5.1，这是世界公认的汽车制动液通用标准。

2) 美国汽车工程师协会标准（SAE）制定的规格，包括 SAEJ1704（高温使用）、SAEJ1703（正常使用）、SAEJ1702（严寒地区使用）等系列标准。

(2) 国内汽车制动液规格　　2012年，我国颁布了《机动车辆制动液》（GB 12981—2012），该标准按使用工况温度和黏度要求的不同，将制动液分为 HZY3、HZY4、HZY5 和 HZY6 四种级别，并规定了以合成液体为基础液并加入多种添加剂制成的合成制动液的技术要求和试验方法。其中 HZY3、HZY4、HZY5、HZY6 的抗气阻性从低到高，H、Z 和 Y 三个大写字母分别为"合成""制动"和"液体"的汉语拼音的字首；阿拉伯数字3、4、5、6作为区别本系列各标准的标记。它们分别对应国际通用产品 DOT3、DOT4、DOT5 或 DOT5.1。

三、合成制动液的选用及使用注意事项

制动液的正确选择和使用是确保车辆制动系统安全、可靠工作和制动灵敏的重要环节。

1. 制动液的选用

(1) 严格按照车辆使用说明书选用　　合成型制动液是按等级来划分的，选用时应根据汽车的类型选用合适等级的制动液，如图8-2所示，以确保行车安全。若国产车使用进口制动液或进口车使用国产制动液，则应根据其对应关系正确选用，所选用制动液的质量等级不能低于车辆制造企业规定的质量等级。此外，在同样的条件下，轿车选用制动液的级别应比货车高一些。

(2) 根据车辆的工作条件选用　　在山区多坡或高速公路上行驶的车辆，因制动强度大而制动液工作温度高，在南方气候湿热的地区，一般要求选用 HZY4 级制动液；在北方气候干燥的地区，宜选用 HZY3 级制动液。有特殊要求的车辆可选用 HZY5 级或 HZY6 级制动液。

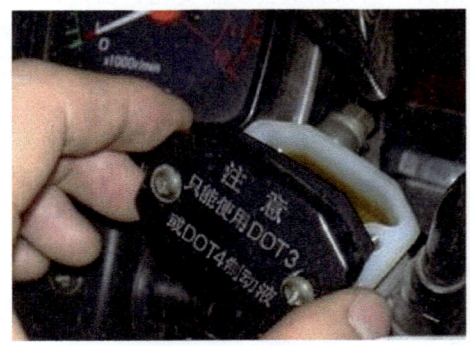

图 8-2　汽车上使用制动液的标记

(3) 根据车辆速度性能选择　　高速车辆，特别是高级轿车与一般货车相比，制动液的工作温度要高，应使用级别较高的制动液。

(4) ABS系统　　ABS系统一般都选用 HZY4 级制动液，尽管 HZY5 级制动液具有更高的沸点，但 HZY5 是以硅油为基础的制动液，对橡胶件有较强的损害，所以在 ABS 系统中，一般不选用 HZY5 作为制动液。

2. 使用注意事项

1) 定期检查与更换。制动装置对于汽车的安全驾驶相当重要，所以需要定期检查制动液液面和制动器磨损程度。液面高度的检查如图8-3a所示，应在制动储液罐侧面的"MIN"与"MAX"

标记之间；制动液颜色如图 8-3b 所示，左边是新的制动液，右边是用过的制动液。制动液的更换周期一般是 $(2\sim4)\times10^4$km 或 1 年。

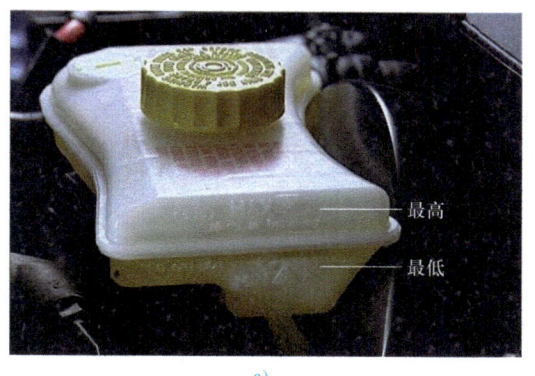
a)

b)

图 8-3 检查制动液液面
a）液面高度 b）颜色

2）各种制动液不能混合使用，以防止混合后分层而失去作用。
3）换制动液时应彻底清洗制动系（严禁用汽油、煤油等做清洗液）；当换用不同品种的制动液时，应用新液清洗一次。
4）应保持制动液清洁，防止水分、矿物油和机械杂质混入。
5）汽车制动液多用有机溶剂制成，易挥发、易燃，应妥善保存并注意防火，存放时应避免阳光直射。
6）制动液应密封存放，特别是醇醚类制动液，以免其吸收大气中的水分后沸点降低。

课题二 汽车防冻液

防冻液的全称叫防冻冷却液，一般为红色或绿色。防冻液是一种含有特殊添加剂、具有防冻功能的冷却液，也是汽车发动机正常运转所不可缺少的散热介质，主要用于汽车液冷式发动机的冷却系统，以防止冬天因冻结而损坏缸体、散热器等。市场上常见的几种汽车防冻液如图 8-4 所示。

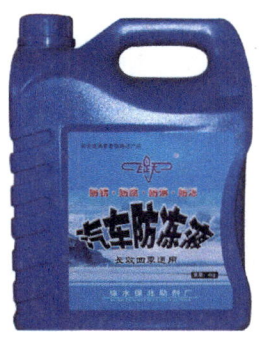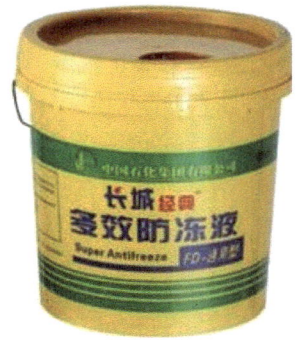

图 8-4 市场上常见的几种汽车防冻液

一、防冻液的性能要求和组成

1. 防冻液的性能要求

（1）低温黏度小 防冻液在低温时黏度越小，越利于流动，散热效果越好。

139

(2) **低冰点，高沸点** 冰点是指防冻液的结冰温度，防冻液的最低冰点应能达到 -50℃ 左右，这样可保证散热器及冷却系统管路不被冻裂。沸点是指在发动机冷却系与外界大气压相平衡的条件下，防冻液开始沸腾的温度。水的沸点是 100℃，优质防冻液的沸点至少要高于 105℃。低冰点能保证汽车在低温下随时起动，高沸点则能保证汽车在满载、高负荷、高速条件下或在山区、热带夏季行驶时防冻液不沸腾，从而保证汽车正常运行。

(3) **防腐蚀性** 发动机的冷却系统是用金属制造的，如铜、铁、铝、钢等。这些金属在高温下与冷却水接触，时间长了都会遭到腐蚀而生锈，从而影响发动机的正常工作。现代防冻液的 pH 值在 7.5~10.0 之间，不仅不会对发动机冷却系统造成腐蚀，还具有防腐和除锈的功能。

(4) **不易产生水垢** 水垢附着在散热器、水套的金属表面，使散热效果越来越差，而且清除很困难。试验表明：水垢的传热系数比铸铁小几十倍，比铝合金小 100~300 倍。据有关资料介绍，在发动机维修工作中，约有 6% 是发动机冷却系统出现的故障，而常见的原因是由水垢或腐蚀造成的。优质的防冻液采用蒸馏水制造，并加有防垢添加剂，不但不生水垢还具有除垢功能。

(5) **抗泡性好** 发动机防冻液在汽车行驶中如果产生过多的泡沫，不仅会降低传热系数、加剧气蚀，而且会造成防冻液溢流。所以，防冻液除了起防冻、冷却的作用外，还应具有防腐蚀、防沸和防垢等作用。

2. 防冻液的组成

防冻液主要由防冻剂、添加剂和纯水组成。

(1) **防冻剂** 防冻液是在水中加入防冻剂，在保持水具有良好传热效果的同时，降低防冻液的冰点。常用的防冻剂有乙二醇、酒精和甘油等，按一定的比例分别与水混合为防冻液。

(2) **添加剂** 添加剂的主要作用是改善防冻液的某些性能。

1）防锈剂。乙二醇水溶液对金属有一定的腐蚀作用，其原因主要是在使用过程中缓慢地被氧化导致酸度增高，从而腐蚀金属。因此，以乙二醇为防冻剂的防冻液必须添加防锈剂，降低其腐蚀作用。防锈剂有无机化合物和有机化合物，它们对各种金属都有防锈作用。

2）pH 值调节剂。在所添加的防锈剂中，较多的无机盐为弱酸强碱盐，它们可使防冻液保持微碱性，并且这些无机盐又是良好的缓冲剂，可使防冻液的 pH 值稳定在 7.5~10.0 之间，从而增强防冻剂的防锈性能。

3）酸、碱指示剂。随着防冻剂使用时间的延长，介质的 pH 值将发生变化，为了监视变化而加入一种 pH 值指示剂，一旦防冻液 pH 值超过规定范围，则表明防冻液已酸化而失去防锈作用。所选定的指示剂的热稳定性应很好，只有在 pH 值小于 6.5 时才改变颜色。

4）消泡剂。溶于防冻液中的空气对乙二醇有氧化作用，产生的气泡会影响热交换效果，为此必须加少量的消泡剂。

二、防冻液的种类与牌号

1. 防冻液的种类

按所加防冻剂的不同，汽车常用的防冻液有酒精型、甘油型、乙二醇型等。

(1) **酒精型防冻液** 酒精型防冻液是用酒精作为防冻剂，与水可按各种比例混合而组成不同冰点的防冻液。酒精含量越高，防冻液的冰点越低。这类防冻液的流动性好、散热快，但易燃、易挥发，而且挥发后冰点容易回升，所以基本上已停用。

(2) **甘油型防冻液** 甘油型防冻液是由甘油（丙三醇）作为防冻剂与水配制而成的。由于甘油的沸点、闪点高，故这类防冻液的沸点高，不易蒸发，但由于配制同一冰点防冻液所需的丙三醇比乙二醇和酒精用量大，所以不经济，使用成本较高。

(3) **乙二醇型防冻液** 乙二醇型防冻液是用乙二醇作为防冻剂，与水配制而成的。乙二醇的沸点高，能够与水以任意比例互溶，可配制成不同冰点的防冻液，最低冰点可达 -68℃。这类防冻液的优点是沸点高、冰点低、冷却效率高、黏度较小等。但乙二醇有一定毒性,对金属有腐蚀作用。因此,常用的乙二醇型防冻液多加有防腐剂和染色剂。

2. 防冻液的牌号

乙二醇型防冻液是目前国内外使用最广的一种防冻液,约有95%的汽车使用这类防冻液。

乙二醇型防冻液现行标准是石化行业标准 SH 0521—1999《汽车及轻负荷发动机用乙二醇型防冻液》,本标准规定了汽车和轻负荷发动机用乙二醇型防冻液及其浓缩液的技术要求,适用于汽车和轻负荷发动机冷却系统,不适用于重负荷发动机冷却系统,分为浓缩液和防冻液。冷却液可直接加车使用;浓缩液是为了便于储运,使用时需加水稀释。

防冻液产品按冰点分为 -25、-30、-35、-40、-45、-50 号共六个牌号。

三、防冻液的选用及使用注意事项

1. 防冻液的选用

(1) 考虑环境温度条件 防冻液的冰点是防冻液最重要的指标之一,在使用时应根据车辆使用地区的最低气温来选择适当的牌号,选用的防冻液冰点应比当地最低温度低 5~10℃,以确保在特殊情况下防冻液不冻结。

(2) 考虑车辆的不同要求 防冻液产品质量的选择应以汽车制造企业推荐为准。轿车与载货汽车,汽油车与柴油车以及不同型号的同类汽车,发动机的技术特性、热负荷情况、冷却系的材料均有所不同。对于无特殊要求的车辆,可以选用乙二醇型防冻液以降低运输成本;对于一些中、高档车辆,要求使用专用防冻液,应按车辆使用说明书选用对应的防冻液。

2. 使用注意事项

1)为保证汽车安全行驶,出车前发动机冷态下应在膨胀水箱处检查防冻液液面位置。如果气候炎热,检查的次数应更多些。正常的液面高度应在膨胀水箱处的"max"和"min"标记之间,如图 8-5 所示。

2)首次使用乙二醇型防冻液时应将散热器中的冷却液放尽,最好能用散热器清洗剂清除其中的水垢和沉淀物,其加入量一般为散热器容量的 95%。

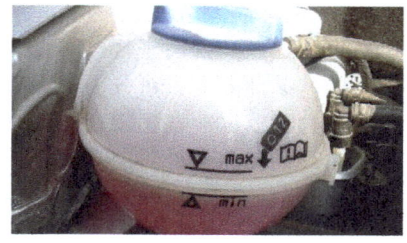

图 8-5 储液罐的液面高度

3)用浓缩液配制时,乙二醇的含量不应超过 68%。因为超过该比例后,不但不能降低冰点,反而会使防冻液的黏度增加、散热性变坏。

4)乙二醇型防冻液使用一段时间后,会因蒸发而使液面下降,应及时加水,并保持原有容量。

5)乙二醇型防冻液的更换周期一般为 3~5 年,也可测定其 pH 值来判断是否需要更换,当防冻液的 pH 值小于 7 时,就必须更换。

6)乙二醇对人体有毒性,使用时严防入口。

7)应防止乙二醇型防冻液与油品接触,以免其受热后产生泡沫。

课题三 汽车其他工作液

除了汽车制动液、汽车发动机冷却液以外,在汽车上还会用到减振器油、液压油、制冷剂等工作介质。

一、汽车减振器油

减振器油是汽车减振器的工作介质,如图 8-6 所示。为了提高汽车的舒适性,延长汽车的使用寿命,汽车上都装有减振系统,其中大部分车辆都采用液压减振器,如图 8-7 所示,它是利用液体流动通过节流阀时产生的阻力来起减振作用的。

图 8-6 减振器油

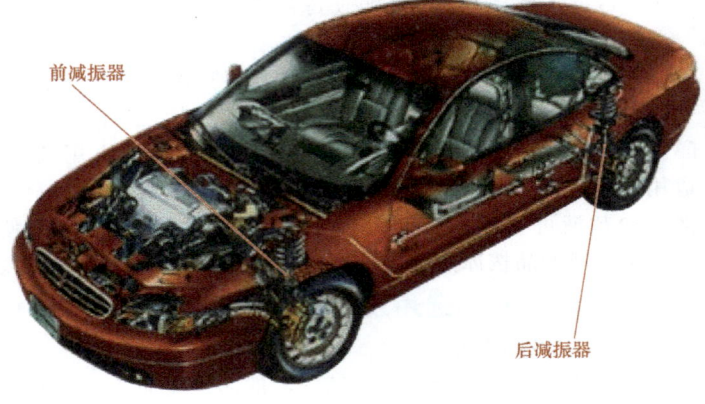

图 8-7 减振器及其位置

1. 减振器油的性能要求

减振器油要在各种车辆的减振装置中长期使用,要适合南北的不同气候条件。既要受行驶中汽车振动的影响,还要经受各种剪切作用。因此,对减振器油的主要性能要求有:适当的黏度、良好的氧化安定性,较好的抗泡沫性,一定的抗磨性、防腐性以及低凝点等。

2. 减振器油的分类及使用

减振器油的类别属于特殊润滑剂应用场合,在有的分类中列为液压油类。国内的减振器油按成分中的基础油分类,可分为矿物型和硅油型,二者的质量指标相似。

目前,多数国产汽车推荐使用克拉玛依炼油厂和按上海石油公司企业标准(沪 Q/YSM 118—1989)生产的减振器油。前者的特点是凝点很低,有良好的黏温性,适合在寒区使用;后者的凝点不高于 -8℃,适合在温暖区使用。

3. 减振器油的选用及使用注意事项

(1) 减振器油的选用　目前,减振器油的品种不多,应选用具有优良性能和符合质量要求的减振器油。如缺乏减振器油,可取 25 号变压器油和 22 号汽轮机油各 50% 混合使用。这两种油都是经过深度精制的油品,具有良好的抗氧化性。一般适用于炎热季节和地区的减振器油可用 10 号变压器油和 22 号汽轮机油配置;适用于寒冷季节和地区的减振器油可用 45 号变压器油和 22 号汽轮机油配置。

(2) 使用注意事项

1) 在储存和使用时,容器和加油工具必须清洁、严密,严防混入水,以免添加剂沉淀和油品乳化变质。

2) 使用中应注意减振器密封良好,无渗漏现象,每 $(4\sim5)\times10^4$km 定期维护时,拆检减振器,同时更换减振器油,应按规定液量加足,如东风 EQ1092 型汽车为 0.44L(每个),解放 CA1091 型汽车为 0.37L(每个)。

二、液压油

液压油就是用于液压传动系统中的工作介质。随着汽车工业的发展,现代汽车上的许多机构上广泛采用了液压和液力传动。除液压制动系统、液压减振器、自动变速器以外,离合器液压操纵系统、液力转向系统、自动倾斜机构等均采用了液压传动系统。另外,在汽车维修机械中也广泛应用了液压传动,如各种作业装置、平台回转机构、提升及夹紧机构等。汽车上典型的液压装置如图 8-8 所示。

市场上常见的液压油如图 8-9 所示。

1. 液压油的性能要求

为保证液压系统正常工作，液压油必须保证其不可压缩性和良好的流体状态。对液压油的主要性能要求有：适宜的黏度和良好的黏温性，良好的抗磨性、抗乳化性、抗泡沫性和抗氧化性等。

2. 液压油的分类和应用

按国家标准 GB 7631.2—2003《润滑剂、工业用油和相关产品（L类）的分类》规定的润滑剂和有关产品（L类）中的H组（液压系统）分类命名方法，汽车及其维修机械液压系统常用的液压油品种有L-HL、L-HM、L-HV 和 L-HR 等。

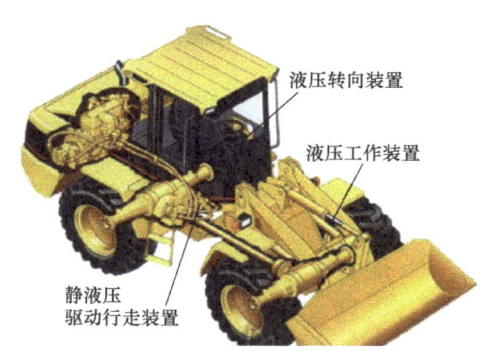

图 8-8 汽车上典型的液压装置

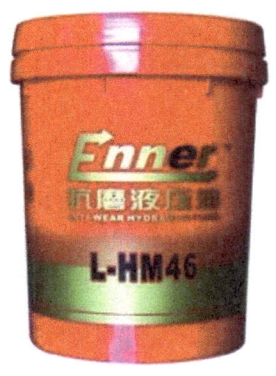  

图 8-9 市场上常见的液压油

（1）L-HL 液压油（通用工业机床润滑油） L-HL 液压油是一种精制矿物油，具有良好的抗氧、防锈性能，常用于低压液压系统和传动装置，它可在 0℃ 以上环境下使用，适用于机床和其他设备的低压齿轮泵，也可以使用于其他抗氧防锈型润滑油的机械设备（如轴承和齿轮等）。L-HL 液压油按照 40℃ 时的运动黏度可分为 15、22、32、46、68 和 100 六个黏度牌号。

（2）L-HM 液压油（抗磨液压油） L-HM 液压油是在 L-HL 油的基础上，通过改善其抗磨性能而得来的。此液压油适用于低、中和高压的叶片泵、柱塞泵和齿轮泵的液压系统，也可以用于中、高压的工程机械或车辆上的液压系统（如数控机床、起重机和挖掘机等中重型机械）和中等负荷机械上的润滑部位，其适应的温度范围为 -5~60℃。L-HM 液压油按照 40℃ 时的运动黏度可分为 15、22、32、46、68、100 和 150 七个黏度牌号。

（3）L-HV 液压油（低温抗磨液压油） L-HV 液压油是在 L-HM 油的基础上，通过改善其黏温性能而得来的液压油。L-HV 液压油属于宽温度变化范围下使用的液压油，适用于环境温度变化较大和工作条件恶劣的（野外作业的工程车辆、军车等）低、中和高压液压系统和其他中等负荷机械的润滑部位，其适用温度在 -30℃ 以上。按基础油不同，可将其分为矿油型和合成油型两种；按照 40℃ 时的运动黏度又可以将其分为 15、22、32、46、68 和 100 六个黏度牌号。

（4）L-HR 液压油（低温液压油） L-HR 液压油是在 L-HL 油的基础上，通过改善其黏温性能而得来的液压油。它具有良好的防锈、抗氧性和黏温性，适用于环境温度变化较大和工作条件恶劣的中、低压液压系统和其他轻负荷机械的润滑部位。L-HR 液压油分为 15、32 和 46 三个黏度牌号。

3. 液压油使用注意事项

1）不同品种、不同牌号的液压油不能混合使用。

2）液压油在储存和使用过程中应确保清洁，否则会缩短液压系统的使用寿命。

3) 应按说明书规定的换油标准及时换油。

4) 一般条件下，汽车和工程机械在进行高级维护时应更换液压油。

三、汽车空调制冷剂

汽车空调包括冷气、暖气、去湿和通风等装置。汽车空调制冷剂是汽车空调制冷系统中循环流动的工作介质。市场上常见的制冷剂如图 8-10 所示。

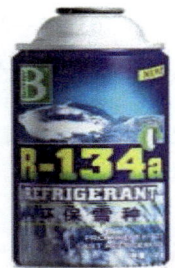

图 8-10　市场上常见的制冷剂

1. 制冷剂的使用性能

制冷剂的性能直接关系到制冷装置的制冷效果、经济性、安全性及运输管理，因而汽车空调制冷剂应具备以下使用性能：无毒、无臭味、不易燃、不爆炸，易于改变吸热和散热的状态；有很强的重复变态能力，化学性质稳定、无腐蚀性，与润滑油无亲和作用；可与冷冻机油以任意比例相容，有利于环境保护。

2. 制冷剂的品种

目前，汽车空调制冷剂的主要品种是环保型的 R-134a（HFC-134a），取代了最早使用的 R-12（CFC-12），其中的 "R" 是 Refrigrant（制冷剂）的第一字母。R-12 制冷剂虽具有制冷能力强、化学性质稳定、与冷冻机油相容性好和安全性好等优点，但是，它会对大气的臭氧层起到破坏作用，给人类和生物带来很大危害。

空调制冷剂 R-134a 在大气压下的沸点为 -26℃，在正常室温及大气压下，将 R-134a 暴露并释放到空气中，它会立即从周围空气中吸收热量并立即沸腾，从而转化为气体，同时 R-134a 很容易在加压状态下冷凝而恢复液态。

3. 制冷剂使用注意事项

1) 汽车空调使用一定时间后会出现制冷效果差或不制冷的现象，此时必须给空调加注制冷剂。加注汽车空调制冷剂时，使用图 8-11 所示的汽车空调加制冷剂压力表。

2) 在储存和使用过程中应尽量避热。制冷剂极易蒸发，在储存时应尽量避开阳光直射、火炉及其他热源，添加制冷剂时应在低温下进行。

图 8-11　汽车空调加制冷剂压力表

3) 应尽量避免与皮肤接触。因为制冷剂在大气压力下会急剧蒸发制冷，极易冻伤皮肤，在加注制冷剂时，要避免接触皮肤和进入眼睛。

4) 加注制冷剂时要选择通风良好的环境。因为制冷剂排到大气中会造成氧气浓度急剧下降，严重时会使人窒息，因此在检查及填充时要在通风良好的环境下进行。

5) 不得混合使用制冷剂。因为不同的制冷剂对空调系统结构的要求不一致。

参 考 文 献

[1] 黄武全,符旭. 金属材料与热处理[M]. 北京:机械工业出版社,2012.
[2] 杨庆彪. 汽车材料[M]. 北京:中国劳动社会保障出版社,2013.
[3] 丁宏伟. 汽车材料[M]. 北京:中国劳动社会保障出版社,2007.
[4] 白树全,高美兰. 汽车应用材料[M]. 北京:北京理工大学出版社,2013.

《汽车材料》习题册

班级_____

姓名_____

学号_____

前　言

　　本习题册为《汽车材料》的配套用书。习题册紧扣教学要求，按照教材编写顺序，遵循由简到繁、由浅入深、循序渐进的原则编排。题型丰富多样，难易配置适当，注重对学生基本能力的培养，适合学生复习和巩固知识使用。

　　由于编者水平有限，书中难免存在疏漏或考虑不周之处，敬请使用本习题册的师生和广大读者提出宝贵意见，使本习题册在修订时能够得以及时调整补充，更趋完善。

第一篇　汽车工程材料

学习单元一　金属材料的基础知识

课题一　金属材料的性能

一、填空题

1. 金属材料的性能包括_____性能和_____性能。
2. 物质单位体积的质量称为该物质的_____。体积相同的不同金属，密度越大，其质量也____。
3. 金属材料在受热时体积_____，冷却时体积_____的性能称为热膨胀性。
4. 金属材料在外力的作用下所表现出来的性能称为_____性能。工程上将金属材料所承受的外力称为_____。按载荷的作用性质不同，可分为_____载荷、_____载荷和_____载荷三种。
5. 工艺性能是指金属材料在_____过程中适用各种_____的能力，包括_____性能、_____性能、_____性能、_____性能和_____性能等。
6. 金属材料的强度按载荷作用方式不同，有_____强度、_____强度、_____强度、_____强度和_____强度等。

二、选择题

1. 为了减轻汽车的自身重量，轿车常采用密度比较（　　）的铝合金作为车身材料。
   A. 小　　　　　　　B. 大
2. 汽车的曲轴、齿轮、轴承、弹簧等零件，在工作过程中各点的应力为(　　)。
   A. 不变的应力　　　B. 逐渐增大的应力　　　C. 交变应力
3. 抗拉强度表示金属材料在拉伸载荷作用下的（　　）均匀变形抗力。
   A. 最大　　　　　　B. 最小
4. 金属材料的断后伸长率和断面收缩率越大，表示材料的塑性越（　　）。
   A. 差　　　　　　　B. 好
5. 金属材料在各种物理条件作用下所表现出的性能称为（　　）性能。
   A. 物理　　　　　　B. 力学　　　　　　　　C. 化学

三、判断题

1. 导热性好的金属材料，其导电性也好。　　　　　　　　　　　　　　（　　）

2. 弹性变形是随载荷的作用而产生，随载荷的去除而消失的变形；塑性变形是不能随载荷的去除而消失的变形。　　　　　　　　　　　　　　　　　　（　　）
3. 金属材料在载荷作用下抵抗弹性变形的能力称为强度。　　　　　　　（　　）
4. 汽车零件产生疲劳破坏的原因是材料表面或内部有缺陷（如夹杂、划痕、夹角等）。　　　　　　　　　　　　　　　　　　　　　　　　　　　　　　（　　）
5. 液态金属凝固后，内部化学成分和组织不均匀的现象称为偏析。　　　（　　）

四、简答题

1. 什么是金属的力学性能？主要的力学性能指标有哪些？

2. 什么叫强度、塑性？其衡量指标有哪些？各用什么符号表示？

3. 什么叫硬度？常用的硬度测定方法有哪几种？试述它们的适用范围。

4. 什么叫金属的工艺性能？工艺性能主要包括哪些内容？

五、计算题

一根标准拉伸试样的直径为10mm、标距长度为50mm。拉伸试验时测出试样在26000N时屈服，出现的最大载荷为45000N，拉断后的标距长度为58mm，断口处直径为7.75mm，试计算R_{eL}、R_m、A、Z。

课题二　铁碳合金相图

一、填空题

1. 自然界的固态物质，根据原子在内部的排列特征可分为_____与_____两大类。
2. 常见的晶格类型有_____晶格、_____晶格和_____晶格。
3. 由两种或两种以上的_____或_____，经熔炼、烧结或其他方法结合成具有_____的物质称为合金。

4. 铁碳合金相图是研究_____和_____及其加工处理的主要理论基础，它反映了在缓慢冷却（或缓慢加热）条件下，铁碳合金的_____、_____和_____之间的关系，显示了铁碳合金状态或组织随温度_____的规律。

5. 在固态下，金属随_____的改变由一种晶格转变为另一种晶格的现象称为金属的同素异构转变。铁的同素异构转变是钢铁能够进行_____的重要依据。

6. 通常固态时合金中形成_____、_____和_____三类组织。

二、选择题

1. 晶体在一般情况下具有（　　）的外形。
   A. 规则　　　　　　　　B. 不规则　　　　　　　　C. 很好
2. 铁素体、奥氏体和渗碳体均为铁碳合金的基本（　　）。
   A. 相　　　　　　　　　B. 组织　　　　　　　　　C. 元素
3. 在液态铁碳合金中，铁和碳可以（　　）互溶。
   A. 有限　　　　　　　　B. 交替　　　　　　　　　C. 无限
4. 钢中碳含量越高，渗碳体比例越（　　），则硬度越高，塑性越低。
   A. 低　　　　　　　　　B. 高
5. 铁碳合金相图中纵坐标为（　　），横坐标为碳的（　　）。
   A. 温度　　　　　　　　B. 组织　　　　　　　　　C. 质量分数
6. 奥氏体是铁碳合金的高温基本相，稳定地存在于（　　）以上。
   A. 727℃　　　　　　　　B. 1148℃　　　　　　　　C. 室温

三、判断题

1. 各种物质都有固定的熔点。　　　　　　　　　　　　　　　　　　（　　）
2. 凡是内部原子或分子，按照一定几何规律做周期性重复排列的物质均称为晶体。
   　　　　　　　　　　　　　　　　　　　　　　　　　　　　　　（　　）
3. 同一种晶体物质在不同方向上具有不同的性能，称为各向异性。　　（　　）
4. 多数合金组元在液态时都能互相溶解，形成均匀互溶体。　　　　　（　　）
5. 固溶强化是提高金属材料力学性能的重要途径之一。　　　　　　　（　　）

四、简答题

1. 常见金属的晶格类型有哪几种？说明各自的结构特点。

2. 什么叫合金？举例说明常见的合金。

3. 什么叫固溶体？根据溶质原子在溶剂中所占位置的不同，固溶体可分为哪两种？

4. 什么叫铁素体、奥氏体、珠光体、渗碳体、莱氏体？它们的性能有何特征？

课题三　钢的热处理

一、填空题

1. 热处理是改善金属材料_____和_____的一种非常重要的工艺方法，提高汽车产品_____和_____的主要途径之一。

2. 热处理就是对固态的金属或合金采用适当的方式进行_____、_____和_____，以获得所需要的_____与_____的工艺。

3. 热处理分为_____和_____两大类。

4. 淬火是将工件加热到 A_{c1} 或 A_{c3} 以上 30～50℃并保温一定的时间，然后____，以获得_____组织，其主要目的是提高钢的_____和_____，是强化钢材的最重要的工艺方法。淬火质量取决于淬火三要素，即_____温度、_____时间和_____速度。

5. 表面热处理按处理工艺特点可分为_____和_____两大类。

6. 表面化学热处理与其他热处理相比，不仅改变了钢的_____，而且表面层的_____也发生了变化，能有效地改变工件表层的性能。

二、选择题

1. 碳在 α-Fe 中形成的过饱和固溶体称为（　　）组织。
   A. 贝氏体　　　　　　B. 奥氏体　　　　　　C. 马氏体

2. 钢的淬透性是指钢在规定的条件下淬火时获得（　　）的能力。钢的淬硬性是指钢在理想条件下进行淬火硬化时所能达到（　　）的能力。
   A. 最高硬度　　　　　B. 最高塑性　　　　　C. 淬硬层深度

3. 退火是把工件加热到适当的温度，保温一定时间后（　　）降温而缓慢冷却的热处理方法。
   A. 随炉　　　　　　　B. 水中　　　　　　　C. 空中

4. 正火是将钢件加热到完全转变为（　　），保温一定时间后，在空气中冷却得到细片状珠光体组织的热处理工艺。
   A. 珠光体　　　　　　B. 铁素体　　　　　　C. 奥氏体

5. 将淬火加（　　）回火相结合的热处理工艺称为调质处理。
   A. 高温　　　　　　　B. 低温　　　　　　　C. 中温

三、判断题

1. 热处理是改善金属材料使用性能和工艺性能的一种非常重要的工艺方法，是强化金属材料、提高汽车产品质量和使用寿命的主要途径之一。（   ）
2. 钢加热形成奥氏体后继续升温，会使奥氏体晶粒得到细化。（   ）
3. 钢的热处理冷却过程是决定钢热处理组织和性能的关键工序。（   ）
4. 钢由奥氏体转变为马氏体时，因其体积膨胀而产生淬火应力，易使淬火零件变形甚至开裂。（   ）
5. 化学热处理的主要目的是提高工件的表面硬度、耐磨性以及疲劳强度；也可提高工件的耐蚀性、抗氧化性。（   ）

四、简答题

1. 什么叫热处理？热处理的工艺过程包括哪三个步骤？

2. 以共析钢为例，过冷奥氏体在不同温度等温冷却时，可得到哪些不同产物？其性能如何？

3. 什么是马氏体？它有哪两种类型？它们的性能各有何特点？

4. 普通热处理方法有哪些？

5. 汽车中哪些零件需要进行表面热处理？表面热处理有哪些常用方法？

学习单元二　汽车用钢铁材料

课题一　汽车用碳素钢

一、填空题

1. 碳素钢是指在铁碳合金中碳的质量分数大于＿＿＿＿＿＿％而小于或等于

_____%，且不含有特意加入_____的铁碳合金。

2. 碳素钢按碳的质量分数分为_____碳钢、_____碳钢和_____碳钢。按用途分为碳素_____钢、碳素_____钢。

3. 优质碳素结构钢中有害杂质及非金属夹杂物的含量_____，化学成分控制得也较严格，_____较好，用于制造较重要的汽车零件。

4. 碳素工具钢属于_____碳钢，要求硫和磷等杂质的含量_____，以保证淬火以后有足够高的硬度和_____。

5. T12A 表示平均碳的质量分数为_____的_____碳素工具钢。

二、选择题

1. 碳素钢的常存元素中，（　）和（　）是有害元素，（　）和（　）是有益元素。

A. 锰　　　　　B. 硅　　　　　C. 硫　　　　　D. 磷

2. 普通碳素结构钢的杂质和非金属夹杂物较（　），优质碳素结构钢中有害杂质及非金属夹杂物的含量较（　）。

A. 少　　　　　B. 多　　　　　C. 合适

3. 脱氧程度不完全的碳素钢称为（　），脱氧程度完全的碳素钢称为（　）。

A. 沸腾钢　　　B. 半镇静钢　　C. 镇静钢

4. 硅作为杂质，其质量分数一般不应超过（　）%。

A. 0.3　　　　　B. 0.4　　　　　C. 0.5

5. 为了避免冷脆，钢中磷的质量分数必须不大于（　）。

A. 0.05　　　　B. 0.045　　　　C. 0.030

三、判断题

1. 锰作为少量常存元素存在时，其质量分数一般不应超过1.00%。　　（　）
2. 为了避免热脆，必须严格控制钢中硫的质量分数，通常应使 $w_s < 0.5\%$。　　（　）
3. 硫使钢在低温时变脆，磷使钢在高温时变脆。　　（　）
4. 碳素工具钢都要经过热处理后，才能进一步提高硬度和耐磨性。　　（　）
5. 铸造碳素钢属于中、高碳素钢。　　（　）

四、简答题

1. 碳素钢常存杂质元素中，为什么锰和硅是有益元素，而硫和磷是有害元素？

2. 按用途不同，碳素钢可分为哪两类？其各自的用途有哪些？

课题二　汽车用合金钢

一、填空题

1. 合金钢是指为了提高钢的_____性能、_____性能或物理、化学性能，有目的地向钢中加入_____种或_____种一定量化学元素的钢。
2. 合金钢按用途可分为合金_____、合金_____、_____。
3. 合金结构钢根据其用途可分为低合金高强度_____、合金_____、合金_____、合金_____、滚动_____。
4. 弹簧是汽车及各种机器和仪表中的重要零件，它的主要作用是利用_____所吸收的能量来达到缓冲、减振及_____的目的。
5. 合金工具钢按其用途不同又可分为_____、_____和_____。
6. 具有特殊的_____和_____性能的钢称为特殊性能钢。汽车制造行业中常用的特殊性能钢有_____钢、_____钢、_____钢等。
7. 不锈钢是指在大气、水、酸、碱和盐溶液或其他_____介质中，具有高度_____的合金钢的总称。
8. 耐热钢是指在_____下不易发生_____并具有较高_____的钢。
9. 耐磨钢的热处理工艺一般都采用_____，即将钢加热到临界温度以上（1000～1100℃）并保温一段时间，使碳化物全部溶解到_____中，然后快速水冷，在室温下得到均匀单一的_____组织。

二、选择题

1. 合金结构钢的牌号中，前面两位数字表示钢中平均碳的质量分数的（　　）分数。
   A. 百　　　　　　B. 千　　　　　　C. 万
2. 在低合金高强度结构钢中，碳的质量分数一般小于（　　），合金元素总量小于（　　），以锰为主加元素。
   A. 6%　　　　　　B. 0.2%　　　　　C. 3%
3. 渗碳钢是指经渗碳、淬火、（　　）回火后使用的钢。
   A. 低温　　　　　B. 中温　　　　　C. 高温
4. 为了消除淬火内应力，减少残留奥氏体数量，高速工具钢淬火后一般要进行（　　）次550～570℃的回火。
   A. 1　　　　　　B. 2　　　　　　C. 3
5. 大多数不锈钢中碳的质量分数为（　　）。

A. 0.1%~0.15%　　B. 0.1%~0.2%　　C. 0.1%~0.3%
6. 耐磨钢是指在强烈冲击载荷作用下，才能产生（　　）的钢。
A. 硬度　　　　　　B. 强度　　　　　　C. 硬化

三、判断题

1. 合金钢中加入的元素称为合金元素，它既可以是金属元素，也可以是非金属元素。（　　）
2. 低合金高强度结构钢一般在热轧空冷状态下使用，需要进行专门的热处理。（　　）
3. 合金调质钢是指经过调质处理（淬火+高温回火）后使用的中碳合金结构钢。（　　）
4. 量具钢的热处理关键在于减小热处理变形和提高尺寸稳定性。（　　）
5. 马氏体型不锈钢在锻造以后需要正火，以降低硬度，改善切削加工性。（　　）

四、简答题

1. 简述合金渗碳钢的主要性能，常用的合金渗碳钢牌号有哪些？

2. 合金钢按合金元素总量是怎样分类的？

3. 解释下列钢的牌号表示的意义，并说明其用途。
（1）Q345

（2）45Cr

（3）9SiCr

课题三　汽车用铸铁

一、填空题

1. 铸铁的性能与其内部组织密切相关，由于铸铁中碳的质量分数较_____，所以铸铁中的碳以_____和游离的_____状态存在。
2. 把铸铁中的碳以石墨形式析出的过程称为_____。铸铁中的石墨可以从_____中直接结晶出或从_____中直接析出，也可以先结晶出_____，再由渗碳体在一定条件下_____而得到（$Fe_3C \rightarrow 3Fe + C$）。
3. 根据碳在铸铁中的存在形式及石墨的形态不同，可将铸铁分为_____铸铁、_____铸铁、_____铸铁三种。

4. 碳在白口铸铁中完全以 Fe_3C 的形式存在，断口呈_____，故称白口铸铁。白口铸铁硬度_____，脆性_____，很难加工。

5. 普通灰铸铁中钢的基体根据石墨化进程不同可以是_____、_____或_____种。

二、选择题

1. 铸铁是指在铁碳合金中碳的质量分数大于（ ）而小于（ ），并含有较多的硅、锰、硫、磷等元素的铁碳合金。
   A. 0.77%　　　　B. 2.11%　　　　C. 6.69%

2. 普通灰铸铁的组织由（ ）石墨和钢的基体组成，可锻铸铁是由白口铸铁经过退火处理使渗碳体分解而得到（ ）石墨的一种高强度铸铁。
   A. 球状　　　B. 片状　　　C. 团絮状　　　D. 蠕虫状

3. 碳部分以（ ）形式存在，部分以（ ）形式存在，断口夹杂着白亮色的渗碳体和暗灰色的石墨，故称为麻口铸铁。
   A. 石墨　　　B. 渗碳体　　　C. 金刚石

4. 蠕墨铸铁中的石墨呈（ ），其对基体的割裂作用介于灰铸铁与球墨铸铁之间，其性能也介于灰铸铁与球墨铸铁之间。
   A. 球状　　　B. 片状　　　C. 团絮状　　　D. 蠕虫状

5. 球墨铸铁的组织由（ ）石墨和金属基体两部分组成，铸态下的金属基体可分为铁素体、铁素体＋珠光体和珠光体三种。
   A. 球状　　　B. 片状　　　C. 团絮状　　　D. 蠕虫状

三、判断题

1. 影响石墨化的因素主要是铸铁的冷却速度。　　　　　　　　　　（　）
2. 铸件的冷却速度主要取决于壁厚和铸型材料。　　　　　　　　　（　）
3. 灰铸铁具有抗拉强度和塑性低，耐磨性和减振性优异，铸造、切削加工性能好等优点。　　　　　　　　　　　　　　　　　　　　　　　　　　（　）
4. 球墨铸铁比普通灰铸铁具有更高的强度、塑性和韧性，同时较好地保留了普通灰铸铁的耐磨、减振、易切削、铸造性能好和对缺口不敏感等特性。　　（　）
5. 普通铸铁加热到450℃以上的高温时，会出现表面氧化和"热生长"现象。
   　　　　　　　　　　　　　　　　　　　　　　　　　　　　　（　）

四、简答题

1. 什么是灰铸铁？它有哪些性能特点？

2. 什么是球墨铸铁？球墨铸铁在性能上有何特点？

3. 简述蠕墨铸铁的性能和用途。

4. 说明下列牌号铸铁的类型、数字的含义及用途。
HT250、QT600-3、KTH350-10、KTZ550-04、RuT260。

学习单元三　汽车用非铁金属及其合金

课题一　铝及铝合金

一、填空题

1. 纯铝呈_____色，它具有_____、_____、导电性和导热性好、磁导率低等特征。

2. 纯铝的抗大气腐蚀性能_____，在空气中铝及铝合金表面会很快形成一层致密的_____，可防止内部继续氧化。但其在碱和盐的水溶液中被_____而破坏，因此不能用铝及铝合金制作的容器盛放盐溶液和碱溶液。

3. 纯铝按铝的含量分为_____和_____两类。

4. 根据铝合金的化学成分及生产工艺不同，铝合金可分为_____铝合金和_____铝合金两大类。

5. 铸造铝合金的代号由"ZL"及_____数字表示，其中"ZL"代表"铸铝"二字的汉语拼音之首；"ZL"后面的第一位数字表示_____系列，其中"1"表示_____系列铸造铝合金，"2"表示_____系列铸造铝合金，"3"表示_____系列铸造铝合金，"4"表示_____系列铸造铝合金；第二位和第三位数字表示同一组别中不同铝合金的_____。

二、选择题

1. 变形铝合金中溶质元素的含量（　　）最大溶解度，在加热时形成单相固溶体。它具有良好的塑性，变形抗力小，适用于各种压力加工。
A. 小于　　　　　　B. 大于　　　　　　C. 等于

2. 铸造铝合金中溶质元素的含量（　　）最大溶解度，具有良好的铸造性能，可直接铸造成各种形状复杂的零件。

A. 小于　　　　　　B. 大于　　　　　　C. 等于

3. 高纯铝的纯度为（　　），主要用于科研及制作电容器等。

A. 99.93%～99.99%

B. 98.0%～99.9%

C. 96.0%～98.0%

4. 工业纯铝的纯度为（　　），主要用于制作电线、屏蔽壳体、反射器、散热器、包覆材料及化工容器等。

A. 99.93%～99.99%

B. 98.0%～99.9%

C. 96.0%～98.0%

5. 固溶处理后的铝合金都要进行（　　）强化处理。

A. 时效　　　　　　B. 淬火　　　　　　C. 渗碳

三、判断题

1. 铝合金不仅能保持纯铝密度小、耐蚀性和导热性好等优点，而且其强度比纯铝高得多，常用于制造质量轻、强度要求较高的汽车零件。（　　）

2. 合金元素对铝的强化作用主要表现为固溶强化、时效强化和细化组织强化。（　　）

3. 铝中的合金元素都能与铝形成无限固溶体，导致晶格畸变，从而提高了铝合金的强度。（　　）

4. 在室温下进行的时效称为人工时效，在加热条件下进行时效的称为自然时效。（　　）

5. 变形铝合金主要通过变形和再结晶退火实现晶粒细化，铸造铝合金通过改变铸造工艺和加入微量元素来实现合金晶粒和过剩相的细化。（　　）

四、简答题

1. 铝合金的类型有哪几种？可通过哪些途径使其得到强化？

2. 变形铝合金的牌号如何表示？试举一例说明。

3. 铸造铝合金有哪几个系列？

课题二 铜及铜合金

一、填空题

1. 纯铜的颜色为_____色，在大气中其表面形成的氧化铜呈_____色。纯铜具有优良的_____、_____等特征。

2. 纯铜具有很好的_____稳定性，在大气、淡水、冷水中具有很好的_____，但在海水、氨盐、氯化物、碳酸盐及氧化性酸中_____差。

3. 铜合金按加入主要合金元素的不同可分为_____、_____和_____三大类。

4. 黄铜是以_____为主加合金元素的铜合金，根据其成分特点又分为_____、_____和_____。

5. 特殊黄铜是在_____的基础上加入_____等元素的黄铜。合金元素的加入改善了黄铜的_____、_____和某些工艺性能。

二、选择题

1. 我国工业纯铜按纯度不同有三个牌号，即T1（　　）、T2（　　）、T3（　　）。
   A. w_{Cu} = 99.90%　　　B. w_{Cu} = 99.95%　　　C. w_{Cu} = 99.7%

2. 普通黄铜是铜-锌二元合金，其锌的质量分数（　　）50%。普通黄铜具有良好的耐蚀性和压力加工性能，并具有一定的塑性和强度，且成本低，色泽美丽。
   A. 小于　　　　　　B. 大于　　　　　　C. 等于

3. 白铜是以镍为主要合金元素的铜合金，镍的质量分数低于（　　），白铜分普通白铜和特殊白铜。
   A. 40%　　　　　　B. 30%　　　　　　C. 50%

4. 锡青铜 QSn4-3 表示平均锡的质量分数为（　　），平均锌的质量分数为（　　），平均铜的质量分数为（　　）。
   A. 3　　　　　　　B. 4　　　　　　　C. 93.0

5. 铅黄铜 HPb63-3 表示平均铅的质量分数为（　　），平均锌的质量分数为（　　），平均铜的质量分数为（　　）。
   A. 3%　　　　　　 B. 63%　　　　　　C. 34%

三、判断题

1. 无氧铜中的含氧量极低，一般不大于0.003%，其代号有TU1、TU2，"U"是"无"字的汉语拼音字首。　　　　　　　　　　　　　　　　　　　　　　　（　　）

2. HMn58-2 表示锌的质量分数为58%，锰的质量分数为2%，其余为铜的特殊黄铜。　　　　　　　　　　　　　　　　　　　　　　　　　　　　　　　（　　）

3. ZCuZn16Si4 表示平均锌的质量分数为16%，平均硅的质量分数为4%，其余为铜的铸造硅黄铜。　　　　　　　　　　　　　　　　　　　　　　　　　（　　）

4. 铍青铜的强度、硬度高，且有很高的疲劳强度和弹性极限，弹性稳定，导热、导电性好，无磁性，耐磨、耐蚀、耐寒、耐冲击。　　　　　　　　　　　（　　）

5. BMn3-12表示镍的质量分数为3%、锰的质量分数为12%、铜的质量分数为85%的锰白铜。( )

四、简答题

1. 铜合金分为哪几类？其主加元素分别是什么？

2. 黄铜有哪几种类型？各自有哪些特性？

3. 青铜有哪几种类型？各自有哪些特性？

4. 举例说明黄铜在汽车上的应用。

课题三 其他非铁金属及其合金

一、填空题

1. 纯镁的密度_____，是所有金属结构材料中最_____的金属。镁的化学活性很强，抗_____性很差，在潮湿的大气、淡水、海水及绝大多数酸、碱、盐溶液中易受腐蚀。

2. 工业纯钛的塑性_____（$A=40\%$，$Z=60\%$），强度、硬度_____（$R_m=290\text{MPa}$，100HBW），容易_____，可制成细丝、薄片。

3. 滑动轴承由_____和_____组成，轴瓦可直接用耐磨合金制成，也可在钢背上浇注（或轧制）一层耐磨合金形成轴瓦。

4. 锡基轴承合金是以_____为基础，加入锑、铜等合金元素组成的合金。又称_____合金，属软基体_____类材料。

5. 在钛中加入稳定的α相稳定_____，再加入β相稳定_____，在室温下即获得_____双相组织。

二、选择题

1. 钛是一种银白色金属，它具有同素异构转变，温度低于882℃时为密排六方晶格，称为（ ）；温度高于882℃时为体心立方晶格，称为（ ）。

    A. β-Ti   B. α-Ti   C. γ-Ti

2. 镁合金是目前工业应用中（   ）的工程金属材料。
   A. 最轻　　　　　　　B. 最重

三、判断题

1. 变形镁合金是指主要用变形的方法加工成形的镁合金。　　　　　　　　　（   ）
2. ZSnSb11Cu6 表示 $w_{Sb}=11\%$ 和 $w_{Cu}=6\%$ 的锡基铸造轴承合金。　　　（   ）
3. ZPbSb16Sn16Cu2 表示 $w_{Sn}=16\%$、$w_{Sb}=16\%$ 及 $w_{Cu}=2.0\%$ Cu 和余量为 Pb 的铅基轴承合金。
4. 锡基和铅基轴承合金都属于硬基体软质点轴承合金，其负载能力弱，减摩性好，可用于制造中低负荷的轴瓦。　　　　　　　　　　　　　　　　　　　（   ）
5. 铜基轴承合金和铝基轴承合金都属于软基体硬质点轴承合金，其负载能力强，减摩性差，可用于制造高速度、高负荷的轴瓦。　　　　　　　　　　　　（   ）

四、简答题

1. 简述滑动轴承的工作条件。

2. 轴承合金必须具备哪些基本性能？其组织和结构有何特征？

3. 镁合金主要有哪些性能特点？

4. 简述钛合金的性能特点。

5. 举例说明 α 钛合金牌号的表示方法。

学习单元四 汽车用非金属材料

课题一 陶瓷材料

一、填空题

1. 陶瓷材料最突出的性能特点是_____、_____、极高的_____（可达1000℃以上）和高的_____，但_____和_____都很低，_____大。

2. 陶瓷是化学稳定性很_____的材料，它具有很高的_____，在1000℃以上也不会被_____；对_____还具有很好的耐蚀性，并且_____现象。

3. 大多数陶瓷都是很好的_____材料，因而大量用来制造隔电的瓷质绝缘器件。

4. 陶瓷的分类方法较多，一般按原料不同可分为_____陶瓷和_____陶瓷两大类。

5. 利用陶瓷材料_____密度、耐热和耐磨的特点，用其制造气门、气门座、挺柱、气门弹簧和摇臂，可以减少气门座的_____和落座时的_____，降低_____，延长_____。

二、选择题

1. 陶瓷的熔点很高，一般在（　　）℃左右。
   A. 1000　　　　　B. 2000　　　　　C. 3000

2. 结构陶瓷主要用于制造（　　）。
   A. 结构零部件　　B. 绝缘件　　　　C. 精密件

3. 陶瓷是化学稳定性高的材料，具有很高的抗氧化性，在（　　）以上也不会被氧化。
   A. 100℃　　　　B. 1000℃　　　　C. 2000℃

4. 大多数陶瓷都是很好的（　　）材料。
   A. 导体　　　　　B. 电绝缘　　　　C. 半导体

5. 我国492QA型发动机在采用陶瓷配气机构后，在各种工况下可节油（　　）。
   A. 8%～12%　　　B. 12%～18%　　　C. 2%～8%

三、判断题

1. 陶瓷耐蚀性强，在高温下有良好的热稳定性，被广泛地用做汽油机点火系统的火花塞基体。（　　）

2 采用全陶瓷缸套代替传统的气缸套，可防止气缸内热能损失，简化发动机结构，进而提高热效率和减小发动机质量。（　　）

3. 特种陶瓷是以粘土、长石、石英等天然硅酸盐为原料，采用普通陶瓷的成形方

法烧制而成的陶瓷制品。   (   )

4. 碳化物陶瓷具有比氧化物陶瓷更高的熔点，但碳化物易氧化，因此在制造和使用时必须防止其氧化。   (   )

5 氮化物陶瓷包括 Si_3N_4、TiN、BN、A1N 等，其中 Si_3N_4 具有优良的综合力学性能和耐高温性能。   (   )

四、简答题

1. 简述陶瓷材料的分类情况。

2. 陶瓷具有哪些特性？

3. 举例说明几种常用结构陶瓷的性能特点及其应用。

课题二 玻 璃

一、填空题

1. 玻璃的抗拉强度_____，抗压强度_____，硬度_____，但韧性很_____，脆性____。

2. 玻璃按加工工艺分为_____玻璃、_____玻璃、_____玻璃、_____玻璃及_____材料。

3. 夹层玻璃是由_____片或_____片玻璃之间夹了_____或_____有机聚合物中间膜，经过特殊的_____预压（或抽真空）及_____工艺处理后，使玻璃和中间膜_____为一体的复合玻璃产品。

4. 钢化玻璃是_____玻璃经过_____处理的特种玻璃，即将普通玻璃加热到一定温度后，迅速_____进行特殊钢化处理。其性能特点是具有_____的温度急变抵抗能力，_____也较高。

5. 汽车玻璃不仅是汽车上的_____部件，也是装饰品，选用时要选择_____玻璃。

二、选择题

1. 玻璃是一种（   ）固体。
   A. 非晶体   B. 晶体   C. 液态

2. （   ）玻璃的碎片不易脱落和飞散，具有安全性，且不影响透明度。

A. 夹层　　　　　　B. 中空　　　　　　C. 钢化

3. 中空玻璃的抗风压强度是普通单片玻璃的（　　）倍。
A. 1.5　　　　　　B. 2　　　　　　　C. 3

4. 国家强制性认证标志即（　　）标志。
A. 3C　　　　　　 B. SG　　　　　　 C. 方圆

5. 制作汽车前风窗玻璃，安全系数最高的玻璃是（　　）。
A. 夹层玻璃　　　　B. 区域钢化玻璃　　C. 塑玻复合材料

三、判断题

1. 夹层玻璃比其他种类的玻璃更具耐振性、防爆性及良好的隔音效果。　（　　）
2. 钢化玻璃在受到冲击破碎后，碎片小而无棱角，不会对人体造成伤害。（　　）
3. 区域钢化玻璃在临破碎之前能保持玻璃有一定的透明度，可使驾驶人受到较小的伤害，并使其有短暂的时间来进行应急处理。　（　　）
4. 中空玻璃是用粘接法将双层或多层平板玻璃的周围粘接在一起，使玻璃之间形成中空的一种特殊玻璃，其隔音、隔热、保温性能较差。　（　　）
5. 与相同厚度的夹层玻璃相比，塑玻复合材料是一种轻质材料，使用该种材料的机动车车身重量相对较轻。　（　　）

四、简答题

1. 车用玻璃有哪些性能？

2. 什么叫塑玻复合材料？它有哪些特点？

课题三　塑　　料

一、填空题

1. 塑料是以有机合成_____为主要成分，加入多种起不同作用的_____，经过加热、_____而制成的产品。

2. 塑料具有重量_____、加工成本_____、耐蚀性_____、绝缘性能_____、自润滑性_____等特点。

3. 添加剂是指为了改善或弥补塑料的某些_____、_____、力学或工艺性能而特别加入的助剂。常用的添加剂有_____剂、_____剂、_____剂、_____剂、_____剂、_____剂等。

4. 塑料按合成树脂性能分为_____塑料和_____塑料。

5. 常用热塑性塑料有_____、_____、_____、_____、聚砜、_____等。常用热固性塑料有_____塑料、_____塑料、_____和_____等。

二、选择题

1. 塑料用于制造汽车零件，可大幅度地（　　）汽车的整体质量。
   A. 增大　　　　　B. 减小

2. 塑料中填充剂的用量可达（　　）。
   A. 10%～20%　　B. 20%～50%　　C. 40%～60%

3. 一般的塑料只能在（　　）℃以下工作，少数塑料可以在（　　）℃以下工作。
   A. 100　　　　　B. 200　　　　　C. 300

4. 塑料的线胀系数很大，约为金属材料的（　　）倍。
   A. 50　　　　　B. 10　　　　　C. 20

5. 工程塑料可代替（　　）制作某些结构件。
   A. 金属　　　　B. 非金属　　　C. 玻璃

三、判断题

1. 合成树脂是由高分子化合物经聚合反应而获得的高分子化合物。（　　）
2. 添加剂是指为了改善或弥补塑料的某些物理、化学、力学或工艺性能而特别加入的助剂。（　　）
3. 稳定剂主要是提高树脂在受热或光作用时的稳定性，减慢老化速度，延长塑料使用期。（　　）
4. 增塑剂用以提高树脂的可塑性和柔韧性，并使其热变形减小。（　　）
5. 热塑性塑料受热后软化，可塑造成型，冷却后变硬；当再次受热时又可软化，冷却可再变硬，多次重复。（　　）

四、简答题

1. 什么叫合成树脂？合成树脂有哪些特点？

2. 塑料有哪些物理和化学性能？

课题四　粘　接　剂

一、填空题

1. 能将同质或异质材料_____在一起，或_____缝隙、孔洞等缺陷，固化后具有一定强度的物质称为粘接剂或胶粘剂，俗称胶。

2. 粘接剂具有较高的_____强度和良好的_____、_____、耐蚀、电绝缘等性能，用它来修复零件，具有_____简单、_____可靠、_____低，不会使零件产生_____和_____发生变化等优点，其在某种场合下发挥的作用是传统连接方式所_____的，因此在汽车制造和维修中得到了十分广泛的应用。

3. 粘接剂分为_____粘接剂、_____粘接剂和_____粘接剂三大类。

4. 按合成树脂性能分为_____树脂型粘接剂和_____树脂型粘接剂。

二、选择题

1. 目前汽车制造和维修使用的粘接剂多是（   ）粘接剂。
   A. 天然　　　　　　B. 合成　　　　　　C. 无机

2. 热固性树脂粘接剂的收缩率（   ），固化快，耐温性能好。
   A. 大　　　　　　　B. 小　　　　　　　C. 一般

3. 酚醛-丁腈粘接剂的主要性能特点是粘接强度高、耐振动、冲击韧性大，其抗剪强度随温度变化不大，可以在（   ）下长时间使用。
   A. 55～100℃　　　B. 100～180℃　　C. -55～180℃

4. 每辆汽车上粘接剂和密封胶的用量可达（   ）千克。
   A. 几十　　　　　　B. 几百　　　　　　C. 几千

5. 用于受力结构件的粘接时，需选用强度高、韧性好、抗蠕变性优良的（   ）粘接剂。
   A. 热固型　　　　　B. 无机　　　　　　C. 热塑型

三、判断题

1. 树脂型粘接剂包括热塑性树脂型粘接剂和热固性树脂型粘接剂两种。　（   ）
2. 环氧树脂粘接剂是一种常用的热固性树脂型粘接剂。　（   ）
3. 酚醛-丁腈粘接剂综合了酚醛树脂和丁腈橡胶的优点，既有良好的柔韧性，又有较高的耐热性，是综合性能优良的结构型粘接剂。　（   ）
4. 不同品种的粘接剂，其性能差异较大，适用范围也不相同。粘接剂的性能与所加入的填料、固化剂、稀释剂、增韧剂等的性能与数量密切相关。　（   ）
5. 由于同一种粘接剂对不同材料的粘接力各不相同，因此对不同的粘接对象，应选用同一种粘接剂。　（   ）

四、简答题

1. 简述热塑性树脂型粘接剂的特点。

2. 简述热固性树脂型粘接剂的特点。

课题五　橡　　胶

一、填空题

1. 橡胶是一种具有_____的高分子材料，其分子量一般在_____以上。橡胶在_____的外力作用下，就能产生很大的_____，当外力去除以后，又能很快回复到_____的状态。
2. 橡胶具有高的弹性，优良的_____性、_____性、_____性、_____性、_____性，因此，其在汽车上得到了广泛的应用。
3. 橡胶是以_____为原料，加入适量的配合剂，经_____以后得到的一种_____材料。生产中常用的橡胶材料有_____橡胶、_____橡胶和_____橡胶。
4. 天然橡胶具有_____的强度和_____的抗疲劳性、耐磨性、耐寒性、防水性、减振性、_____性和_____性，还具有良好的_____性能。
5. 减振块主要用在汽车_____、_____等部件上，用来防止和降低汽车行驶中的_____和_____。

二、选择题

1. 促进剂起（　　）硫化过程、缩短硫化时间的作用。
A. 加速　　　　　　B. 延缓　　　　　　C. 延长
2. 填充剂的作用是（　　）橡胶的强度并（　　）生产成本。
A. 增加　　　　　　B. 降低　　　　　　C. 加强
3. 天然橡胶属于通用橡胶，它具有优良的弹性，弹性温度范围为（　　）℃。
A. 70～80　　　　　B. 70～130　　　　　C. 90～160
4. 橡胶的断后伸长率可达（　　）。
A. 50%～100%　　　B. 100%～500%　　　C. 100%～1000%
5. 汽车轮胎是汽车上橡胶用量最大的橡胶零件，约占橡胶件总重的（　　）%。
A. 50　　　　　　　B. 70　　　　　　　C. 80

三、判断题

1. 天然橡胶是将橡胶树流出的胶乳，经过凝固、干燥、加压等工序制成的片状固体物，其主要成分为异戊二烯。（　　）
2. 合成橡胶是以石油、天然气、煤等为原料，通过化学合成的方法制成的与天然橡胶性能相似的高分子材料。（　　）
3. 常用的填充剂有石墨、氧化镁、滑石粉等。（　　）
4. 补强剂用于提高橡胶的力学性能和耐磨、耐撕裂性能，常用的补强剂有炭黑、氧化硅、滑石粉等。（　　）
5. 天然橡胶的缺点是耐老化性和耐候性差，耐油性和耐溶剂性较差，易溶于汽油和苯类等溶剂，易受强酸侵蚀，且易自燃。（　　）

四、简答题

1. 简述再生胶的性能特点。

2. 汽车上使用的橡胶密封制品主要有哪些？这些密封制品应具备哪些特性？

课题六　复合材料

一、填空题

1. 复合材料是指由_____以上物理和化学性质不同的材料，经一定方法_____而得到的一种新的多相固体材料。

2. 复合材料一般由_____和_____组成。_____是复合材料的主体，起形成几何形状和粘接作用；_____分散地分布在基体相中，起提高强度和韧性作用。

3. 复合材料按基体材料的种类可分为_____复合材料、_____复合材料和_____复合材料；按增强相的物理形态可分为_____复合材料、_____复合材料、_____复合材料和短切纤维复合材料。

4. 碳纤维-树脂复合材料是以_____为增强相，以_____树脂等为基体相结合而成的。它不仅保持了玻璃钢的众多优点，且许多性能高于玻璃钢。

5. 汽车常用摩擦材料主要有_____、_____及_____摩擦材料。

二、选择题

1. 由碳纤维和环氧树脂组成的复合材料，其比强度是钢的（　　）倍。
   A. 3　　　　　B. 5　　　　　C. 7　　　　　D. 10

2. 碳纤维-聚酯树脂复合材料的疲劳极限是拉伸强度的（　　），而金属材料的疲劳极限只有拉伸强度的（　　）。
   A. 20%～30%　　　　　　　　B. 40%～50%
   C. 70%～80%　　　　　　　　D. 80%～90%

3. 以环氧树脂、酚醛树脂、不饱和聚酯树脂等热固性树脂为基体相的玻璃钢的密度小，为钢的（　　）。
   A. 1/6～1/4　　　B. 1/3～1/2　　　C. 1/5～1/4

4. 由复合材料制造的构件即使结构已产生振动，由于复合材料的阻尼特性好（纤维与基体的界面吸振能力强），振动也会很快（　　）。
   A. 衰减　　　　　B. 增强　　　　　C. 不变

5. 金属颗粒复合材料中的不同金属颗粒起着不同作用。例如：加入银粉、铜粉可使复合材料具有（　　）、导热性；加入 Fe_2O_3、磁粉后，复合材料具有(　　)性等。

  A. 导磁　　　　　　B. 导电　　　　　　C. 导热

三、判断题

1. 复合材料具有较低的比强度和比模量，其抗疲劳性能、破损安全性、减振性能、耐高温性能差。（　　）

2. 纤维增强复合材料是以有机纤维、无机纤维等为增强相，复合于塑料、树脂、橡胶或金属等为基体相的材料中制成的。（　　）

3. 玻璃纤维-树脂复合材料是以树脂为增强相，以玻璃纤维为基体相组成的，俗称玻璃钢。（　　）

4. 以尼龙、聚烯烃类、聚苯乙烯类等热塑性树脂为基体相制成的玻璃钢，同普通塑料相比，其抗拉强度、抗弯强度和疲劳强度均大幅提高。（　　）

5. 摩擦材料是用粉末冶金方法制成的、具有高摩擦因数和高耐磨性能的金属和非金属复合材料。（　　）

四、简答题

1. 什么叫复合材料？复合材料一般由哪几部分组成？

2. 汽车上常用的复合材料主要有哪几种类型？

3. 什么叫摩擦材料？按工作功能摩擦材料可分为哪几类？

学习单元五　汽车零件的选材

课题一　零件选材的基础知识

一、填空题

1. 各种汽车零部件具有一定的功能，零件由于某种原因_____原设计所规定的功能称为零件失效，零件未达到_____的失效称为早期失效。

2. 根据零件损坏的特点、所受载荷类型的不同，零件失效的类型可归纳为_____失效、_____失效与_____失效三种。

3. 选择合适的材料是设计和制造汽车零件的必要条件，选择时应遵循三个原则：

_____原则、_____原则、_____原则。

4. 在金属材料选材时，若是采用铸造成形，则最好选用_____或接近_____成分的合金；若采用锻造成形，则最好选用呈_____的合金；若是焊接成形，则最适宜的材料是_____或低碳合金钢。

5. 表面损伤失效是指零件在工作时，由于相对的_____或受环境介质的_____，或在两者的联合作用下发生的失效。

二、判断题

1. 过量变形失效是指零件在使用过程中，整体或局部因外力作用而产生超过设计允许变形量的失效形式。（　　）

2. 断裂失效是零件最危险的失效形式，尤其是突然断裂，往往会带来巨大的损失。（　　）

3. 腐蚀失效是材料受环境介质的化学或电化学作用而产生的内部损耗。（　　）

4. 满足使用性能是保证零件完成规定功能的必要条件。（　　）

5. 应采用便宜的材料制造汽车，把总成本控制至最低，取得最大的经济效益。（　　）

三、简答题

1. 什么叫零件的失效？零件常见的失效类型有哪些？

2. 合理选材的一般原则是什么？

课题二　发动机部件中主要零件的选材

一、填空题

1. 现代汽车所使用的发动机多为内燃机，内燃机是把_____燃料或_____燃料和空气混合后直接输入机器内部燃烧产生_____，热能再转变为_____，最后通过底盘的传动系统驱动汽车行驶。

2. 机体组的主要作用是作为发动机中的曲柄连杆机构、配气机构、发动机各系统主要零部件的装配基体，是构成发动机的支架，主要由_____、_____、_____和油底壳等组成。

3. 在做功行程中，活塞承受燃气压力在气缸内做_____运动，通过连杆转换成曲轴的_____运动，并从曲轴对外输出动力。而在进气、压缩和排气行程中，飞轮释放能量又把曲轴的_____运动转化成活塞的_____运动。

4. 点火系的功用是保证按规定时刻_____气缸中被压缩的混合气体。它主要由蓄电池、_____、分电器总成、_____、高压线、火花塞、传感器等组成。

5. 连杆是发动机中活塞连杆组的主要零件，是汽车发动机的连接件和_____件，通过活塞销将活塞和_____连接起来，并将活塞上的惯性力和燃气压力传递给曲轴，由曲轴转换成旋转运动对外输出。

二、判断题

1. 曲柄连杆机构是发动机实现工作循环、完成能量转换的主要运动零件。（　　）
2. 点火系的功用是保证在任意时刻点燃气缸中被压缩的混合气体。（　　）
3. 配气机构的作用是使可燃混合气体及时充入气缸并及时从气缸排出废气。
（　　）
4. 起动系的功用是使静止的发动机起动，并转入自行运转。（　　）
5. 冷却系的功用是把受热部件产生的热量吸收到冷却剂中保温，保证发动机正常工作。（　　）

三、简答题

1. 活塞材料的性能要求有哪些？一般选择什么材料？

2. 曲轴材料的性能要求有哪些？一般选择什么材料？

3. 连杆材料的性能要求有哪些？一般选择什么材料？

课题三　底盘部件中主要零件的选材

一、填空题

1. 底盘是接收发动机的_____，使汽车_____，并保证汽车按驾驶员的操控_____的部件。底盘承受汽车_____的重量及_____人员和货物的重量，汽车运行时，还要承受冲击载荷的作用，其受力复杂，对材料力学性能的要求比较严格。

2. 底盘的作用是支承、安装汽车_____及其各部件和各总成，形成汽车的整体造型，汽车底盘主要由_____系统、_____系统、_____系统和_____系统四大系统组成。

3. 制动系统的功用是使汽车_____、_____并能可靠地驻停，由驾驶人通过制动踏板来操纵。汽车制动系统一般包括_____制动系统和_____制动系统两套相互独立的制动系统，每套制动系统都包括制动器、控制装置和_____机构。

4. 轮胎的主要功用是_____、_____，与汽车悬架一起吸收、缓和路面的各种振动与冲击，以保证汽车具有良好的_____舒适性和_____性，以利于节约燃料、延长汽车使用寿命；传递发动机的力和力矩，保证车轮与路面有良好的_____能力，以提高汽车的_____性、_____性和_____性。

5. 按轮胎内空气压力的大小，轮胎分为_____胎、_____胎和_____胎三种；按有无内胎，轮胎分为_____轮胎和_____轮胎（俗称真空胎）两种；按胎体帘布层结构的不同，轮胎分为_____轮胎和_____轮胎。

二、判断题

1. 汽车传动系统是从发动机到驱动车轮之间所有动力传递装置的总称。（　　）
2. 转向系统的功用是保证汽车能够按照驾驶人选定的方向行驶。（　　）
3. 车轮通过轴承安装在车桥两边，车桥通过悬架与车架（或车身）连接，车架（或车身）是整车的装配基体。（　　）
4. 变速器齿轮是利用齿轮的啮合传动，来实现传递转矩和改变转速的目的。（　　）
5. 在汽车行驶过程中，汽车板簧用于缓冲和吸振，使车架（或车身）与车桥（或车轮）之间保持硬性联系。（　　）

三、简答题

1. 汽车变速器齿轮材料的性能要求有哪些？一般选择什么材料？

2. 汽车半轴材料的性能要求有哪些？一般选择什么材料？

3. 汽车板簧材料的性能要求有哪些？一般选择什么材料？

课题四　汽车车身材料的选材

一、填空题

1. 汽车车身承受_____人员和_____的重量,汽车运行时,还要承受空气的_____及_____载荷的作用,受力比较复杂,对材料的力学性能也有一定的要求。
2. 非承载式车身也称为_____车身,车身下面有足够强度和刚度的独立_____,又称底盘大梁架。
3. 承载式车身没有_____,所以也称_____式车身。车身就作为发动机和底盘各总成的安装基体,车身兼有_____的作用并承受全部载荷。
4. 现代典型的承载式轿车车身一般由车身_____、车身_____、车身_____和车身电器组成。
5. 汽车在行驶中经常处于高速、重载、频繁的振动状态,所以要求汽车车身材料必须具有足够的_____、适宜的_____、良好的_____和_____性能,以保证汽车在正常运行中不变形、不损坏,以满足正常运输的需要。

二、判断题

1. 车架的主要失效形式是腐蚀失效、扭转变形和弯曲变形。　　　　　(　　)
2. 车身结构件是指承载式车身中的"梁"和"支柱"。　　　　　　　　(　　)
3. 车身底板应具有足够的强度和刚性,高的耐磨性,良好的隔音效果。(　　)
4. 汽车保险杠的主要功用是吸收缓和外界冲击力,保护车身前后部的安全。
　　　　　　　　　　　　　　　　　　　　　　　　　　　　　　　　(　　)
5. 车身覆盖件应具有足够的强度和刚性,这样有利于抵抗外界冲击力。(　　)

三、简答题

1. 汽车车架材料的性能要求有哪些?一般选择什么材料?

2. 汽车结构件材料的性能要求有哪些?一般选择什么材料?

3. 汽车车身覆盖件材料的性能要求有哪些?一般选择什么材料?

4. 汽车保险杠材料的性能要求有哪些?一般选择什么材料?

第二篇　汽车运行材料

学习单元六　汽车用燃料

课题一　车用汽油

一、填空题

1. 汽油机在工作过程中，汽油不能直接燃烧，需要与一定比例的_____混合雾化后进入气缸燃烧，使汽油机产生_____，连续完成_____、_____、膨胀_____和_____的工作循环。

2. 评价车用汽油的主要性能指标有_____性、_____性、_____性、_____和_____性等。

3. 通常用_____和_____来衡量汽油的蒸发性。

4. 饱和蒸气压是指汽油的液、气两相达到_____时的汽油蒸气压强。汽油饱和蒸气压高，说明含轻质成分_____，挥发性、起动性好，但产生"气阻"的倾向_____，在储存中的蒸发损耗_____。所以，国家汽油质量指标规定，饱和蒸气压不大于_____kPa。

5. 产生爆燃燃烧的因素很多，主要有_____、发动机的_____以及燃烧室的_____等。评价汽油抗爆性的指标为_____和_____。

6. 汽油中硫的含量表示油品中_____及其_____的含量，用_____表示。汽油中的硫经燃烧后可生成硫的_____，遇水即形成_____和硫酸，对金属有强烈的_____作用，而且一旦流入曲轴箱还会使润滑油过早_____。为此，国家标准规定车用汽油中硫的质量分数不大于_____。

7. 《车用汽油》标准中将车用汽油按研究法辛烷值分为_____号、_____号、_____号三个牌号。牌号越高，其抗爆性越_____，适合_____的发动机使用。

8. 选择汽油的牌号就是选择汽油的_____。选择过高牌号的汽油，会增加_____；选择过低牌号的汽油，则会使汽车发动机_____，影响_____和_____，严重时还会使_____损坏。

二、选择题

1. 汽油性能的好坏对内燃机的动力性、经济性、可靠性和使用寿命（　　）影响。
   A. 没有　　　　　B. 有很小的　　　　C. 有很大的

2. 蒸发性好，发动机在低温、冷车情况下起动性能（　　）。
   A. 好　　　　　　B. 差　　　　　　　C. 大

3. 国家标准规定50%馏出温度不高于（　　）℃，各牌号汽油的90%馏出温度不能高于（　　）℃，终馏点不能高于（　　）℃。
   A. 120　　　　　　B. 190　　　　　　C. 205

4. 国家标准要求车用汽油的诱导期不小于（　　）min。
   A. 120　　　　　　B. 240　　　　　　C. 480

5. 汽油在发动机气缸内燃烧时，抵抗（　　）燃烧的能力称为抗爆性。
   A. 爆破　　　　　B. 爆燃　　　　　　C. 爆炸

6. 国家标准规定车用汽油中硫的质量分数不大于（　　）%，硫醇硫的质量分数不大于（　　）%，酸度不大于（　　）mgKOH/100mL。
   A. 0.001　　　　　B. 0.15　　　　　　C. 3

7. 一般海拔每上升100m，汽油辛烷值可降低约（　　）个单位。
   A. 0.1　　　　　　B. 0.15　　　　　　C. 1

8. 溶剂汽油和航空汽油（　　）作为车用汽油使用。
   A. 可以　　　　　B. 不能　　　　　　C. 都可以

三、判断题

1. 汽油的蒸发性是指汽油从液态转化为气态的能力。　　　　　　　　　　（　　）
2. 抗爆指数表示了在一般条件下汽油的最大抗爆性能。　　　　　　　　　（　　）
3. 90号汽油的辛烷值为90单位，它的抗爆性与含90%异辛烷的标准混合液相同。
   　　　　　　　　　　　　　　　　　　　　　　　　　　　　　　　　（　　）
4. 汽油的腐蚀性是指汽油与其接触的金属发生化学反应的能力。　　　　　（　　）
5. 高原地区大气压力小，空气稀薄，汽油机工作时爆燃倾向减小，可以使用高一牌号的汽油。　　　　　　　　　　　　　　　　　　　　　　　　　　　　（　　）
6. 发动机使用时间较长后，由于燃烧室积炭、水套积垢等，会使发动机压力增加，再使用原牌号汽油时发动机会有爆燃，这类汽车在维护后应该选用低一级的汽油。
   　　　　　　　　　　　　　　　　　　　　　　　　　　　　　　　　（　　）

四、简答题

1. 简述汽油的蒸发性对发动机工作的影响。

2. 什么叫爆燃燃烧？产生爆燃燃烧的主要因素有哪些？

3. 什么是辛烷值？提高辛烷值的途径有哪些？

4. 如何根据汽车发动机压缩比选择汽油？

课题二　车用柴油

一、填空题

1. 柴油是_____发动机的燃料，工作时，柴油与被压缩的高温空气相遇后_____着火燃烧，故又称为压燃式发动机。柴油发动机具有_____高、_____低、燃料资源较汽油_____、使用燃料火灾危险性_____等特点，因此广泛用于汽车、舰艇、坦克和工程机械，特别是一些大型载重汽车，大都使用柴油机作为动力。

2. 汽车车用柴油主要是_____（简称柴油），与汽油相比，轻柴油的黏度_____，自燃点_____（240～400℃），蒸发性不如车用汽油好。

3. 评价柴油的雾化和蒸发性的主要指标是_____、_____、_____和_____。

4. 十六烷值高的柴油的燃烧性能好，着火_____短，速燃期内压力升高率不致_____，柴油机不易产生工作粗暴。

5. 柴油的低温流动性是柴油在低温条件下具有一定的_____的性能。评价柴油低温流动性能的指标有_____、_____、_____。

6. 评价柴油安定性的指标是_____、_____、_____和_____。

7. 柴油按凝点分为_____、_____、_____、_____、_____、_____和_____七种牌号，最新标准规定车用柴油中硫的质量分数不大于_____%，氧化安定性总不溶物不大于_____/100mL，十六烷值不小于_____。

8. 冬季使用桶装高凝点柴油时，不得用_____加热，以免_____。

二、选择题

1. 柴油的燃烧性是指其（　　）能力，也称抗工作粗暴性。
   A. 燃烧　　　　　B. 自燃　　　　　C. 阻燃

2. 柴油机工作粗暴与汽油机爆燃燃烧的后果（　　），会使功率下降，油耗增大，严重时会使机件损坏。
　　A. 一样　　　　　　B. 不同　　　　　　C. 相似
3. 《城市车用柴油技术要求》规定轻柴油十六烷值不小于（　　）。
　　A. 30　　　　　　　B. 38　　　　　　　C. 48
4. 在柴油的馏程指标中，只规定了50%馏出温度不高于（　　）℃。
　　A. 200　　　　　　 B. 300　　　　　　 C. 400
5. 我国的轻柴油按（　　）划分牌号。
　　A. 凝点　　　　　　B. 冷滤点　　　　　 C. 浊点
6. 不同牌号的柴油（　　）混合使用，可根据当地气温的高低调整。
　　A. 不能　　　　　　B. 可以　　　　　　C. 不可

三、判断题

1. 柴油燃烧性的评价指标是辛烷值。（　　）
2. 柴油的低温流动性是柴油在低温条件下具有一定的流动状态的性能。（　　）
3. 评价柴油的雾化和蒸发性的主要指标是运动黏度、馏程、闪点和密度。（　　）
4. 柴油的密度大，其黏度也大，雾化质量差，不能形成质量良好的混合气，使燃烧条件变坏，它将导致柴油机的工作粗暴现象，排气冒黑烟。（　　）
5. 柴油中含有硫及硫化物、水分及酸性物质，不仅会对零件产生腐蚀作用，燃烧后污染空气，还会促进柴油沉积物的生成，所以要求柴油具有无腐蚀性。（　　）
6. 柴油可以与汽油混用。（　　）

四、简答题

1. 什么是柴油的闪点、凝点、浊点、冷滤点？

2. 什么是柴油的安定性？影响柴油安定性的主要因素有哪些？

3. 简述柴油机的特点。

4. 如何按所在地区季节气温来选择柴油牌号？

课题三　汽车环保燃料

一、填空题

1. 醇类燃料可以_____，且燃烧产物中基本没有_____，氮氧化物的排放浓度也_____，对环境污染_____。

2. 推广使用车用乙醇汽油，不仅可以缓解_____供求矛盾，还能够有效地降低汽车尾气中_____的排放，同时可以刺激_____生产，解决粮食_____的转化问题。

3. 《车用乙醇汽油》规定，我国车用乙醇汽油目前有_____个牌号，分别是_____号、_____号和_____号。与车用汽油一样，其牌号是按研究法_____大小来划分的，数值越大，表示车用乙醇汽油的抗爆性越_____。

4. 天然气作为汽车代用燃料，具有抗爆性能_____、燃烧_____、对环境污染_____、资源_____、经济性_____。

5. 以电能为动力的汽车称为_____汽车。电动汽车的电动机相当于传统汽车的_____，蓄电池相当于原来的_____。由于电能是_____能源，可以来源于风能、水能、热能、太阳能等。

二、判断题

1. 甲醇作为汽车燃料可单独使用，也可与汽油混合使用。　　　　　　（　　）
2. 醇类燃料可以再生，且燃烧产物中基本没有炭烟，氮氧化物的排放浓度也很低，对环境污染小。　　　　　　　　　　　　　　　　　　　　　　　　（　　）
3. 天然气中甲烷的研究法辛烷值为130，比汽油低得多，抗爆性不好。（　　）
4. 氢燃料电池汽车是以氢燃料电池和电动机来取代普通的发动机。　　（　　）
5. 纯电动汽车的蓄电池能量密度大，汽车行驶里程长。　　　　　　　（　　）

四、简答题

1. 与车用汽油相比，车用醇类燃料有哪些优点？

2. 简述车用压缩天然气的优点。

3. 纯电动汽车有哪些优、缺点？

学习单元七　润滑油料

课题一　发动机润滑油

一、填空题

1. 发动机润滑油是由_____中的重油经精制加工并加入各种_____而制成的，它的主要作用是_____曲轴、连杆、活塞、气缸壁、凸轮轴、气门等部位。除此之外，性能优良的发功机润滑油还应有_____、_____、_____和_____等作用。

2. 发动机中的零部件在工作过程中由于_____会产生_____。为了减轻发动机零部件的_____，减小_____，延长其_____，发动机必须进行_____。

3. 燃料在发动机内燃烧产生的热量大约有_____%转化为机械功，其余的热量一部分消耗在_____的摩擦上，另一部分则随_____排出和使____发热。

4. 润滑油的黏温性是指润滑油的黏度随发动机_____变化而改变的特性，温度_____，黏度_____。

5. 润滑油的清净分散性通常是通过在油中添加_____来提高的，目前常用的有_____清净分散剂和_____清净分散剂，它们不仅具有良好的_____效果，还有良好的_____性能。

二、选择题

1. 发动机正常工作时，润滑油每小时循环次数达（　　）次以上。
   A. 50　　　　　　B. 100　　　　　　C. 200

2. 润滑是润滑油的（　　）作用。
   A. 主要　　　　　B. 次要　　　　　　C. 一般

3. 发动机工作时许多机件处于很高的工作温度，如（　　）为205～300℃，（　　）为180～270℃，（　　）为85～95℃，润滑油在经过这些部位时会加速氧化变质。
   A. 活塞头部　　　B. 曲轴箱中的温度　C. 气缸的上部

4. 润滑油黏度过（　　），油的内摩擦力增（　　），在润滑油之间会消耗较多的摩擦功率。
   A. 大　　　　　　B. 小　　　　　　　C. 适中

5. 新发动机应选用黏度相对较（　　）的润滑油；而使用较久、磨损较大的发动机，则应选用黏度相对较（　　）的润滑油。
   A. 大　　　　　　B. 小　　　　　　　C. 适中

三、判断题

1. 燃料在发动机内燃烧产生的热量大约有50％转化为机械功。　　　　　（　　）
2. 干摩擦不仅会引起摩擦表面剧烈磨损，消耗动力，而且其产生的热量在很短的

时间内便可使摩擦表面的金属熔化，造成机件损坏。（   ）

3. 发动机的气缸、活塞和活塞环之间的间隙会造成漏气，降低发动机功率，并使废气和燃料下窜曲轴箱，污染润滑油。（   ）

4. 发动机工作时，燃烧室中的废气及混合气在气缸密封不良时会窜入曲轴箱，冷凝后形成的酸性物质和水会腐蚀润滑油，导致润滑油变质。（   ）

5. 润滑油黏度大，会形成良好的密封，不会降低发动机的功率。（   ）

四、简答题

1. 什么是发动机润滑油的抗腐蚀性？提高润滑油抗腐蚀性的途径有哪些？

2. 如何选用汽油机润滑油的质量级别？

3. 简述润滑油使用注意事项。

课题二 汽车齿轮油

一、填空题

1. 通常把用于汽车_____变速器、_____传动机构及_____的润滑油称为汽车齿轮油。

2. 为保证齿轮间的良好润滑和正常运转，对齿轮油的性能要求是：具有良好的_____，适宜的黏度和良好的_____，良好的热_____，低温流动性_____，良好的_____性能和抗泡沫性等。

3. 为满足现代汽车在设计制造上不断提高_____和_____的要求，一些高级小轿车和越野汽车多采用_____齿轮，目的是降低车身的_____以适应_____行驶。

4. 车辆齿轮油的热氧化安定性是指齿轮油在_____、_____、_____的催化作用和热作用下抵抗_____的能力。

5. 我国车辆齿轮油按使用性能分类，分为_____车辆齿轮油、_____车辆齿轮油和_____车辆齿轮油。

二、选择题

1. 黏度（   ）的齿轮油可以有效防止齿轮和轴承的磨损，减少机械运动的噪声和漏油现象。

A. 大 B. 小 C. 适中

2. 通常长江流域及其他冬季气温不低于 -10℃ 的地区，全年可使用（　　）号油；长江以北冬季气温不低于 -26℃ 的寒区，全年可用（　　）号油；黑龙江、内蒙古、新疆等冬季最低气温在 -26℃ 以下的严寒区，冬季应使用（　　）号油，夏季应换用（　　）号油；其他地区全年可用（　　）号油。

A. 75W B. 90 C. 80W/90 D. 85W/90

3. 齿轮在啮合过程中，齿与齿间的接触为线接触，因而啮合部位的接触压力很高，一般汽车齿轮的接触压力达（　　）；而双曲面齿轮因相对滑动速度大，齿面接触压力就更高，可达（　　）。所以，齿轮啮合部位的油膜极易破裂而导致摩擦和磨损。

A. 3000～4000MPa B. 2000～3000MPa C. 4000～5000MPa

4. 接触压力在 3000MPa 以下、滑动速度在 1.5～8m/s 之间的驱动桥双曲面齿轮，因工作条件不太苛刻，应选用中负荷车辆齿轮油（　　）。

A. GL-5 B. GL-3 C. GL-4

5. 一般齿轮油的工作温度最高不超过（　　）。

A. 60℃ B. 100℃ C. 150℃

三、判断题

1. 汽车齿轮在啮合过程中，啮合部位的接触压力较小，油膜不易破裂，润滑效果良好。（　　）

2. 车辆齿轮油的热氧化安定性是指齿轮油在空气、水分、金属的催化作用和热作用下抵抗氧化变质的能力。（　　）

3. 黏度低的齿轮油可以提高传动效率，加强散热和清洗的作用，所以，汽车齿轮油的黏度越小越好。（　　）

4. 在车辆齿轮传动装置工作的条件下，齿轮油防止齿轮、轴承腐蚀生锈的能力，称为齿轮油的防腐性能。（　　）

5. 不同品牌的齿轮油可以混存混用。（　　）

四、简答题

1. 如何根据齿轮的工作环境选择其质量等级？

2. 使用汽车齿轮油时应注意哪些事项？

课题三　润　滑　脂

一、填空题

1. 润滑脂是石油产品中的_____类，它是一种_____的润滑油。即在润滑油中加入了_____剂，外形呈黏稠的_____油膏，俗称_____。

2. 润滑脂的散热能力差，不能像润滑油那样对摩擦表面进行_____，流动性差，内摩擦阻力_____，运转时功率损失也_____，当固体杂质混入其中时不易_____。

3. 基础油是润滑脂中起_____的主要成分，对润滑脂的性能有_____影响。常用的基础油有_____和_____两类，目前使用较多的是_____，约占_____%以上，只有对高温和低温性能都有特别要求时，才使用合成油。

4. 汽车常用润滑脂主要有_____润滑脂、_____润滑脂、汽车通用_____润滑脂、_____润滑脂。

5. 润滑脂_____在金属表面，_____外界各种腐蚀介质与金属的接触，以达到防腐的目的。

二、选择题

1. 润滑脂由基础油、稠化剂和添加剂三部分组成，一般基础油含量占（　　），稠化剂含量占（　　），其余为添加剂。
   A. 10%～20%　　　B. 75%～90%　　　C. 5%以下

2. 锥入度是选用润滑脂的重要依据，负荷较大、速度较低的摩擦机件，应选用锥入度（　　）的润滑脂；反之，则应选用锥入度（　　）的润滑脂。
   A. 较大　　　B. 最大　　　C. 最小　　　D. 较小

3. 钠基润滑脂的特点是滴点为160℃，耐热性好，可在（　　）下较长时间内工作，并有较好的承压抗磨性能，可适应较大的负荷。
   A. 160℃　　　B. 120℃　　　C. 140℃

4. 汽车通用锂基润滑脂滴点为180℃，使用温度范围广，可以在（　　）范围内长期使用，而且具有良好的胶体安定性、抗水性和防锈性。
   A. -30～180℃　　　B. -30～150℃　　　C. -30～120℃

5. 为了使润滑脂能在润滑部位长期工作而不流失，滴点应比润滑部位的工作温度高（　　）。
   A. 5～10℃　　　B. 35～50℃　　　C. 15～30℃

三、判断题

1. 润滑脂中的基础油为固体，它被保持在稠化剂所形成的结构骨架内，失去流动性。（　　）

2. 润滑脂添加剂是添加到润滑脂中以改进其使用性能的少量物质。（　　）

3. 胶体安定性好的润滑脂在受热、压力等作用下，易发生油皂分离，使润滑脂稠

度改变和流失。（   ）

4. 钙基润滑脂俗称"黄油"，它是由动植物油与石灰制成的脂肪酸钙皂稠化中等黏度矿物油，并以水作为胶溶剂而制成的润滑油。（   ）

5. 汽车通用锂基润滑脂广泛用于汽车轮毂轴承、底盘、水泵和发电机等各摩擦部位润滑，其换油周期为15000km。（   ）

四、简答题

1. 润滑脂与润滑油比较有哪些优点？

2. 简述汽车通用锂基润滑脂的特点及用途。

课题四 液力传动油

一、填空题

1. 液力传动油是汽车自动＿＿＿＿＿＿和助力转向系统中的工作介质。

2. 我国的液力传动油现有产品标准是＿＿＿＿＿的企业标准，该标准将液力传动油分为＿＿＿＿号和＿＿＿号两种规格。

3. 汽车行驶在苛刻条件下最高油温可达150～170℃，使油品氧化的＿＿＿＿＿增大。

4. 液力传动油在高速流动中产生＿＿＿＿＿＿，泡沫对液力传动系统危害＿＿＿＿＿＿。由于泡沫的可压缩性导致系统压力波动较大，严重时会造成＿＿＿＿＿＿，影响控制系统的＿＿＿＿性。

二、选择题

1. （   ）号液力传动油适用于轿车和轻型货车的自动变速系统。（   ）号液力传动油适用于内燃机车和重型货车以及工程机械的多级变矩器和液力耦合器。
   A. 6　　　　　　B. 7　　　　　　C. 8

2. 液力传动油都有一定的使用期限，货车正常行驶（   ）km，轿车正常行驶（   ）km，或者停车超过1年时，均应全部更换液力传动油。
   A. 0.8万～1万　　B. 2万～4万　　C. 5万～6万

3. 液力传动油的使用温度范围很宽，一般为（   ），要求液力传动油在高低温条件下都能正常工作，所以液力传动油必须具有适当的黏度和良好的黏温性。
   A. 高温　　　　　　　　　　　　B. 低温
   C. -40～170℃

4. 汽车在苛刻条件下运行时，最高油温可达（　　　），使油品氧化的倾向增大。
A. 150～170℃　　　　B. 80～90℃　　　　C. －40～170℃

三、判断题

1. 液力传动油的黏度不宜过高，黏度过高不仅会使变矩器的传动效率下降，而且会造成低温起动困难。（　　）

2. 如果液力传动油的热氧化安定性不好，则会生成油泥、漆膜或酸性物质，从而造成离合器和制动器打滑，控制系统失灵等故障的发生。（　　）

3. 液力传动油在高速流动中产生泡沫，泡沫对液力传动系统危害不大。（　　）

4. 8号液力传动油具有良好的黏温性、抗磨性和较低的摩擦因数，适用于轿车和轻型货车的自动变速系统。（　　）

5. 6号液力传动油比8号液力传动油具有更好的抗磨性，但黏温性稍差，适用于内燃机车和重型货车以及工程机械的多级变矩器和液力耦合器。（　　）

四、简答题

1. 汽车液力传动油的主要功能有哪些？

2. 国产液力传动油有哪几个牌号？它们各有哪些性能特点？分别适用于哪些车型？

学习单元八　车用工作液

课题一　汽车制动液

一、填空题

1. 汽车制动液是机动车液压_____系统所采用的_____的工作介质。

2. 合成型制动液是由基础液、_____和_____组成的。基础液是制动液成分中最重要的组成部分，对制动液的性能起着决定性的作用，按基础液不同，常用的合成型制动液有_____型、_____型和_____型三种。

3. 如果制动液的沸点低，会在高温作用下蒸发成_____，使制动系统产生_____，从而导致制动_____。为保证车辆行车安全可靠，要求制动液必须具有较高的沸点。

4. 汽车液压制动系统中有橡胶皮碗等橡胶制品用于密封。若制动液对这些橡胶制品有_____作用，则其_____和质量会发生变化，出现渗漏，制动_____。

5. 为保证制动液在_____下制动油缸活塞能随踏板的动作灵活移动，在_____时又有适宜的黏度而不影响油缸的润滑和密封，使制动可靠，要求制动液有良好的低温流动性和_____。

二、选择题

1. 现代高速汽车制动强度大，制动过程中产生的摩擦热会使制动系统温度升高，有时可达（　　），行驶在多坡道山间公路上的汽车，由于制动频繁，制动液温度会更高。

   A. 100～130℃   B. 150℃   C. 200℃

2. 制动液吸水以后能与水互溶，不会产生分离或沉淀。制动液吸收周围的水分会使沸点下降，如原来平衡回流沸点为193℃的制动液，当吸湿后含水量达2.0%时，其沸点会下降至（　　）。

   A. 150℃   B. 180℃   C. 160℃

3. 要求制动液不仅沸点要（　　），而且吸湿性要（　　）。

   A. 高   B. 低   C. 大   D. 小

4. 汽车制动液能通过皮碗试验，即在120℃下经（　　）或在（　　）下经120h浸泡后，皮碗外观无发黏、无鼓泡、不析出炭黑，其根径增值在规定范围内。

   A. 70℃   B. 70h   C. 120h

5. 在山区多坡或高速公路上行驶的车辆，因制动强度大而制动液工作温度高；如遇气候湿热，则一般要求选用（　　）级制动液；若气候干燥则可选用（　　）级制动液。

   A. HZY3   B. HZY4   C. HZY5   D. HZY6

三、判断题

1. 平衡回流沸点越低，说明制动液越不容易被汽化，其高温抗气阻性良好。
   （　　）

2. 高温抗气阻性是指制动液在高温时抵抗气阻产生的能力。（　　）

3. 汽车液压制动系统中的缸体、活塞、复位弹簧、导管和阀等零件长期与制动液接触，极易产生腐蚀，使制动失灵。（　　）

4. ABS系统一般都选用HZY4的制动液。（　　）

5. 酯型制动液克服了醇醚型制动液吸湿性强的缺点，适合在湿热环境下使用。
   （　　）

四、简答题

1. 汽车制动液具有哪些使用性能？

2. 合成型制动液按基础油的不同分为哪几类？简述其特性。

3. 使用制动液时应注意哪些事项？

课题二　汽车防冻液

一、填空题

1. 防冻液的全称叫防冻冷却液，一般为_____或绿色，具有_____功能，是汽车发动机正常运转不可缺少的_____介质。

2. 防冻冷却液是在水中加入_____剂，在保持水具有良好_____效果的同时，降低防冻冷却液的_____。常用的防冻剂有_____、_____和_____等，按一定的比例分别与水混合为冷却液。

3. 酒精型防冻液是用_____作为防冻剂，与水可按各种比例混合而组成不同_____的冷却液。这类防冻液的特点是_____好、_____快，但_____、_____，而且挥发后冰点容易回升。

4. 乙二醇型防冻液是用_____作为防冻剂，与水配制而成的。乙二醇的沸点高，能够与_____以任意比例互溶，可配制成不同_____的冷却液，最低冰点可达 – 68℃。这类防冻液的优点是_____高、_____低、冷却_____高、黏度较小等。但乙二醇有一定的毒性，对金属有腐蚀作用。因此，常用的乙二醇型防冻液多加有防腐剂和染色剂。

5. 防冻液的冰点是防冻液最重要的指标之一，使用时应根据车辆使用地区的_____来选择适当的牌号，选用的防冻液冰点应比最低温度低_____，以确保在特殊情况下冷却液_____。

二、选择题

1. 汽车发动机防冻液的低温黏度（　　）越好，这样有利于流动，（　　）效果好。
   A. 越小　　　　　B. 越大　　　　　C. 散热　　　　　D. 保温

2. 冰点是指防冻液的（　　）温度，防冻液的最低冰点应能达到（　　）左右，这样可防止散热器及冷却系统管路不被冻裂。
   A. 结冰　　　　　B. 沸腾　　　　　C. – 50℃　　　　D. – 80℃

3. 优质防冻液的沸点至少要高于（　　），在夏季使用防冻液比水更难于沸腾。
   A. 100℃　　　　B. 105℃　　　　C. 0℃

4. 乙二醇的沸点比水（　　），与水混合后，混合液的冰点可显著（　　）。

A. 高　　　　　B. 低　　　　　C. 提高　　　　　D. 降低

5. 现代防冻液的 pH 值在（　　）之间，不仅不能对发动机冷却系统造成腐蚀，还具有防腐和除锈的功能。

A. 5.5～6.5　　　B. 7.5～10.0　　　C. 10～12

三、判断题

1. 发动机防冻液如果产生过多的泡沫，不仅会降低传热系数、加剧气蚀，而且会造成防冻液溢流。（　　）
2. 把乙二醇和水按不同比例混合配制的防冻液具有不同的凝点。（　　）
3. 酒精与水可以按任意比例混合，组成不同冰点的防冻液，酒精的含量越多，冰点越高。（　　）
4. 溶于防冻液中的空气对乙二醇有氧化作用，产生的气泡会影响热交换效果，所以，防冻液中都加少量的消泡剂。（　　）
5. 水垢附着在散热器水套的金属表面，使散热效果越来越差。（　　）

四、简答题

1. 汽车防冻液应具备哪些性能？

2. 防冻液是由哪些基本部分组成的？

3. 汽车常用的防冻液有哪几类？各有什么特点？

4. 如何选用乙二醇型防冻液？使用时应注意哪些事项？

课题三　汽车其他工作液

一、填空题

1. 减振器油是汽车_____的工作介质，减振能提高汽车的舒适性，延长汽车的使用寿命。
2. 减振器油的主要性能：适当的_____、良好的氧化安定性、较好的_____、一定的抗_____、防腐性以及低凝点等。

3. 液压油就是用于液压传动系统中的_____介质。液压油的主要性能要求：适宜的_____和良好的_____，良好的抗磨性、抗乳化性、抗泡沫性和抗氧化性等。

4. 汽车空调包括_____、_____、去湿和通风等装置。冷却装置是使车内的空气或抽入车内的外部新鲜空气_____或去湿，从而令人舒适的设备。制冷剂是在制冷装置的功能部件中_____的物质，通过膨胀和蒸发吸收热量，从而产生制冷效应。

5. 目前，空调制冷剂都采用_____，其在大气压下的沸点为_____℃，如果在正常室温及大气压下，将 R-134a 暴露并释放到空气中，则其会立即从周围空气中吸收热量并立即_____，从而转化为_____，同时 R-134a 很容易在加压状态下变为_____。

二、判断题

1. 减振器油要在各种车辆的减振装置中长期使用，要适应南北不同气候条件。
（　　）

2. 使用中的减振器应密封良好，无渗漏现象，每 (4～5)×10^{4}km 定期维护时，拆检减振器，同时更换减振器油，应按规定液量加注。（　　）

3. 汽车空调使用一定时间后会出现制冷效果差或不制冷的现象，此时必须给空调加注制冷剂。（　　）

4. 避免制冷剂与人的皮肤接触，以防冻伤，尤其应避免制冷剂误入眼睛，以防造成失明。（　　）

5. R-12 与 R-134a 制冷剂可以混用。（　　）

三、简答题

1. 减振器油的作用有哪些？对减振器油的性能要求有哪些？

2. 使用液压油时应注意哪些事项？

3. 使用汽车空调制冷剂（R-134a）时应注意哪些事项？